U0015903

# 思想 REFLEXION ㉒

# 走過八十年代

**編輯委員會**

總編輯：錢永祥

編輯委員：王超華、王智明、沈松僑、汪宏倫
　　　　　林載爵、周保松、陳宜中、陳冠中

聯絡信箱：reflexion.linking@gmail.com

網址：www.linkingbooks.com.tw/reflexion/

新浪微博帳號：http://www.weibo.com/u/2795790414

# （二）文藝與政治：紀念吳耀忠

## 以文藝進行社會實踐

為了替畫家寫下生命故事，為了追溯台灣戰後現實主義文藝的流變，為了理解台灣左翼精神的發展，由此展開的一段追尋……

## 八○九○二千以及之前和之後

本文從與現實主義畫家吳耀忠相遇的1980年代寫起，意外的寫成置身台灣社會運動三十餘年的片段經驗。

## 綠色小組的社會實踐：為懷念吳耀忠而作

吳耀忠走了二十五年了，懷念他的同時，我的腦海中不斷的湧現綠色小組的畫面……

## 霧中的浮光：吳耀忠

我們同一個時代的人，經歷了同樣的成長歷程，有一些共同的生命經驗，自己的實踐與反省，或者可以供做參考，於是做了這樣初步的記錄文字。

## 鄉土的養分

很謝謝從1960、70年代一路走過來的前輩，他們已經把土壤一再翻土、灌溉，這些土壤的養分，讓我們甚至更年輕的一代有可以發揮的空間。

# 思想評論

## 日本釣魚台「國有化」騷動的深層

日本之所以走這一著險棋，是由一系列遠因、近因綜合發酵的結果。其中，既有日本「內急」的因素，也有作為「外因」的中方的刺激。

## 智利的群眾、市場和民主

公民社會的提倡者們，尤其是強調公民社會的公共性的那些提倡者，如何保證自己的理念在現實中貫徹，顯然不是輕而易舉的事情。

## 你為何不熱衷自由主義？

在書店瞥到《為何知識分子不熱衷自由主義》的書名，生起幾種思緒。

# 思想人生

## 陳之藩：思想散步

在「專才」成群而「通才」寥寥的時代，陳之藩是東方的「文藝復興人」。

## 致讀者

# 燃燒的身體與身體政治學：

## 關於部分藏人持續自焚的思考

姚新勇

自2009年2月發生第一起藏人僧侶自焚起，迄今已經有56位境內藏人自焚了[1]；自焚者也從僧侶開始向一般人群擴大；自焚發生的地點，也由阿壩地區向周邊藏區蔓延，一直燃到了拉薩。起初，中共政府強力封鎖消息；但是不斷燃燒的身體，終於燒穿了權力控制的資訊之障。一團團執著燃燒的火焰，不僅挑戰著國家權力，而且也灼烤著中國人的良心。然而，在大陸境內，除了極個別者之外，還鮮有人以實名的方式做獨立的發言，而且整個網路世界，除了少量官方的聲音，也幾無發自民間的議論。這與大陸公眾對於內地其他地方所發生的自焚事件的強烈反應，形成了鮮明的對照。這當然與政府的嚴格控制有很大的關係，但恐怕也有不知該如何評說的因素。境內外對藏人自焚事件的評述，形成對立的兩極，而一個大陸人如果既不願意無視中共政府的高壓控制之責，又不想簡單地站在似乎充滿正義、犧牲的一方發言，那麼就很難開口。然而在這樣重大的關口，在如此令人痛心的火焰前，我們只能恥辱地保持沉默嗎？難道除了非此即彼的立場選擇，就再沒有任何超越性思考的可能了

---

1 資料來源唯色的博客：〈看不見的西藏〉，http://woeser.middle-way.net/2012/10/2759.html

嗎？難道我們就只能束手無策地聽憑仇恨的火焰在藏漢兩族人民之
間持續燃燒嗎？難道我們除了不是聽任將逝者弱智化、汙名化的貶
低外，就是聽憑越來越多的年輕人，在所謂神聖犧牲意義闡釋的感
召下，如飛蛾撲火般地點燃自己的身體嗎？

## 一、對立的闡釋

關於藏人自焚，官方認為是達賴喇嘛和海外流亡政府的蓄意策
劃：那些「被稱作宗教領導者、『上師』的人，為了實現他們個人
和少數群體的利益，為了他們的『西藏獨立』夢想」，而「讓那些
不諳『西藏自由運動』、『西藏獨立』背後複雜的歷史背景、政治
緣由的年輕人，做出辜負養育他們的父母和社會，輕視自己的生命
的行為」。因此達賴喇嘛等人的行為就是「暴力＋恐怖」[2]，是類似
於納粹法西斯的反人類罪[3]。而在官方的諸多譴責中，有一個觀點比
較突出，即認為自焚行為不僅嚴重違背了佛教的核心要義，更是對
佛教不殺生之根本戒律的肆意踐踏[4]。

與大陸相關資訊缺乏不同，境外關於藏人自焚的消息與評說則
很多[5]，美國《人類學雜誌》2012年初就專門策劃了一期特刊——「圖

---

2　《人民日報》，〈暴力＋恐怖：達賴鼓噪煽動再發藏人自焚事件〉，
　　《人民日報》，2011年11月25日，http://mil.huanqiu.com/china/
　　2011-11/2206115.html
3　中國西藏網，〈七問達賴喇嘛〉，http://news.xinhuanet.com/politics/
　　2012-03/24/c_111697689.htm。此文雖以一般網友的身分撰寫，但其
　　被官方主流網媒大量轉載，顯然不像是一般網民所寫。
4　李德成，〈從佛教根本戒律看僧人自焚事件〉，《人民日報海外版》，
　　2011年11月30日，http://world.people.com.cn/GB/16437822.html
5　這在唯色的博客「看不見的西藏」中有集中地表達。本文相關資訊

伯特的自焚抗議」（以下簡稱《特刊》），有30多位西藏學者在此期特刊上發表了文章。本文下面的分析，將主要圍繞《特刊》展開。

　　針對中共的指責，境外觀點[6]主要集中於三個方面。第一，自焚究竟是達賴喇嘛的策劃與挑唆，還是中共對西藏的嚴酷統治造成藏民族、藏文化陷入滅絕之境的結果？他們的答案自然是後者，這構成了所有同情、肯定、支持藏人自焚的基本理由。

　　第二，藏人自焚究竟是一種絕望的表現，還是一種從容、鎮定的主動抗爭與犧牲？開始時多數人認為是前者，可隨著自焚的增多，定位就逐漸轉向後者，更多的人認為將藏人自焚定位為絕望的自暴自棄，是「說者自身的狹隘投射」，是對於自焚者「堅決的政治蔑視和抵抗」主動犧牲精神的無視[7]。

　　第三，自焚是否違反佛教戒律？這一點可以說是爭論的核心，前兩方面的論說，大都集中或部分地纏繞於此，因此藏人自焚是否違反佛教教義，成了對立雙方攻防的焦點。

　　總而言之，海外觀點都認為藏人自焚不違背佛教教義，即便是認為不好說是對與錯的達賴喇嘛，實際也將自焚歸咎於中國政府的專制，變相肯定了自焚的正當性，或至少是事出無奈、情有所原[8]。

　　當然，不殺生作為佛教的基本教義是誰也無法否定的，但對於這一教義約束程度的認知還是有所差異的。有人無保留地肯定，而

---

(續)

　　來源，基本來自此處。

6　雖然像唯色、王力雄等身在大陸，但是借助於海外的資助並主要通過互聯網發言的，所以簡括於境外。

7　艾略特‧史伯嶺（Elliot Sperling），〈關於原因及目的〉，黃瀟瀟翻譯，http://woeser.middle-way.net/2012/04/blog-post_22.html

8　請參見〈達賴喇嘛：自焚事件很難用對與錯來判定〉，http://bwsj.hk/a/zuixinshishi/2012/0328/1946.html

有的則認為佛教未必就絕對反對自焚；當年南越僧人自焚的事例就被多次引證。更有人認為，佛教教義本身就崇尚犧牲自我成就他人，最著名者莫過於「捨身飼虎」的故事。但是不管其看法有何差異，他們都共同認為，現在西藏人民所處的惡劣境地、中共國家的殘酷統治，都使得自焚的行為正當化了。而對於西藏局勢的這種判定，又直接影響到了對於自焚價值大同小異的肯定性解釋。

有人直接將部分藏人的自焚行為，納入到民族解放或民族主義的話語中加以解釋：「自焚作為一種公開抗議的形式，對西藏來說是新的，它表明許多藏人已經接受『自我犧牲』的敍述，並在藏民族主義復甦的背景中加以看待。畢竟，民族主義即身體與國家的合二為一，獻上自己的身體是民族主義的一種關鍵的現代習俗。」[9] 王力雄也在呼籲藏人停止自焚改變抵抗的方式時，首先肯定了這種行為之於鼓舞西藏人民團結一心、勇敢反抗中共統治的作用。民族解放視角的言說被普遍接受，但對於自焚行為的有效性則有不同的定位。

一種觀點認為，這種富於自我犧牲且只將痛苦加諸己身的行為，對於中國來說是沒有作用的，因為高貴的自我犧牲的和平抗爭，只有對於那些尚有一定人性的統治者才有作用。但是更多的觀點試圖肯定自焚行為的有效性，這在《特刊》中相當突出。

有人就認為自焚「行為提供了象徵性資本」，為被加害者訴說著「加害者與當權者的不公」，所以它是一種「抗議語言的轉變」[10]。「在缺失以公民社會的選項來組織和平抗議與異議的大背景下，很

---

9　茨仁夏加(Tsering Shakya)，〈抗議語言的轉變〉，黃瀟瀟翻譯，http://woeser.middle-way.net/2012/04/blog-post_22.html。
10　茨仁夏加，〈抗議語言的轉變〉。

難設想出可行的替代策略。自焚是一種獨自、個人的抗議行爲，只
在刹那間即可付諸於行動，當局幾乎沒有機會阻止或撲滅抗議者所
傳達的資訊」[11] 所以，如果「將這種抗爭主要地作爲一種資訊傳遞
的形式來看待（在自焚事件中，自殺者的身體變成了一種主要的媒
介，就如同在自殺炸彈攻擊中，自殺者的身體變成了一種重要的武
器），那麼，我們就會發現，一方面是藏人在日益加劇的國家迫害和
剝奪之下，被迫求助於自焚作爲傳播媒介；而另一方面則是由外國
傳媒以及中華人民共和國的國家媒體進行的華麗演出。」由此我們
開始理解「『亡者的政治生命』在後毛澤東時代的轉換演變，這門
正在深化的『死亡政治學』」，敞開了鐵幕下集權的殘暴性和被統
治的西藏人民的悲慘處境，讓「文革的記憶像幽靈般的重新浮現，
使得越來越多的藏人，無法再保持沉默或模糊的立場，他們必須站
出來表達態度，必須選邊」；同時更通過對自己生命的自由處置而
勇敢地挑戰著統治的權力對於被統治者身體、與意識全然控制的企
圖。所以「從這個意義上講……必須把從2009年以來的藏人僧尼和
喇嘛的自焚，看成是上述地區亡故者的政治生命一種悲劇化的集體
啓動」。因此，那一個個已經燃燒和還將燃燒的身體，以及經由這
些燃燒的身體所創造出來的影像、圖片本身，「並不能保證導致（同
情者採取）行動。這也包括全球藏人都不禁寄以期望的這類圖像。但
藏人自焚的圖像卻像是轉入了（祈望中的）來世，以堅信所有觀者必
會呼籲並採取行動的信念而流傳。似乎捨此信念，就會斷送終止西
藏苦難的機會。」而且它們的意義絕不僅僅局限於西藏和藏人，還
關係到「其他在中華人民共和國被邊緣化的族群，並使得所有的旁

---

11 艾略特‧史伯嶺，〈關於原因及目的〉。

觀者成為了同謀嫌犯」[12]。

　　總之，經由這些解釋，部分藏人的自焚行為，不僅不違背佛教教義，更具有充足的民族性、政治性的解放意義，而且它們似乎還被幻化成了極度的美麗，達至了「美學、政治學和死亡」完美的契合。這不由得讓我想起了文革中常聽到的語句：「人總是要死的，但死的意義有不同……為人民利益而死，就比泰山還重；替法西斯賣力，替剝削人民和壓迫人民的人去死，就比鴻毛還輕」[13]。這是歷史對於強權的反諷，還是後殖民解釋學的「崩潰中的重現」？

## 二、崩潰中的重現：「死亡政治美學」的反諷

　　由於中共對輿論的高度控制，我很難判斷將藏人自焚歸於中共嚴酷統治的看法是否準確，但是中共對於西藏管制的高壓性則是不容質疑的。如今他們對自己的做法毫無反省，而是一味地將自焚者幼稚化，一味地攻擊達賴喇嘛，抽象地用佛教不殺生的教義來說事，肯定是難以服人的。所以僅僅就揭示「真相」而言，對中共的言行加以揭露與質疑，也是有意義的。然而如果我們不只是單純從壓迫／反抗邏輯來看問題，如果我們將生命看作是最重要的，或者如佛教教義那樣看重生命摒棄執拗，那麼或許中共一方用佛教教義否定自焚，呼籲停止自焚，應該是包含著對於生命的重視的；也就是說，不管他們這樣做包含著多少鞏固自己統治的用意，但至少他們是不希望毀滅生命的自焚再延續下去。在這一點上，中共與呼籲藏人停

---

12　夏琳・克勒（Charlene Makley），〈亡者的政治生命〉，傅春雨翻譯，
　　http://woeser.middle-way.net/2012/04/charlene-makley.html
13　毛澤東，〈為人民服務〉。

止自焚的唯色、王力雄並非毫無一致之處[14]。

由此角度出發，再去反觀那些將藏人自焚一味崇高化、意義化的觀點，我吃驚地發現，它們好像是在用冰冷的工具理性來表達對於藏傳佛教文化、西藏命運的同情和關愛。那些人，尤其是那些諳熟後殖民理論的西方學者在進行言說時，似乎並沒有想到過斯皮瓦克如何批評了西方後殖民學者在言說第三世界事務時的無意識傲慢；沒有聯想到斯皮瓦克所提醒的一種情況，即在進行後殖民批判言說中，被解構的殖民霸權話語，又會發生「崩潰中的重現」[15]。因此，他們也就不會意識到，當他們用象徵資本、抵抗語言的轉換、由燃燒的身體到網路圖像再到接受者的刺激性回饋等表述來解釋藏人的自焚，恰恰是在用現代工具理性，將個體生命的本身價值抽象為民族生命的附屬性表徵。在這種抽象中，具體生命、身體的意義即便不是被完全抽空，也被貶低為次級的工具性存在，成為可以度量、計算、交換的物品；而個體生命、身體的不可替代性（無論是生命本體的絕對意義的價值，還是具體生命之於其本身的存在、之於其家庭親人的具體而切實的價值），則都在不知不覺中給取消了。本來一個個具體的肉身、鮮活的生命燃燒起來之後，無論燃燒者是如何地鎮定、從容，被火焰灼燒、焦烤、變形、炭化的身體以及隨之所散發出來的焦糊肉體的氣味，都在提示著這種生命結束方式的痛

---

14 唯色開始時反對呼籲藏人停止自焚，但後來她改變了自己的觀點，與王力雄一起發起了籲求。我以為或許這說明不斷燃燒的身體，終於讓她意識到，生命的價值恐怕並不比他們或犧牲者所要爭取的目的更重要。儘管她與王力雄的籲求所提供的理由是，自焚是無法打動冷酷如中共這樣的統治。

15 參見莫爾·吉伯特，《後殖民理論：語境 實踐 政治》，第三章：「加亞特里·斯皮瓦克：解構的曲解」；陳仲丹譯（南京：南京大學出版社，2001年7月）。

苦、慘烈與切切實實的燒灼。但是經由〈美德與重塑苦難〉[16]的轉換和〈自我犧牲時代的藝術〉[17]的昇華，無可挽回的具體的毀滅與個體性的傷痛，就都被「熊熊燃燒的正義火焰」遮蔽了，只剩下壓迫的殘酷、犧牲的大義凜然和繼續反抗的吶喊。

　　儘管這種「極度美麗」的「死亡美學—政治學」的闡釋，有不少客觀語境的根據，但它無疑與去執尚空、切忌殺生的佛教精神完全不同：前者是現代性的民族主義二元對立話語，後者則是超民族、超族群、超國家、超二元對立的傳統思維；而對前者的強化意味著對後者的弱化或遮蔽。不錯，傳統西藏並沒有這種民族主義性的犧牲話語，它「是中國共產黨引進西藏的」，但是中共並非是它純然的創造者。為民族、國家去犧牲作為一種民族主義的現代話語，如果不能簡單說是西方世界的產物的話，那麼至少也與西方向東方擴張的刺激直接相關。因此當這種話語作用於西藏，不僅說明「尋找新的用辭反映出藏人中政治話語的流動性，以及抗議和抵制全球性語言的全面滲入」[18]，也可能意味著民族主義話語經由西方、中國內地、藏區的三重轉換，而使得「解放」與「解放的暴力」在不同層面、不同空間展開。由此而進一步推論，各種有關藏人自焚的悲情化、崇高化、美學化的解釋，就可能不僅僅是相關人士在進行客觀的解釋、還原[19]，而且是在主動進入到一種循環的結構中，即「統

---

16　Tenzin Mingyur Paldron,"Virtue and the Remaking Suffering," *Cultural Anthropology*'s Hot Spot Forum, "Self-Immolation as Protest in Tibet," April, 2012.

17　Leigh Sangster "The Work of Art in the Age of Self-Immolation," *Cultural Anthropology*'s Hot Spot Forum, "Self-Immolation as Protest in Tibet," April, 2012. http://culanth.org/?q=node/543

18　茨仁夏加，〈抗議語言的轉變〉。

19　以這期關於藏人自焚《特刊》上的文章為例，相關解釋的還原在兩

治性暴力—自焚—反抗犧牲的解釋—反抗性自焚或其他形式的反抗—暴力」。這一惡性循環鏈告訴我們，自焚的意義來自於或至少相當程度上來自於對它的解釋，對它的不同解釋則又可能影響或規定了它可能具有的實踐向度及驅動力。所以，誰如果一味地將其崇高化、「效益化」，那麼就可能不僅是在加入到「暴力—自焚—解釋—暴力—自焚」的循環中，而且是在爲自焚、爲死亡「定價」，以搭建死亡與民族解放之間的「象徵性資本」轉換的橋樑；或爲這一死亡的循環去生產製造「一般等價物」——有價值（意義）的死亡貨幣。因此，從這個意義上來說，崇高化、美學化藏人自焚的行爲，就不僅可能是在爲藏人、藏文化言說時違逆了藏傳佛教文化的傳統，而且也可能是作爲一個不可或缺的組成部分，參與到了「死亡的生產和再生產」中。借用阿爾都塞的意識型態理論來看，這種「死亡政治美學」的運作，或許就是另類的意識型態國家機器的生產：它將一個個具體的身體詢喚爲國家或民族的主體性的身體，從而讓其自覺地爲民族、爲國家獻身，由此，死亡以及死亡機制的生產與再生產也才得以連續不斷。

## 三、必須自焚嗎？

當然，這裡所討論的「死亡政治美學」的意識型態性的運作，與阿爾都塞的意識型態國家機器的生產有很大的不同。因爲它並不是擁有暴力性國家機器支撐的意識型態國家機器的生產，而是爲努力獲取國家機器控制權一方的反抗性行爲，或更爲純粹的對於國家

（續）————————————
個意義上進行，一是對於所謂密不透風的中共殘酷統治現狀的還原，二是對於自焚者從容意向的還原。

暴力的反抗性行為，所以這種生產並不具有常規意識型態國家機器
的全權的主導性，它在很大程度上受制於與其相對的國家機器的性
質。因此上面對於「死亡政治美學」的分析，就不能抽象地在生命
絕對性和佛教重生戒律的層面上展開，也就是說，不能抽掉對於國
家機器暴力程度的辨析。這是必須加以重申的，否則就有可能將國
家暴力無條件正當化，並取消反抗正義的可能性。

　　不過分辨中共對西藏的強力控制與對它的反抗哪個更有正義
性，並不是我的任務，我也沒有能力回答這個問題，有心者自可以
通過現存的質疑與反抗之聲自己去分辨。我的目的是通過強調生命
本身意義的重要性，通過對早期流亡藏人充盈之空境界的再解讀
[20]，為促使藏人自焚行為立即停止提出合法性的證明，並由此而為
化解西藏問題、漢藏衝突留出繼續堅持非暴力性解決路徑的理由，
探尋超越壓迫／反抗仇恨二元對立的可能性。但是儘管如此，對於
藏人自焚美學化、崇高化話語的質疑，至少必須滿足一個前提，那
就是——中共對西藏的統治，並非像那些反抗者、質疑者所說的，
已經完全阻塞了西藏文化的保存與發展的可能、完全剝奪了西藏人
民的基本生存權與發展權。換句話說就是，中共的西藏統治，可能
並沒有像一些人所設想的那樣嚴酷到這樣一種程度，即完全剝奪了
西藏人民既可以保全生命而又可以堅持有意義生存的迴旋空間。如
果不能證明這點，那麼我對相關死亡政治美學話語的質疑就是站不
住腳的。

　　首先我們來看中共國家統治的暴力程度。國家本身就帶有暴力

---

20　原來這是本文的第一部分，但由於篇幅太長，而且那部分的主題也
　　主要是詩學性的，所以已單獨成文。它將以〈充盈之空，憤怒之執〉
　　為題，刊發於他刊。

性，而中共國家機器的集權化特性，又決定了它要比一般民主化國家機器更具暴力性，而且它對西藏這類高度敏感地區的控制自然會更爲嚴格。中共國家機器，現在相當程度上是依賴高壓維穩機制來實施統治的。它剝奪或限制公民結社、言論自由、示威遊行等基本權利，因此對於要求高度自治或分離的人群，也會施加更爲嚴厲的控制。但問題是具體到西藏社會，這種控制對於大多數藏人的基本權利、對於西藏文化的保有來說，是不是已經嚴酷到非要採取自焚這種極端行爲的程度呢？恐怕未必。

眾所周知，中共國家權力對於藏區統治最爲嚴酷的時期是文革時期。那時，西藏文化同大陸所有族群的文化一樣，都遭受到了重創，廣大西藏人民的基本公民權也同其他地區的公民一樣被嚴重剝奪，然而那個時候的西藏，似乎並沒有出現這類自焚行爲。1970年代末以來，西藏文化得到了很大的恢復，這從很多方面都可以得到說明，例如寺廟的恢復與大力擴建，藏傳佛教文化的廣爲傳播，宗教在藏區民間基層事務上所表現出的日趨加強的影響力等等。

當然近些年來尤其是2008年3·14以來，中共對西藏的控制大大增強了：諸如漢語教學的強化，對寺廟更爲直接的管理與控制，思想言論的進一步收緊，動用國家暴力機器鎮壓那些訴求高度自治、表達反抗思想的人，前些年官方同藏區宗教與民間社會的一些互不干涉的默契[21]，也在2008年前後被破壞。用一些人的觀點看，中共政府對於西藏的高壓統治，已經發展到針對全體藏民族的程度，整個西藏都處在一種「瑟瑟其」[22]的狀態。除了這一切，再加上內地

---

21 美國《人類學雜誌》特刊「圖伯特的自焚抗議」中的好幾篇文章，都提到了這一點。
22 藏語音譯，大意爲噤若寒蟬。

及藏區現代化速度的加快，更多的外來人口流入西藏，發展對環境
有破壞性的礦業生產等，都使得藏人的危機感、藏傳佛教文化的危
機感成幾何倍數增長。而自焚事件的持續出現，就是這種生存狀態
及其危機意識的表現。

即便承認情況就是如此，那麼是不是對於那些想保護西藏文
化、實現高度自治的藏人來說，也只剩下自焚這種極端的「準暴力
性非暴力反抗」的手段了嗎？這仍然是值得懷疑的。

比如說在《特刊》上，好幾篇文章都將藏區的反抗行為與內地
近些年來出現的自焚及其他衝突性事件相聯繫，由此證明中共政府
是如何將西藏及中國人民逼到了絕境上。但是藏區的自焚、維權抗
爭事件，很少是因為公民人身財產權利的直接被剝奪所致[23]，相反，
國家對於藏區持續進行著大量的經濟援助，儘管這些援助沒有普
遍、平等地惠及所有藏人[24]。藏區部分藏人的自焚、以寺廟為核心
的抗議維權行為，基本是出於文化、精神及政治方面的原因：比如
要求允許達賴喇嘛歸來的呼籲，更大宗教自主權的訴求，更多言論
自由的獲取，更好的母語學習與母語教育權利的擁有、西藏高度自
治權力的落實等等。因為這類原因而自焚，在不少大陸內地人來看，
可能是難以理解的。當然，人們可以說這表明了藏人更重精神生活，
更富於反抗的勇氣和自由的情懷；說明作為主流文化群體中的成
員，很難理解邊緣群體的文化危機感[25]，更缺少所謂不同於「被統

---

23 這種印象來自長期閱讀境外相關報導，尤其閱讀〈看不見的西藏〉。
24 關於援藏的情況可集中參見荊薇，《西藏援助與發展》（西藏人民
   出版社，2010）。
25 BBC「大家談中國」欄目：〈漢人不能理解的藏人自焚〉，http://173.
   224.216.134/com_detail.php?com_id=710

治」的「被殖民」生存狀況的體驗[26]。但是儘管如此，也仍然難以證明非要採取不斷自焚這樣激烈的行為。例如王力雄呼籲藏人停止自焚，學習烏坎抗爭，通過爭取一個一個村莊的自治權，最終達到西藏整體的高度自治，就是一種替代性的和平抗爭的路徑[27]。

當然有人會說，自焚之所以是有意義而且不得不為之，根本上不是高度自治是否可能實現的問題，而是牽涉到西藏人文生態文化的危機與藏人基本人權被全面的剝奪。這樣說，問題又繞回去了。如果我們始終執著於這種思維，並相互共用列舉法擺出不同的「事實」來進行辯駁，那麼在我們能夠辯出個所以然之前，不知道還有多少年輕的生命，將被「偉大的意義」投入到熊熊燃燒的火焰中去了，不知道是不是藏區也早就進入到了「全藏起義」或「強力鎮暴」、甚至種族仇殺的狀態中了？其實如果真想堅持和平解決西藏問題的路徑，至少儘快停止不斷的自焚，必須從仇恨的二元對立中擺脫出來，以更為客觀的視野去看問題。而換一種思路我們或許會發現——

2008年以來西藏問題的急速惡化，可能並不是因為中國持續的殘酷鎮壓導致了藏傳佛教文化瀕臨滅絕，導致了西藏人民的苦難深重；相反，一個重要的原因可能是，帶有一定制度性色彩的藏傳佛教文化傳統的持續恢復，影響到藏區社會權力結構的變化，初步形成了兩種對立性的權力系統相互並存的衝突性結構。

---

26 朱瑞，〈被殖民與被統治是不同的〉，http://173.224.216.134/com_detail.php?com_id=675
27 王力雄，〈除了自焚，還能做什麼？〉，woeser.middle-way.net/2012/01/blog-post_14.html

## 四、藏傳佛教權力的恢復與西藏問題的激化

　　眾所周知，自1970年代末起，藏區同其他少數族裔地區一樣，
開始了傳統文化的復歸。不過在中國大陸，人們一般關注的是文化
與經濟層面的相關表現，而且一般都從較爲正面的角度去解讀，很
少談及其中所存在的衝擊。而且根據我的觀察，在2008年之前，鮮
有人從社會自組織結構、民間社會的發展這樣的角度，去看待少數
族裔文化復興運動。這倒不是說完全沒有這樣的研究，而是說即便
有，相關的成果也很可能是經過了許多回避和過濾，並且基本也只
是局限於專業圈子中，或作爲「內參」上報，鮮爲常人所知，自然
也談不有什麼影響力了。

　　相較之下，國外學者的相關研究倒是很深入且有針對性。一本
題爲《歌與沉默》的博士論文，就專門考察了西雙版納地區傣族文
化復興的情況。其中涉及當地佛教寺院的重建、恢復，寺院教育的
開展，傳統歌曲的民間復興與傳唱活動，當地政府將傳統文化復興
與經濟發展相結合的努力，以及其他形式及生活方式方面的文化變
遷等等。所有這些相關活動，又不同程度地以當地佛教寺院爲中心
向四方發散，並與境外的(主要是泰國)佛教力量發生著聯繫。該研
究最後指出，眼下由於中國這邊經濟發達，尚看不出中、泰、緬三
地的泰族有形成「泛泰運動」的情況，但一旦局勢有變，具有強大
政治衝擊性的「泛泰分離運動」的出現也未可知[28]。

　　再如著名的藏學家戈斯坦所主編的《當代中國的佛教：宗教復

---

28　Sara L.M. Davls, *Song and Silence: Ethnic Revival on China's
　　Southwest Borders*(Columbia University Press, 2005).

興和文化認同》，也相當詳實地介紹了有關情況。其中談到藏傳佛教宗教聖跡的重新發現，對於重建西藏文化地理景觀的重要性；還有關於寺院是如何促進、組織西藏傳統宗教節日的恢復；當然還有上師奇蹟之行對於樹立喇嘛教權威的神奇作用。其中一個細節現在還深深地刻在我的記憶中。說是某位著名的上師，在佈道講經時，不僅可以將自己的身體懸浮在空中，而且還可以神奇地從信眾面前消失，在很短的時間內完成從藏區到山西五臺山寺院的往返[29]。

　　當然，民間性的少數族裔宗教文化的復興，並不僅僅局限於佛教，像伊斯蘭教的復興運動也非常普遍、迅猛。美國學者杜磊就寫過不少這方面的文字。例如從《脫位中國》一書中就可以看到，各門派的伊斯蘭教的復興對於穆斯林民間社會思想、信仰、生活方式、地理景觀、鄰里關係、組織結構、教育等多方面的影響[30]。另外 Maris Boyd Gilletter 的《麥加與北京之間》，也考察了伊斯蘭教在西安回民社區的復興運動。

　　僅以我有限的閱讀所見，西方學者的相關著作，不僅重點考察了宗教文化復興與當地民間文化及社會結構變化之間的關係，同時也程度不同地涉及了隨之而來的社會結構變化與社區政府管理體制之間的博弈。而且很有意思的是，往往被人們整體性理解的中共政權或國家權力，在具體的地方，卻可能因幹部的族別不同、水準高低、級別的差異等，對於轉型期大陸地方社區的變遷會表現出不同的態度。各種宗教文化復興運動不僅造成了與原有國家權力體系的緊張，同時還影響到了不同宗教之間或不同教派之間的關係緊張。

---

29　Melvyn C. Goldstein, *Buddhism in Contemporary Tibet: Religious Revival and Cultural Identity*（University of California Press, 1998）.

30　Dru C. Gladney, *Dislocating China: Reflections on Muslims, Minorities, and Other Subaltern Subjects*（The University of Chicago Press, 2004）.

《共產主義的多元文化主義》一書中就有這樣一個例子。以雲南沙
甸清真寺爲核心的伊斯蘭推進力量,到藏區中甸的一個叫做哈巴
(Haba)的村莊開展「再皈依(Re-conversion)」活動,力圖讓已經藏
化了的「藏回」重新皈依伊斯蘭教。其活動應該說是頗有成效的,
但也引起了周圍其他族群(如納西、彝、藏)民眾的不滿。有當地藏
族就說:「一個民族必須注意並尊重其他民族的宗教與文化。而這
些回族在這裡建造的新清真寺就不好,沒有表現出對其他民族的尊
敬」[31]。當然氣派的新建清真寺所引起的不滿,不僅局限於教外,
而且還發生在得到了中東財政支援的新教與傳統老教之間[32]。

　　雖然西方學者的研究,大都具體而詳實,並且喜歡發現衝突,
很有啓發性,但是他們往往又都是簡單地站在弱勢者的一方,以後
殖民主義理論爲利器來解構「統一的中國話語」,來展現所謂少數
族裔人民對於「漢族殖民中國」的文化反抗。這樣就使得他們往往
會本能地誇大民族主義或後殖民主義性質的反抗性,而忽視社會學
視角的社會衝突性解釋。

　　就學術研究性文獻來說,中國大陸缺少上述現實情況的介紹;
但是如果我們善於解讀,從國內出版的一些其他類型的作品中,還
是可以發現相關的情況的。一部名爲《酥油》的紀實文學作品就值
得一讀。

　　這是一部典型的香格里拉式的小資作品,作者江覺遲是「一位
普通的安徽安慶女子。2005年隻身去往遙遠、與現代文明隔絕的深

---

31 Susan K. McCarthy, *Communist Multiculturalism*（University of
　　Washington Press, 2009）, pp. 148-149.
32 Maris Boyd Gilletter, *Between Mecca and Beijing: Modernization and
　　Consumption Among Urban Chinese Muslims*（Stanford University
　　Press, 2000）, pp. 68-76.

山草原藏區，搜救那裡因頻發的災害而出現的孤兒，並開辦學校，教育這些草原孤兒，一待就是整整5年。她在昏黃的酥油燈下寫下60萬字的日記，又改寫成《酥油》這部小說。這是一部充滿感情的、既美麗而又憂傷的故事」[33]。

小說的美麗，既是因為有著藏族名字的女主人公「梅朵」的外表與心靈之美，也是因為她與藏族愛人月光之間愛情的唯美，當然更少不了雪域西藏高原之美；而憂傷，則不僅是最後的多重失敗，還包括這個漢地女子對其所愛所迷醉的西藏文化、西藏生活本身的諸多無奈。

在那裡，國家為了抑制鼠災埋放藥餌，但藏人卻因為不殺生將藥餌挖出來。窮人家中的蒼蠅，也因不殺生而肥肥胖胖、蜂擁撲面。昔日的貴族過得滋滋膩膩，而農牧民卻生活艱難，他們不僅身體受困於美麗卻惡劣的環境，而且身心都與藏傳佛教緊密相繫。在富人家做工的孤兒，沒有主人的准允，不敢離開去上學。獨身的翁姆女人，因生活所迫不斷地與其他男人和合，不斷地懷孕、不斷地生育，卻拒絕避孕和打胎。而對此，梅朵只能是責備自己太過魯莽，不該輕易干涉藏人生活。但這一切還都不算什麼，更有讓她感到憤怒或傷心無奈的慘劇：孤兒所畫好不容易在他們的幫助下，跟一位畫師學畫，進步神速，但就因為聽信了一位大師所謂的魔力，而活生生地被「神刀」砍殘了右臂。最後所畫卻拒絕了梅朵的幫助，出家成為了致其所殘大師的弟子。月光因誤會梅朵逝去而削髮為僧，之後任憑重新現身的愛人痛苦流淚、絕望呼喊，他都心靜如水，陌路以待。

---

33　汪漪，〈江覺遲：赴藏五年，點一盞「酥油」燈〉，http://www.mzb.com.cn/zgmzb/html/2010-09/26/content_70992.htm

　　梅朵整整五年的努力，都落空了，而且可以說是從一開始就註定要落空的。因為書中那位不斷地穿梭於中印之間的大師，雖然在搜尋孤兒、與地方溝通協調以及資金方面都給予了梅朵巨大的幫助，但其目的並不是像她所想的那樣，通過現代教育幫助孤兒們擺脫窮困無助的狀態，而是為他們日後進入寺院作準備。

　　總之上述實事足以說明，近三十年多年來，大陸少數族裔文化不僅的的確確得到了發展，而且在某些族群那裡，已經圍繞著宗教組織形成了規模不等的民間或半民間的社會結構，已經對現行國家權力體系構成了挑戰。我們必須將西藏等族群問題納入到這一語境中來解讀。這一語境意味著轉型社會普遍而特有的困境、矛盾與衝突，在此失範的轉型語境中，上演的是多種力量的角逐，而絕非簡單的白雪公主和她的七個善良的小矮人與惡魔後母或巨大怪物之間的正邪較量[34]。

　　具體到西藏，這一語境的影響要遠比其他地區的族群問題來得重大，這與五個方面因素的綜合作用有重要關係。一是西藏較為特殊的半封閉性文化地理空間與歷史傳統，使得藏傳佛教的根基本身就相當雄厚；二是達賴喇嘛這個具有巨大能量與動員組織能力的象徵性精神領袖符號的存在；三是海外流亡政府組織與「西藏自治運動」勢力的存在；四是強大的西方外部因素；五是香格里拉化西藏文化的巨大的意識型態的規約性。這種規約性不僅影響到普通藏區民眾，也不僅影響到藏族知識分子（尤其是青年知識分子），甚至還影響到不少非藏民眾乃至於政府文化宣傳部門。以前西藏傳統形象

---

34　更進一步的論述可參考姚新勇，〈前路茫茫，還是柳暗花明？——中華民族認同的危機與再造之反思〉，《臺灣社會研究季刊》第88期。

在大陸往往是負面的，但1980年代之後，整個西藏的傳統文化都被慢慢地純潔化、悲情化、神聖化了，到1990年代以後，更是幾乎成為了不可以批評的對象。有時候政府還可以稍稍提一提農奴制舊西藏什麼的，但他人如果對舊西藏稍有質疑，就可能會遭受攻擊，哪怕你是著名的李敖或阿來[35]。即便你是「血統純正」的藏族，也可能因為只是學術性地探討了「藏漢同源」的問題，而可能遭到來自族內的壓力[36]。

　　總之，上述五個方面的綜合作用，在中國西藏已經形成了一個具有半「政教合一」型態的跨階層、跨地域的異質性社會結構系統。該系統以寺院組織為核心，以香格里拉化藏傳佛教為意識型態，以達賴喇嘛為精神領袖，以海外流亡政府為半遙感中心，以廣大信眾為擁護者，以西方親藏勢力為回應，從而擁有了巨大的文化民族主義和政治民族主義的能量。雖然這一結構中的具體個體並非都一樣，其中很多人熱愛藏文化並不是為了獨立，對於漢族、甚至對於中共的態度也並非都是敵意的，但是作為一種集體性的普遍而強大的意識型態的功能統一體，卻不大會在意具體個人的感受。尤其是藏傳佛教寺院社會本身就具有較為緊密的組織性，加之達賴喇嘛和境外藏人政治勢力的存在和近三十年來的境內外藏傳佛教的相互影響，使得原本應該是作為文化民族主義力量的宗教社會，在西藏就具有了相當的政治民族主義者的屬性[37]，它可以藉助香格里拉意識型態的普遍效應，來對中共國家進行文化兼政治性的挑戰。所以，

---

35　參見姚新勇，〈族群衝突與認同危機——當下中國「民族問題」的思考〉，《二十一世紀》（香港），2009年2月號。

36　這是一位藏朋友告訴我的親身經歷。

37　請參考姚新勇，〈當代中國「種族民族主義思潮」觀察〉，《原道》第17輯，2012年2月第五部分。

藏區諸多衝突性事件，一般都有僧人參加，而且2009年以來的自焚
者，也基本都是現職或還俗的喇嘛、僧尼。因此從這個角度說，諸
如3·14、僧侶自焚這類事件，並不需要有境外藏人勢力的直接參與，
也可能擁有相當的組織性。這與內地頻發的多數群體性事件的自發
性相當不同。也因此，所謂原先官方同藏區宗教與民間社會的一些
互不干涉的默契之被破壞，就可能不僅僅是由於中共政權單方面的
原因。

　　3·14以來，進入寺廟和藏人家庭收繳達賴喇嘛像、送四領袖像
入寺進村、成立寺院管委會等等行為，當然蠻橫且愚蠢，當然是對
於宗教信仰的粗暴干涉；改變原有的藏語、漢語雙軌制教育強推漢
語教育、重新高調控訴萬惡的農奴制度等行為，也肯定是蠻橫、無
用、可笑的；軍警高度嚴控藏人街區或拉薩藏人活動等，自然也不
是什麼和平之治，而且由於具有很強的族群針對性，因此或可說帶
有相當的「種族主義之治」的色彩。但問題是這一切絕不是歷來如
此、始終不變的中共或中國惡行，而是隨著藏區異質性社會系統力
量的增強、隨著藏區矛盾不斷激化而被中共政府發明或重拾的舉
措；除了國家機器的專制與暴力的性質外，同樣也包含著一個喪失
了意識型態整合力的國家機器的無能與被動。

　　所以，令人痛心的藏人自焚，在相當意義上正是新舊兩種社會
系統力量之間的較量而付出的代價，而非簡單的「只在剎那間即可
付諸於行動」的「獨自、個人的抗議行為」。至於說為什麼要採取
如此慘痛的方式，也與「香格里拉化西藏反抗」的傳統定位有直接
的關係，某種程度就是所謂「香格里拉囚徒」的結果。既然和平、
仁慈、非暴力抵抗，已經成為藏文化、反抗藏人的標誌與合法性基
礎，那麼欲以進行極端性的「非暴力的暴力反抗」似乎也只能是自
戕了。

　　站在一般世俗的立場，必須承認這種只毀損自己身體的自我犧牲式的反抗，就算是有他人的教導與鼓勵，比起自殺式爆炸行為來說也更勇敢、高貴；但是從佛教不殺生的原則來說，這種語境下的自焚肯定是反教義的；而以生命價值第一性的立場看，鼓勵這樣的自焚，同樣可能是殘酷、不人道的。不同的人，出於不同價值觀，自然有權利選邊站隊，哪怕是要求西藏獨立；但是卻沒有權利，至少不應該以並不存在的「文化滅絕」、「種族滅絕」為口實，去鼓勵或變相鼓勵鮮活的生命的燃燒。對於年輕生命自焚的鼓勵與美化，不只是在伸張正義，也可能是在召喚更多年輕的生命燃入烈火之中。本來並無深仇大恨的藏漢人民，難道終將無法挽回地走向相互仇殺之境嗎？

　　最後，請允許我引述偉大的邱陽・創巴[38]的一段教誨來結束本文：

　　問題在於，當我們開始認識到存在於自己內在的潛藏良善之時，我們常常把我們的發現看得太過嚴肅認真。我們可能會為了這種美好良善而殺人或犧牲一己的生命；我們是那麼的想要它。我們所欠缺的是幽默感。此處所指的幽默，不是開玩笑或

---

38　邱陽・創巴仁波切(1940-1985)出生於西康一個窮苦的家庭。一出生就被確認為11世創巴・都爾庫，並迎入蘇芒寺成為該寺的主持。他先後師從多位西藏高僧，接受了佛教戒律、書法、繪畫、舞蹈等各方面知識的嚴格培養，不到20歲，就獲得了格西(相當於博士)學位。他被譽為當代西藏流亡詩人第一人。他曾在1959年逃離西藏的途中寫下了一首高貴的詩篇〈告別之歌〉，我在〈充盈之空，憤怒之執〉一文中做了細緻的解讀。

表現滑稽，或批評嘲笑他人。真正的幽默感是擁有一種輕柔的
態度：不是死死的界定、執取實相，而是用一種輕柔的態度來
欣賞實相。香巴拉願景的基礎是重新發現那種完美、真實的幽
默感，那種欣賞的輕柔。

　　　──邱陽·創巴，《覺悟勇士》（香巴拉的智慧傳承）


　　　　　　　　　　　　　2012年5-8月，10月再修訂


　　姚新勇，任職於廣州暨南大學文學院中文系，主要從事中國當代
多族群文學及文化關係研究，以及大陸當代文化現象的觀察與批
評。

# 大眾文化的百年迷思

唐小兵

漢娜‧阿倫特在〈文化的危機：其社會和政治意蘊〉一文開篇就說：

> 大眾文化(mass culture)這個術語顯然是從「大眾社會」(mass society)這個並不比它早很多出現的術語中派生出來的，但在對大眾文化的所有討論背後，都有個默認的假定，就是大眾文化，從邏輯上必然地是大眾社會的文化。這兩個術語發展的簡短歷史中最值得注意的一個事實是：幾年前人們使用這兩個詞時還帶有強烈的譴責意味，暗示大眾社會是社會的一種墮落形式，大眾文化是一個語詞上的矛盾，現在它們卻變成了受人尊崇的詞，成了無數研究和研修計畫的主題。

就此可見，在西方世界啟蒙運動之後的歷史過程中，大眾文化的社會形象有一個從廣受詬病到成為新寵的顛轉歷程，以此反觀大眾文化在20世紀中國的命運，則會發現其經歷的過程更顯曲折跌宕。

中國啟蒙運動開始於《新青年》、《新潮》等雜誌掀動的文化思潮，在這種文化思潮裡，最激進的論述之一就是主張平民的文學和文化，這種文化以大眾能夠接受的方式呈現，並打破橫亙在讀書

人與民眾之間的閱讀障礙(主要表現形式之一是文言文),直接呈現普通人的生活世界與精神世界。正是在這種精神的感召之下,胡適創作新詩《嘗試集》,魯迅創作〈孔乙己〉等新小說,陳獨秀用白話文寫政論,顧頡剛等鼓吹到民間去搜集歌謠、民俗文化,周作人首倡新村主義,北大學生組織平民講演團宣傳平民教育。傳統的知識人文化是一種貴族氣味濃厚的士大夫文化,這種文化有著一種德性和智識上的雙重優越感(相對於農、工、商階層),而這種優越感在五四新文化運動引入的平等意識、勞工神聖等觀念的映照之下,顯得空洞而自大。割地賠款落後挨打的奇恥大辱,也讓作為社會精英的知識人有了一種強烈的悔罪感和自我鞭笞的心靈習性。

正是在這種語境之下,新文化陣營的知識人幾乎無一例外地強調大眾和大眾文化的力量,沉睡的大眾形象隱喻了中國的未來,而喚醒大眾的歷史使命也落在知識人的身上。啓蒙的主題正是在這種新型的士民關係中生發出來,啓蒙的思想資源大多來自西方啓蒙運動之後所形成的價值觀念與人格想像,而啓蒙的方式也是模仿西方大眾傳媒形成公共輿論的方式。啓蒙者的形象呈現出複雜的型態,它既是不斷自我清洗、掏空(對傳統文化價值)的否定性自我,也是不斷移植、嫁接(對西方文化價值)的建構性自我,前者讓他空虛,後者讓他亢奮。而作為被啓蒙者的大眾,也呈現出悖論式的雙重性格,大眾既是中國力量的源泉,是醫治衰敗而浮華的知識人文化的良藥苦酒,也是暫時處於休眠甚至蒙昧狀態的「群氓」或者說「烏合之眾」,等待著被魯迅這樣的啓蒙者的吶喊來喚醒。這種社會氛圍中所形成的大眾文化,其實是一種轉型時代特有的「青黃不接」的文化形式,究其實質仍舊是一種知識人文化,與普通大眾很難說有什麼實質性的關聯。

即使這樣一種彌漫著知識分子氣味的新文化,也遭遇了來自吳

宓主編的《學衡》雜誌和杜亞泉主編的《東方雜誌》的挑戰,前者
以吳宓、梅光迪等「東南學派」的知識人為代表,認為胡適、陳獨
秀、李大釗等人鼓吹的新文化,其實是西方啟蒙運動源流中最粗鄙
的一支,被認定為一種崇尚盧梭的浪漫主義和普羅米修士—浮士德
精神的大眾文化,充斥著人作為理性主體和利益主體的傲慢與勢
利,在一種虛假的平等觀念的誤導之下,抹平了個體之間在文化創
造上的稟賦、才情、能力等各方面的差異。學衡派主張文化的核心
是創造,因此必定是智識貴族才能從事的精神生活,讀書人不能降
格以求,放下自己的文化身段去迎合大眾的非理性需求,形成一種
所謂的大眾文化,而應該以精英文化的品質與標準來引導大眾,從
而提升大眾的審美能力與文化水準。學衡派認為只有將古典時代的
經典(比如孔子、蘇格拉底、柏拉圖等)文化進行融匯創新,以「昌
明國粹,融化新知」的方式才能實現他們的尊師白璧德宣導的「新
人文主義」(反思、批評啟蒙運動價值觀念的文化保守主義思潮)。

　　而在杜亞泉看來,新舊文化之間並不如新文化宣導者所言那樣
是水火不容的對立關係,新文化運動時期,各種以啟蒙為主旨的刊
物,發表了諸多涉及新舊之爭的評論,大致而言,這些文章都主張
破舊立新或者推陳出新,在這種論述裡,舊文化舊思想都是一種小
圈子的上流社會文化,是脫離社會生活實踐和民眾意識的意識型
態,是阻礙新思想和大眾文化形成的絆腳石,因此必須置之死地而
後(新文化)生。「新」的合法性建立在對「舊」的指控和反抗的基
礎之上,而新文化運動的宣導者認為自身就肩負了這種創造新文化
的使命,因此大有舊邦新命舍我其誰的文化英雄氣概。可是在杜亞
泉看來,新舊之間是一種接續關係,他主張「接續主義」,所謂「接
續」指的是舊業與新業相續接,二者不可割斷。接續主義「一方面
含有開進之意味,一方面又含有保守之意味」,他認為有保守而無

開進則拘墟舊業，有開進而無保守則使新舊之間的接續截然中斷，勢必動搖國家的基礎。這就是學界命名的杜亞泉式的「調適的智慧」，可謂是新文化運動時期的潛流、支流，而非逆流，其實也是一種啓蒙方式。

這個階段的精英文化與大眾文化之爭尚未引入「階級」的觀念，因此雖時有硝煙彌漫（比如羅家倫指斥杜亞泉的《東方雜誌》爲雜亂派雜誌，陳獨秀影射該雜誌意在復辟的「十六問」等），尚且停留在知識界內部的爭論之中。到了1920年代，隨著喚醒民眾的任務從啓蒙者的身上向相繼改組、成立的政黨轉移之後，啓蒙大眾並塑造大眾文化（或者說群眾文化、民眾文化、革命文化）的使命，就落在了宣傳部等機構之上，宣傳取代了啓蒙，或者說在當時人的觀念之中，宣傳就是一種啓蒙。（這一點，費約翰的《喚醒中國：國民革命中的政治、文化、與階級》做了系統的論述。）以此回溯並反觀1910年代的平民文化或者說大眾文化，雖然平民或者大眾的面目在啓蒙敍述中間顯得面目不清，但各路知識人的論述似乎分享著共同的言說對象，大眾成爲一個想像性的混沌而自足的整體。可是到了主義崛起和政見分歧的1920年代，在各種宣傳機器和政黨力量的推動之下，大眾開始分裂，階級話語悄然降臨，一個可以超越階層被知識界的不同派別共同關切，並試圖啓蒙的「大眾」已經不復存在。被歸類到大資產階級或地主階級的群體是屬於要被打倒、肅清的階層，不再是啓蒙的對象。在這樣一個背景之下，資產階級文化開始逐漸從大眾文化的範圍剝離，甚至成爲眾矢之的。

知識界開始迅速分化，左翼文化人越來越痛恨自己的資產階級或小資產階級出身（瞿秋白的《多餘的話》即爲例證），哀歎自己爲何不是根正苗紅的大眾之一分子，因此恣意地刮骨療毒貶斥自我。到了1930年代的上海，很多左翼文化人認爲五四新文化運動時期形

成的白話文，其實也是一種脫離了大眾的生活實踐與表達方式的精英語言，因此宣導直接從原生態的大眾文化裡創造大眾語。大眾語的爭論在上海的《申報》、《現代》等報刊上喧囂一時，無疾而終。左翼知識人的這種文化焦慮感，一直到了1940年代的延安文藝座談會才塵埃落定，知識分子的創作應該爲革命和工農服務，知識分子應該融入大眾文化的洪流之中才可能解放自己，成爲大眾文化或者說群眾文化的真實記錄者。啓蒙運動以來的知識人與大眾之間的對峙和緊張，至此似乎得到了「根本之解決」，但也付出了王實味等異議分子被消失的代價。（王實味曾寫過雜文〈政治家・藝術家〉試圖將政治家與文藝家的社會角色分疏開來，並認爲政治未必掌握真理，而真理應該引導政治，因此在延安整風中犯了大忌。）

　　不過與左翼文化人在上海的邊緣化相映成趣，1930年代的上海也發展出了一種將商業、傳媒與娛樂等各種社會領域的文化形式融合在一起的大眾文化，這種大眾文化才算是真正意義上的消費主義文化。按照阿倫特的理解，

> 大眾社會不需要文化，只需要娛樂，社會像消費其他商品一樣消費著娛樂工業提供的玩意。供娛樂的產品是爲社會的生命過程服務的，即使它們不是麵包和肉那樣的生活必需品。正如俗話說的，它們被用於「消磨時間」。

　　上海的光明大劇院、百樂門舞廳、跑馬場、各種電影院、各種明星海報、月份牌等，與上海的都市類報刊共同打造了這座被譽爲「東方巴黎」的大眾文化。這種大眾文化的特質是肉感的、交易的、消費的、易逝的，是群體性和拜物教式的集體心態。它拒絕個體化和差異化，更別說批判氣質與反思精神。對1930年代上海的懷舊，

在很大程度上就是對這種發展到極致的物質文化和大眾文化的追憶與緬懷，而這種懷舊又與文革之後的中國對現代性的重新想像有關；或者說，對民國上海的懷舊賦予了改革開放的去魅（革命之魅）以一種歷史的合法性，進而肯定人的現實生活欲望的合理與正當。因此，曾經在毛澤東時代被嚴峻批判的民國上海資產階級文化，又可以變臉成現代大眾文化的表徵，人民的「低俗」娛樂需求，又成為「發展的硬道理」（刺激內需等）。

大眾文化的歷史命運，與20世紀中國的革命政治息息相關。當革命需要民意和大眾的基礎時，大眾文化可以是批判知識人的被浪漫化的理想類型文化，而當革命文化需要塑造一個純粹而沒有遭受精神污染的烏托邦文化時，連大眾文化都顯得不再純潔和可靠，尤其是與民間的神道、宗族、祭祀、幫會等相關的文化形式，在革命邏輯的映照之下，都顯得蒙昧與反動，都屬於應該被橫掃的舊文化之類。最後只剩下欽點的八個樣板戲之類，文化形式上的不斷激進化與文化內涵上的不斷空洞化恰成對照。因此，從革命政治與革命文化的邏輯來說，從來就沒有一成不變的大眾；根據不同歷史階段的需要，大眾的範圍是可以伸縮自如的，這正如知識分子這個詞能夠籠罩的範圍一樣。也沒有常態化的大眾文化；大眾文化的褒貶完全根據政治形勢需要。革命政治從根本上扼殺了大眾文化的自主性空間，而只是將其操弄成革命文化、民眾文化、群眾文化之類的半吊子文化名詞，在表面的群情亢奮背後隱含的是人民不敢表達的審美（審醜？）疲勞。或許可以說，大眾文化是一個社會或者說文化概念，而群眾文化則是20世紀中國的一個政治概念，兩者何時疊合，何時分流，何時對峙，端視政黨機制和意識型態的需要而定。前者或許還殘存一點點自主性，而後者則基本上是政黨邏輯的延伸。

回到1930年代，我們除了可以考察上海的左翼文化與消費文化

之外，更應該注意分布在平津地區的精英文化。這種文化以北京大
學、清華大學、燕京大學、南開大學、輔仁大學等或國立或教會的
高等學府為依託，以天津的《大公報》、《益世報》，北京的《晨
報》等為表述空間，以政論、學術文化和高雅的文藝創作為表現形
式，塑造了一種與上海左翼文化截然不同的精緻文化形式。這種文
化無疑是反大眾文化的，或者至少是疏離於當時的大眾文化。它延
續的仍舊是五四的新文學、新文化傳統，宣導文藝形式的探索和啟
蒙大眾的心靈世界，而且其中的自由派知識分子更以政治從業者為
啟蒙對象，試圖在一個權威崩解而權力恣肆的時代重建知識人的權
威。在知識界急劇分化的年代，這群知識人沒有依附於政黨邏輯而
鞭笞自身，他們仍然堅持知識人的尊嚴與獨立，提倡一種具有反思
性和多元性的知識文化。從數量上來說，這群知識人自然僅占人口
比例的極少數，但從文化創造而言，他們卻是當時中國最具有活力
和創造力的一個群體。毫無疑問，這個知識人群體形成的精英文化
和學術文化，基本上很難歸類到大眾文化之中。在後來的歷史過程
裡，這個群體以及它所具有的文化，都基本上以資產階級文化、殖
民文化等名義被清洗，清洗者往往就來自活躍在1930年代上海的左
翼文化人。後者投身到革命政治的隊伍之後掌握了所謂的「文化領
導權」（葛蘭西），以「武器的批判」來代替「批判的武器」，在建
國後與政治力量合作，以革命文化甚至大眾文化的名義，歇斯底里
地淘汰了民國平津最具有生命力的知識人文化。自此以後，所謂群
眾文化或革命文化割捨了啟蒙的價值內核，只剩下一種奉命或者說
奴才文化，反思都不可能，何談反抗？就此而言，現代中國的文化
史就是一部革命（宣傳？）壓倒啟蒙的歷史，也就是一種不斷粗鄙化
和暴力化的文化史，文化爭論演繹成了最劇烈的政治對抗，而那些
有獨立人格的知識人要麼被噤聲，要麼被改造，要麼被毀滅。

　　問題是：這種革命政治形成的群眾文化真正為群眾所歡迎嗎？在群眾文化的表述裡，群眾究竟是一個主體還是一個客體？這是一個值得深思的問題。當大眾文化的再生產機制(包括各種社會組織、民間社團、市場屬性的傳媒、娛樂工業、傳統藝術等)在1950年代以後被連根拔起，所謂大眾文化就成了虛假的意識型態，沒有大眾，只有群眾，依照分清敵我的階級鬥爭思維，如果不是群眾的文化，就是敵人的文化，整個社會的文化生活處於極度單調也極度壓抑的狀態。這種情況一直到1980年代港臺的電影、流行音樂(鄧麗君式的靡靡之音)、電視劇、服裝、武俠小說、新生活方式等傳播到大陸，中國才開始新一輪的大眾文化形成過程。可是這種民眾自發的對大眾文化的追隨，也經常遭受來自權力當局的壓制和圍剿，在1980年代就發生過在家庭舉辦舞會而被判刑甚至處死的案例(罪名是腐蝕青年、集體淫亂之類)。因此，1980年代從港臺乃至國外刮來的大眾文化之風，相對於毛時代的文化邏輯，具有了一種顛覆性的革命性質，反革命成了一種新革命，大眾文化在這種歷史嬗變與論述中間，重新獲得其表達空間與存在的合理性。

　　1980年代的角力，到了1990年代以後變成物質主義文化獨領風騷。1992年的小平南巡，強力推動了八九事件之後基本停滯的經濟改革，而政治改革暫時被擱置一邊。人的物質生活欲望成了推動經濟社會發展的原動力，各種窮形極相五花八門的西方文化、東亞文化引入中國，《格調》、《品位》等各種宣傳小資產階級生活型態的書籍一度暢銷，宜家家居等彌漫著西方生活情調的傢俱在中國的城市生活中變得富有吸引力，各類肥皂劇、流行音樂、好萊塢大片、舞會、選秀、娛樂節目等共同構造了一個「娛樂至死」的大眾文化。這才是自五四啓蒙運動以後形成的第二波真正意義上的大眾文化(第一波是1930年代的上海)，這種大眾文化是在政黨力量最大限度

地開放私人生活領域，而壓制甚至禁閉政治生活領域的社會氛圍中
形成的。消費主義意識型態成為大眾文化公開的秘密，並與政治發
展的GDP主義一同有效地支撐了一個崛起的中國的自我證成合法
性。很顯然，這種大眾文化相對於毛時代來說具有相當的自發性，
但相對於西方具有原創力的大眾文化而言，卻仍舊表現出一種依附
性和保守性。在一個去政治的世俗時代，大眾文化成了人民棲身自
我迴避公共領域的溫床。沒有在公共領域形成自由意識和參與精
神，以及開端啟新的政治行動勇氣，這種大眾文化頂多培養出一群
消費者（奧威爾式的《動物莊園》？）和盲目的粉絲而已。這種大眾
文化也推崇一種自我實現（幻覺？）的個人主義文化，但顯然這是一
種利己而唯我的個人主義。按照查理斯‧泰勒的說法，這種「個人
主義導致以自我為中心，以及隨之而來的對那些更大的、自我之外
的問題和事務的封閉和漠然，無論這些問題和事務是宗教的、政治
的，還是歷史的。其後果是，生活被狹隘化和平庸化。」這恰恰是
1990年代至今的崛起的大眾文化所打造的個人的核心特質，這種特
質如同已故捷克前總統哈威爾在〈無權者的權力〉一文所分析的那
樣，構成了後極權社會的社會統治和政治控制最有效的形式。

　　曾經在1930年代的平津扮演相當重要角色的學院知識分子的後
人，今天已經在過度體制化的過程裡越走越遠，其主體已經基本上
喪失了公共意識和批判氣質。他們構成了一個爭名逐利的群體，雖
然偶爾也會以學術的名義介入公共世界，他們對於公共文化的建設
卻意興闌珊。任重道遠的知識人開始變成「灰心喪氣」的符號人。
一些嚴肅的學者仍舊堅持多少有其成效的學術探索，但他們的成果
在今天這個影視界明星和學術明星當道的中國，幾乎沒有提振和革
新大眾文化的力量與空間。學院與社會既分享著一套關於共同的世
俗化的美好生活的核心價值觀，但學院與社會又顯得越來越隔膜甚

至對峙（在社會大眾看來，學院精英已經變成既得利益者，不再具有道德擔當）。在這種背景之下，反智主義和民粹主義開始重新獲得市場（重慶的唱紅打黑頗得民心即為其表現），對民間文化又開始再度想像，有識之士試圖以此來糾正已經癱軟的學院文化和過度膨脹的消費文化。這構成了一個不同文化族群之間充滿隔閡和敵意的社會。就此而言，在學院體制內的有品質的精英文化與渴求自我提升的大眾文化之間，亟需建立一座溝通的橋樑，來形成一種有意義的「中間層文化」。揆諸百年歷史，我們可以發現形成這種溝通機制並推動文化發展的力量，應該是從民間社會和高等學府自發形成的，社會才是文化的再生細胞，而不是政治或者其他意識型態，因此如果政治力量希望這個社會的文化形式越來越多樣化，文化生活越來越豐富，文化品質越來越高，它應該做的是提供自由而多元的文化空間，應該是提供更多的不設主題與目標的文化經費，以便公民的文化創造力有自由、自主表達的機會。文化強國的焦慮彌漫在這個渴望提升自身文化品位的國度，但這個路究竟應該如何走才可以避免「播下的是龍種，收穫的是跳蚤」的悲劇，也許回顧百年來的大眾文化的歷史進程就不再顯得多餘。

唐小兵，上海華東師範大學歷史學系教師，研究領域在現代中國傳播媒介與知識群體之關聯，已出版著作有《現代中國的公共輿論：以《大公報》「星期論文」和《申報》「自由談」為例》等。

# 思想訪談

# 中國改革的歧路：
## 朱嘉明先生訪談錄

陳宜中

朱嘉明先生，1950年出生，北京人。1964年就學於北京男十三中，1968年至1978年，先後在西藏、黑龍江和山東務農做工；1978年考上中國社科院工業經濟研究所後，在完成碩士和博士學位的同時，參與創建國務院技術經濟研究中心，擔任河南省經濟體制改革委員會副主任，中國國際信託投資公司國際問題研究所副所長，中國西部研究中心、北京青年經濟學會、中國改革開放基金會負責人，暨《中青年經濟論壇》主編。1989年6月後，流亡海外，一度擔任海外民運負責人。1993年退出民運，在麻省理工學院斯隆管理學院完成MBA；先後在澳大利亞、東南亞創業經商。2000年之後，擔任聯合國工業發展組織的經濟學家，現任教於維也納大學。2012年1月，出版六十萬字專著《從自由到壟斷：中國貨幣經濟兩千年》。

此一訪談於2011年6月3日在台北紫藤廬進行，由陳宜中、王超華、錢永祥提問；經陳宜中編輯、校對，並於2012年3月補充提問後，由朱嘉明先生修訂、確認。

## 一、早期經歷

**陳宜中**(以下簡稱「陳」)：是否可以從您的家庭背景談起？

**朱嘉明**(以下簡稱「朱」)：我是漢人，但朱家在清朝卻是「在旗」的，據說是正藍旗或者鑲藍旗。到我曾祖父那代爲止，朱家在清朝是沒有實權的官員。曾祖父似乎與頤和園1894年前後的建設有極大關係，所以，爺爺是在頤和園裡長大的。北京豐台地區有個叫做「朱家墳」的地方，以及北京釣魚台一帶，就曾經是朱家祖墳。遺憾的是家譜在文革期間燬之一炬。

我爸爸1913年出生，我母親1917年出生。我有兩個哥哥，一個姐姐。大哥1935年出生，二哥1940年出生，姊姊1938年出生，接下來還存活的就是我。父親從我4歲時就長期在外，所以我與母親相依爲命。

**陳**：北京對您意味著什麼？

**朱**：文化革命之前的北京對我是刻骨銘心的。我家住在景山前街一帶，西邊是北海，東邊是景山，南面是故宮。我在小學期間，幾乎每天都要去北海和景山。在那個年代，北京的城門還殘留著，從北京城裡很容易看到西山，在西直門外還有水稻田，街坊四鄰中不乏前朝遺老遺少。在我的流亡生涯中，想到北京，就想到老舍的話：要落淚了，真想念北平呀！

**陳**：您初中二年級，文化大革命就開始了。可否談談文革經歷？

**朱**：1966年6月，文化革命開始不久，劉少奇和鄧小平就組織工作組進駐北京的中學。但在工作組進來之前，學生已經自組織，每個班、每個年級都成立了「文化革命領導小組」，我被推選爲初二年級的領導小組組長。

　　不多久，毛澤東從湖南回到北京，工作組很快撤走。幾乎是同時，所謂出身好的中學生開始控制所有中學的權力。1966年7月8日，我的初二年級文革組長的權力被罷免，而且遭到長時間批判。在整個北京市的中學，文革變成由「老兵」主宰，譚力夫的「老子英雄兒好漢，老子反動兒混蛋，基本如此」的對聯衝擊了中學和大學，導致關於「血統論」的激烈辯論。1966年8月，在我們學校的高三二班，與北京四中的代表進行了辯論。四中來的包括不久之後在「西糾」和「聯動」中的風雲人物，至少有後來成為中信集團董事長的孔丹，還有薄熙來的哥哥薄熙永。他們給我的印象是發育良好、器宇軒昂，有的穿著父輩的那種衣服。辯論涉及到諸如革命的根本問題是什麼，他們提出是政權問題，我們主張是農民問題。辯論結果是，「血統論」難以成立。

　　**王超華**(以下簡稱「王」)：那是學校對學校，還是派系對派系？

　　**朱**：那時還沒形成什麼派系，是學校對學校。但是很快的，在1966年8月，文化革命進入了「紅色恐怖」階段。從所謂的「破四舊」開始，接著是抄家、抓人、批鬥、打人，被打死和自殺的情況到處發生。

　　**陳**：在北京的中學文化革命中，哪些事件的影響較大？

　　**朱**：應該是遇羅克的〈出身論〉。遇羅克本人並不是中學生，但是在1966年末和1967年初，他的〈出身論〉發表在只出了兩期的《中學文革報》上，所造成的影響是後人不可想像的。遇羅克的文章，易懂而雄辯，在批判血統論的表象背後，是對人權和人的尊嚴的捍衛。所以，即使在文革時期，統治者也絕不容遇羅克這樣挑戰其思想體系和意識型態的人。《中學文革報》很快遭到查封，遇羅克本人也被投入監獄，拖到1970年初被處決了。

　　按照當時的分類，我既非紅五類也非黑五類。對於我們這樣的

人來說，天然反感血統論。但是，遇羅克對我們的影響超越了對血統論的批判。遇羅克批判血統論，是因爲他已經意識到中國存在「世襲」的可能性。今天的所謂「太子黨」問題，其實是「血統論」的一種歷史延伸。

1967年春天，毛澤東有個「三七批示」，內容是要復課鬧革命。復課鬧革命的前提是對所有中學實施軍訓，其實就是軍管。到了1967年3月，整個北京的中學徹底被軍事接管。與此同時，所有的「老兵」即老紅衛兵，從監獄或者拘留所裡統統釋放。當時的北京衛戍區司令李鐘奇在釋放他們的時候，發表了「要高幹子女接班」的講話，結果導致北京中學生的歷史性分裂，出現了「四三派」和「四四派」。

**王**：「四三派」、「四四派」和「老兵」的關係是什麼？

**朱**：當時，「老兵」泛指一切在文革初期毛澤東支持的「老紅衛兵」，以及後來的「聯動」。「聯動」的全稱是「紅衛兵聯合行動委員會」。

「四三派」、「四四派」的出現和「老兵」是有關係的。上面所說的李鐘奇的講話，很快傳播到北京各個中學。在幾天之內，很多中學生走上街頭反對李鐘奇，「打倒李鐘奇」的標語貼遍了北京城。這是一個巨大的能量，任其發展下去，勢必導致「復課鬧革命」和「軍訓」失敗。所以，中央文革小組很害怕，4月3日就在人民大會堂，召集中學生代表開了一個會。這個會上，中央文革的主要成員嚴厲批評了李鐘奇，陳伯達用福建話說李鐘奇的思想是「龍生龍，鳳生鳳，老鼠的兒子會打洞」。由此而形成「四三派」。

第二天，4月4日，中央文革爲了平衡中學生的不同政治力量，又接見了另一批中學生代表，於是形成了「四四派」。四三派一般都是知識分子出身，不屬於黑五類（即地主、富農、反革命、壞分子和右派），也不是紅五類（即革命軍人、革命幹部、工人、貧農和下

中農)。四四派一般都是工農或者幹部子弟。我是四三派。中國現在
的國務院副總理王岐山也是四三派，他是北京三十五中的。

在四三派、四四派之外，還有老兵。此時「聯動」重新復活。
北京各個中學在1967年4月之後，或者被四三派主導，或者被四四派
主導。到了那年夏天，四三派、四四派以及老兵之間的文鬥和武鬥
開始趨向激烈。因爲武鬥，北京中學生中還死了一些人。今天想起
來，還是很傷感。在1967年，北京中學生的各個派別還都組織了合
唱團。我們中學高三有一位叫楊小陽的「老兵」，被稱爲「聯動」
的央行行長。據說他爲了組織合唱團，截留抄家的現款和存折，加
之其他手段，總計20多萬元，用一個麻袋扛回了家。在1970年代，
大學畢業生的一年工資不過是7、8百元，20萬相當於280年的總收
入，無疑是一筆巨款。在1960年，中國發生過著名的趙守一事件，
主犯因爲騙取20萬人民幣而被處決。

**陳：**四三、四四與聯動，除了社會成分的差異外，有沒有政見
分歧？

**朱：**「四三派」和「四四派」的分歧相當深刻，涉及到中國社
會是否要以家庭出身作爲等級基礎，以及共產黨政權是否只能由自
己的子弟接班。那時，核心問題就是「中國這個國家，究竟誰是接
班人？」四四派認爲，這是工農的天下，當然是工農子弟接班。毛
澤東也注意到了血統論問題。1967年，在一次中央會議上，毛澤東
向與會者推薦了〈觸讋諫趙太后〉一文，提出只有嚴格要求子女，
才能避免資本主義復辟，保證無產階級的財產和權利。不言而喻的，
毛認爲自己的子弟接班時，只是要避免「君子之澤，五世而斬」。
我做的第一次政治性演講，是在1967年7月，地點是中國音樂學院。
我用法國大革命的理論去解釋文革，題目是〈四三、四四派的起源
及其在歷史上的影響〉。那時我16歲。

陳：當時北京的中學有「造反派」嗎？

朱：我始終沒有用「造反派」一詞，因為這是個很模糊的概念，至今難以定義。歷史的真實是，「造反派」中有極端的毛主義左派，還有以造反為名，實際上要挑戰共產黨建立的政治制度的右派。右派在文革後期「清理階級隊伍」的運動中遭到嚴厲整肅。極端的毛主義左派，在文革結束之後，被定義為跟隨「四人幫」進行「打砸搶」的壞人，基本被打入十八層地獄。

陳：中學生文革是如何收場的？

朱：文革到了1967年秋天以後，已是強弩之末。隔年，全中國的中學生開始上山下鄉。伴隨中學生的上山下鄉和工廠務工，以「老三屆」為主體的中學生與大學生的文革告一段落。

「老三屆」是指在1966年文革開始時的初一至初三，高一至高三，大一至大三的學生。他們的出生年代大約是1945-46年至1952-53年。上山下鄉，間接影響了中國今日的政治生態。因為文革中分派別，各自都集結去一個地方，於是就形成了一塊一塊，為日後留下了不同的種子。中國共產黨十八大之後的黨和國家領導人的主體就是「老三屆」，而「上山下鄉」是「老三屆」最重要的歷史符號。

陳：您個人去了哪裡？

朱：我先去了西藏，又轉到黑龍江，再去了山東。去西藏是我們一些志同道合的同學的自願選擇，不是國家安排的。我們帶了大批的書前往西藏，有機會大規模地狂讀些書。晚上還收聽「美國之音」。要知道，文革期間，收聽「美國之音」就是觸犯了收聽敵台罪，是要坐牢的。後來，因為西藏高原缺氧，我的十個指甲已經全部癟了，而且聽說漢人很快就會得心肌炎，我很害怕。於是我就決定離開西藏，去了黑龍江。

黑龍江生產建設兵團是經過毛澤東1969年6月18號批示成立

的。我在黑龍江兵團的時間是1969年的9月至1975年的12月。在這六個寒暑中，我學會了各種農活；還因為完成了批判《蘇聯政治經濟學教科書》的長文章，導致我最終選擇了經濟學家的道路。在山東，我大部分時間是在膠南縣的一個軍港建設工地度過的。在那裡，我獨立完成了80萬字的《中國社會主義政治經濟學》。這是根本不可能出版的書，但是，這本書的寫作過程使我對中國各個經濟部門有所研究，這對我在1978年參加研究生考試是有益的。

## 二、回顧1980年代

**陳**：您為何選擇了中國社會科學院的工業經濟研究所？

**朱**：回憶起來有兩個主要因素：其一，經歷了文革十年，對於中國社會有了非常實際的瞭解。我是個注重實踐的人，相信中國需要現代化，而現代化主要是工業化，工業經濟與工業化關係緊密。其二，工業經濟研究所成立於1978年4月，生機勃勃。例如，所長馬洪曾經是高崗反黨集團五虎上將之一，此人的能量很大，他是1920年前後出生，當時也不過60歲左右。副所長蔣一葦、黨組書記陸斐文都是有資歷的傳奇人物。朱鎔基也是工經所的。他們都參加過1950年代第一個五年計畫的實施，對中國的工業和國民經濟有豐富經驗和實感。

**陳**：有您在內的「改革四君子」上書，是否是您直接參與改革的契機？

**朱**：我參與經濟改革首先是因為馬洪。1979年，國務院組織了四個小組，著手經濟改革的研究和設計，其中的一個小組是「經濟結構組」，我參加了。由此，我開始有了自己的一些主見。

至1980年，中國長期積累的各類國民經濟問題全面顯現。人們

在如何面對「改革」和「調整」的關係上頗有分歧。這年秋冬，我
試著用當時所學的宏觀經濟學，以及在「經濟結構組」領悟的結構
分析方法，而不是傳統的政治經濟學語言去分析當時的國民經濟形
勢，形成了一篇很長的東西。在寫作過程中，與同班的黃江南多次
討論。黃江南在經濟問題上有很多創見，他是中國第一個人，按照
自己的方法，提出了實際上和科爾奈(János Kornai)相同的短缺經濟
學。而我們那篇東西的本質，就是建立在短缺經濟學理論上。但是，
黃江南的弱點是動筆不勤快，不能將自己的想法變成最終產品。又
因為這篇大文章涉及中國的農業問題，黃江南建議找翁永曦。

　　1970年代末，翁永曦回到北京，先在《農民報》，後遇到中國
農業經濟改革的重要人物杜潤生這個伯樂，被調進「農村政策研究
室」工作。翁永曦除了熟悉農業、農村和農民之外，還有歷史大視
野，曾經提出過「中國百年復興」設想，很為胡耀邦賞識。有了翁
永曦的加入，這篇文章進一步充實。之後，因為林春或者李銀河的
建議，又結識了在中國社會科學院近代史所民國研究室工作的王岐
山。此時，我們四人的領域包括了工業、農業、歷史和國際關係。
「改革四君子」的組合就是這樣。最後定稿的文章題目是〈關於我
國當前經濟形勢和國民經濟調整的若干看法〉。

　　**陳**：這篇文章的主要思想是什麼？為經濟決策的領導人接受
嗎？

　　**朱**：這篇文章的思想其實很簡單：1980年前後的中國經濟面臨
著實體經濟和經濟制度的雙重問題。我們用「結構性經濟危機」概
括當時的國民經濟形勢，認為這是長期實行僵化的計畫經濟制度的
必然結果。進而分析了「結構性經濟危機」的機制，得出中國面臨
的根本性問題是社會總需求全面超過總供給，能源供給不足和財政
收入低下是那時國民經濟最突出的薄弱環節。因此，需要通過政府

干預,刺激短線部門發展,實行有限的和積極的財政政策以避免蕭條,容忍一定水平的通貨膨脹,調整人民幣匯率以擴大出口。

這篇文章得到了姚依林、陳雲和趙紫陽的支持。趙在中南海接見我們時,開門見山地說:作爲共和國總理,和不到30歲的年輕人討論國民經濟,這是第一次。陳雲在不久後的中央一次會議上,也公開肯定了我們的對策思路。此外,王岐山向他岳父姚依林做了匯報,姚也當面仔細聽取了我們的說明。

我們四人是盡可能的低姿態,但是,因爲文章在《紅旗》雜誌內部文稿和其他內參的發表,在北京的影響很快擴散。不知是誰開始稱我們「改革四君子」,當然,還有人稱我們是「工業黨」,以區別陳一諮發起的「農村發展組」的「農民黨」。

**王**:當時陳雲、鄧小平和趙紫陽,對經濟政策的看法一致嗎?

**朱**:在1980年代後期,陳雲和姚依林在改革問題是跟不上歷史的,與鄧小平和趙紫陽比較,趨於保守甚至僵化。但1980年代初期,在「調整」和「改革」的關係上,陳雲、姚依林、鄧小平和趙紫陽之間並沒有明顯的分歧。那時,就對國民經濟的熟悉程度來說,幾乎沒人超過陳雲和姚依林;鄧力群也是爲經濟改革搖旗吶喊的,而且全力支持陳一諮的「農村發展組」。

至於趙紫陽,是共產黨歷史的一個特例,他有過廣東、內蒙和四川的諸侯或者封疆大吏的經歷,不僅懂得農業、工業、對外經濟,而且有改革意識。趙到了四川之後,除了農業,就是開始擴大企業自主權。我們對趙紫陽的最大印象,包括他超常的記憶、理解和學習能力。

趙紫陽在中南海接見我們的時候,才入主國務院不久。我記得,就在我們和趙紫陽見面不久,趙就帶著翁永曦視察山東。後來,趙還帶過其他年輕人陪他視察,似乎王小強次數多一些,還有華生、

周其仁。

在這裡，我不得不提到趙紫陽的兩個秘書，一個是人們熟知的鮑彤，還有一個是李湘魯。李湘魯是我們同代人。鮑彤和李湘魯都是才思敏捷，他們不斷地幫助趙紫陽發現新思想和新人才。

**錢永祥**(以下簡稱「錢」)：是否可以說，在1980年代，你們這批年輕人在那麼短的時間內脫穎而出，根本原因是得益於趙紫陽，以及像鮑彤這樣在趙紫陽身邊的「近臣」？

**朱**：我同意這個判斷。趙紫陽和青年人的關係是中國共產黨歷史上的獨特現象，很可能是絕響。其次，還需要注意到歷史大背景：1980年代改革全面開始，人才短缺，胡耀邦和趙紫陽都有著強烈的「不拘一格降人才」的意識。他們身體力行地破除血統論的影響，不再以家庭出身作爲提拔標準。而我們這些學經濟的青年人，確實得到了更多機會和更大舞台。

1984年9月，青年一代的經濟學者在浙江省召開了對中國改革歷史有深遠影響的莫干山會議，對經濟改革和開放中的基本問題不僅做了戰略思考，而且系統提出政策性建議，標誌著我們這代青年人整體正式走上中國經濟改革的大舞台。後來，以青年人爲主體，建立了「三所一會」，即：「中國經濟體制改革研究所」、「中國農村發展研究所」、「中信國際所」和「北京青年經濟學會」。「三所一會」的主要成員來自中國不同地方，不乏平民和農家子弟。

**陳**：您爲何會去河南擔任「河南省經濟體制改革委員會」的副主任？

**朱**：那是陰差陽錯。1984年前後，我因爲關心中國能源問題，多次到河南了解中原油田問題。由此結識了在河南省委書記處工作的王忠林。在王的引見下，我得以向當時河南省委書記劉傑報告我對中原油田和河南經濟發展的看法。劉傑又安排我見了省長何竹康。

**陳**：這段時期，您在學術上有哪些進展？

**朱**：1980年代，是我學術上有很大收獲的時期。我的寫作處於巔峰狀態，幾乎每周都能完成有一定質量的文章。自1984年至1988年，還出版了《國民經濟結構學淺說》、《現實與選擇》和《論非均衡增長》等著作。其中，《國民經濟結構學淺說》是我的第一本著作。這本書的核心思想是：國民經濟不僅僅是一個過去在計畫經濟時代所說的「比例」和「速度」的問題，而是存在著其物質構造(或結構)問題；因此，只有研究國民經濟構造本身，才可能較爲深化地研究經濟制度和機制，及其運動和發展。錢學森很肯定這本書的學術方法，爲此專門寫信給我。

**王**：那麼，您又爲什麼離開河南？

**朱**：我在河南的時候想到：我們這代人是在計畫經濟制度下長大的，主張市場經濟，但是卻從沒見過市場經濟；講對外開放，卻沒有出過中國的國門。我決心改變這種情況。因爲我曾對美國福特基金會在北京設立辦公室有所幫助，福特基金會爲了表示感謝，願意資助我去美國讀書或者做訪問學者。1985年夏天，我向河南省委請假，希望出國一段時間，同時完成我的博士論文。1985年9月底，在福特基金會的資助下，我到了美國。先去密西根大學，所在地是安娜堡。那年聖誕節之前又轉到了哥倫比亞大學。前後十個月。

**陳**：此次美國之行有哪些收獲？

**朱**：收獲包括無形的和有形的。所謂無形的是對美國的觀察，包括大學管理已經電腦化，超市的豐富商品，經濟學的課程設計，宗教的力量，不同移民後裔的和諧關係。那時的美國是里根時代，供應學派的思想對我有很大影響。所謂有形的主要是四件事：第一，我認真考察了美國的金融市場，特別是股票市場，形成了在中國推動建立股票市場的一整套想法；第二，與何維凌等人一起商議和努

力，促使索羅斯在中國成立改革開放基金會；第三，結識了愛比‧
洛克菲勒，在中國示範和推廣她的「不用水的馬桶」，實現中國的
廁所革命；第四，與何維淩一起，在美國中西部尋找合作夥伴，實
現美國和中國的中小企業交流。

　　**陳**：回來之後的選擇是什麼？

　　**朱**：1986年8月回到北京。我回來的第一個公開報告是關於美國
股票市場的啓發。在美國的十個月讓我明白，我們對世界的理解是
膚淺的。因此，我決定在今後的幾年集中研究國際經濟。這樣，我
辭去了河南省政府的工作。我選擇了兩個工作，一個是《中青年經
濟論壇》的主編；另一個是從1986年10月和李湘魯一起籌備中國國
際信托投資公司的「中信國際所」，並打算全職到這個研究所工作。

　　**陳**：成立「中信國際所」的目的是什麼？

　　**朱**：首先，當時中國國際信託投資公司董事長榮毅仁和副董事
長唐克有成立這樣一個關注世界經濟和國際政治的研究所的需求；
其次，當時國務院的領導也希望有一個具民間色彩的國際問題機
構，做一些外交部、外貿部和其他對外部門不宜做的工作。

　　自1986年10月至1989年6月，中信國際所做了一些至今看來很有
意義的工作。諸如，建議和推動與南韓、沙烏地阿拉伯建交；參與
兩伊戰爭之後的伊朗重建；建議中國走向印度洋，實現和巴基斯坦
的戰略合作，全面對西開放；幫助中信設計與中東和南美的長期合
作夥伴關係；突破對台關係，建立兩岸民間交流的管道；研究世界
金融危機的可能性和新模式。榮毅仁和唐克都有全球眼光，我們的
工作得到了他們的全面支持。

　　**王**：中信國際所特別選擇這幾個國家，是否著眼於中美蘇關係？
石油資源也是一個原因？

　　**朱**：那時，冷戰還沒有結束。中信國際所是研究中美蘇大三角

關係的。我們傾向與美國改善關係，以獲得對中國改革和開放的支持。能源，特別是石油問題，也是我們極端重視的。要知道，唐克是當過石油部長的。那時，國際所主張參與伊朗戰後重建和實現與沙烏地建交，都是出於中國未來對國際石油資源的需求。總之，國際所希望為中國決策層建立一套全球戰略的觀念。

**陳**：在六四之前，您還參與了哪些工作？

**朱**：1989年1月至3月初，我先去澳大利亞墨爾本大學的經濟系作訪問學者。回來之後，「北京青年經濟學會」組織了中國經濟改革十年研討會。因為這次會議是在北京豐台的京豐賓館召開的，後來稱之為「京豐賓館會議」。會議開始由陳一諮主持，但是他的腿壞了，然後由我主持。我最近找到了會議結束時的合影照片，除了胡啓立等當時的領導人之外，還有李克強、李源潮、劉延東等當下中國領導人。這次會議的重要特徵是為體制內和體制外的同代人提供了講台，各派意見爭論激烈。我記得周其仁和萬潤南的發言很精彩。在會議中，不少人已經感到中國可能出事，甚至認為天下就要大亂。這次會以後，就發生了六四，以後大家就各奔東西。

京豐賓館會議結束後不久，國務院有關部門希望我主持研究在中國和緬甸之間建立特區的可行性，主要是為了阻止毒品進入中國。我是中國西部研究中心的主任，帶著一個工作組去了雲南的畹町。歷史證明，如果在二十年前，就能夠在中緬邊境建立這樣的特區，後來的很多麻煩都可以避免。

**陳**：1988年那次「價格闖關」的決策過程，您有沒有參與？有個流傳甚廣的說法是：「價格闖關」的失敗是八九民運的重要背景之一。

**朱**：1988年「價格闖關」的決策過程並不複雜，是鄧小平決策，趙紫陽執行的。此外，世界銀行也支持價格闖關。屬於趙紫陽智囊

團的體改所反對價格闖關，但是，我個人是支持價格闖關的。我當時的主要看法是，中國已經是價格「雙軌制」，不是要不要價格改革的問題，而是勢在必行。但是，在當時的歷史條件下，人民群眾習慣了計畫價格制度下的所謂穩定價格，對市場價格沒有足夠的心理準備。所以，對中央政府提出價格闖關的反應是非理性的搶購，導致決策部門收回原定的價格改革方案。人們不僅認為價格闖關失敗了，而且認為價格闖關所造成和積累的社會不滿，引發了1989年的社會和政治危機。但這是似是而非的看法。事實上，正是1988年的「價格闖關」，徹底衝擊了計畫價格的最後基礎，加速民眾適應市場決定價格趨勢，並為1990年代之後中國價格「雙軌制」的並軌和形成全面市場價格體系，奠定了歷史性的基礎。

陳：您當時怎麼看通貨膨脹？

朱：至於通貨膨脹，也是大勢所趨。當時的通常意義的通貨膨脹，其實是價格革命，是中國從非貨幣經濟向貨幣經濟過渡和貨幣化的必然結果，也是制度轉型的必然結果。在1988年，「國際所」和「體改所」合組了一個代表團去訪問智利、委內瑞拉、墨西哥、巴西和阿根廷，核心任務就是考察這些國家在1970年代和1980年代高通貨膨漲形成的背景、過程和社會承受能力，以及通貨膨脹和經濟增長的關係。陳一諮和我是南美考察團的負責人，團員有宋國青等人。我們在考察中發現，社會轉型和通貨膨脹有極大的相關性，不可以孤立地看通貨膨脹率高不高，還要看經濟增長和居民收入增長。通貨膨脹處理得當，不一定引發各種危機，也不意味政權垮台。我們並沒有說過「通貨膨脹無害」，而是強調對於新型市場經濟國家，包括中國和其他轉型國家，通貨膨脹是不可避免的，關鍵問題是如何面對通貨膨脹。在訪問途中，我們多次在中國使館向北京發電報，匯報訪問進展和觀感。

　　這段歷史後來被不知詳情的吳敬璉演繹成一個誇張的故事。他就開始系統批判趙紫陽，連帶指向「三所一會」，提出是「他(指趙紫陽)的『智囊』班子，則散布流言蜚語，阻撓治理整頓，其後更藉機製造事端，煽動動亂，把經濟危機推向社會政治危機」。

　　**陳**：在1989年，從胡耀邦逝世，學生走出校園，遊行和天安門絕食直到戒嚴的大約一個多月中間，趙紫陽智囊們的基本想法和立場是什麼？最後又是如何捲入這場歷史大事件中的？

　　**朱**：直到1989年5月19日，「三所一會」從來沒有整體性的意見和行動。其間，絕大多數的「三所一會」成員是同情學生運動和訴求的，很多年輕研究人員也去了天安門廣場。但是，在道義支持的同時，「三所一會」的一些成員意識到：這場學生和市民運動，有可能導致黨內矛盾激化；如果保守派控制局面，趙紫陽就是第二個胡耀邦，那麼，歷史會大倒退。以何維淩爲核心，我是參與者，希望說服學生回到校園，再給鄧小平另一種選擇的機會，使得保守派沒有藉口實行軍事戒嚴。但是，我們的努力沒有成功。到了5月19日，得知宣布戒嚴在即，趙紫陽已經失去權力，我們在體改所召開了一個討論時局的會議，並最終形成了一個以「三所一會」名義發出的「六點聲明」，主張在憲法基礎上解決危機，而不是軍事戒嚴。「六點聲明」的立意是經得起歷史檢驗的。當然，起草「六點聲明」還包含著中國的「士爲知己者死」的一種悲壯心理。我在離開體改所大門時和皮聲浩說，咱們再到這裡來的機會不會有了。

　　六四之後，我常常懷念不久前過世的何維淩，因爲在那個危機時刻，只有他清楚地認識到問題的嚴重性，提出任其發展下去，一定會發生鎮壓，會有流血死人。我們在他家一次又一次地開會，他奔走和維持與各種政治力量的聯繫，包括他的老朋友鄧樸方。除了他，「三所一會」的大部分成員是讀書人，處於激情和亢奮之中。

我那時深深感到的是矛盾和無力。我們的悲劇是被認爲有組織，但其實沒有組織，也沒有共識。

**陳**：六四大大改變了您的人生軌跡。

**朱**：豈止是我個人，是一批人，是一代人。就我個人來說，我選擇了自我放逐，流亡海外，如今已經二十三年了。我沒有後悔，但有遺憾。如果歷史多給我在中國的時間，不論其他，至少有四件當時啓動了沒能做的事是要進一步推進的：第一，將中國西部研究中心實體化，建立中國西部開發總公司；第二，建立中緬邊界特區；第三，在中國社會科學院打破按產業部門分工的經濟各所，成立中國社科院經濟科學院；第四，完成中國在海外的能源布局。

**陳**：六四對大陸知識分子的影響有多大？

**朱**：因爲六四，中國知識分子發生了大分裂和重新組合。在1980年代，知識分子的價值觀是趨同的，支持和傾向思想自由化、人道主義和市場經濟。在所謂體制內和體制外的知識分子之間，維繫著交流和溝通的多種渠道。

六四以後，知識分子的主體遭受了重大的挫折，有的反叛，有的經商，有的選擇和政權合作。隨著1990年代之後經濟起飛，知識分子的物質生活和收入得到根本改善，大都成爲經濟發展的受益者。中國知識分子的價值觀開始分裂，而不是趨同。

即使在我們原來的「三所一會」的朋友中，也是如此。1989年6月至7月，海外的「三所一會」的朋友在美國丹佛和長島開過兩次正規會議。之後，大家最終選擇了不同的人生道路。我本人還參與了海外民運，當過「民主中國陣線」的理事長，推動「民主中國陣線」和「中國民主聯盟」合併，合併之後又擔任了一段時間的理事長。在西單民主牆時代，我雖然同情和支持體制外朋友的努力，有無限的衝動要跟他們在一起，但還是選擇走體制內的道路。沒想到，六

四之後，我和他們殊途同歸。正因為如此，我理所當然被視為是現
政權的對立面，被「三開」，就上了黑名單，從一個自我選擇的流
亡者成為了官方確認的流亡者。只是關於民運問題，過於複雜，今
天就不多談。我在2009年曾寫過一篇長文，題目是〈二十年海外民
運的分裂與衰落〉。那篇文章的重點是從過來人的角度作自我反省。
我希望人們和歷史能夠比較客觀和公正地評價海外民運對當代中國
民主化進程的特殊的和不可替代的貢獻。

## 三、中國的「國家資本主義」問題

　　**陳**：六四之後，當局一度「反和平演變」。一般認為是鄧小平
1992年的「南巡」扭轉了倒退的可能性。您怎麼看？

　　**朱**：鄧小平「南巡」是重要的。但是，在六四之後的中國，是
否可以真的放棄經濟改革和開放，重新倒退到毛澤東時代？我認為
那是不可能的，因為十年的改革開放已經置中國於不可逆的狀態。
首先，幾億中國農民不允許倒退，人民公社制度已經土崩瓦解，完
全沒有可能復辟。其次，計畫經濟制度完全支離破碎。別的不講，
只講價格體系：1988年價格闖關之後，不僅僅是生活資料的絕大部
分，而且生產資料的大部分已經開始由市場決定價格。雙軌制以人
們難以想像的速度在並軌。第三，中國國有企業自主權的擴大，各
種形式的承包，甚至股份化正處於全方位試驗階段，沒有什麼力量
能夠停止這種大趨勢。第四，社隊企業沒有因為六四事件而影響它
的擴張和膨脹。第五，中國的對外開放特區，外國直接投資進入和
對外貿易擴張的局面已經形成。此外，中國地方政府具有了從來沒
有過的經濟實力，和與中央政府討價還價的經驗。一言以蔽之，形
勢比人強。經濟改革開放的大勢，並不是由幾個反對經濟改革的代

表人物，或者諸如陳雲的「鳥籠經濟」思想，或者「反對和平演變」
的政治運動所能扭轉的。

　　中國共產黨之所以沒有重蹈蘇聯覆轍，並非因為六四的鎮壓，
實在是受惠於1980年代的經濟改革。六四以後，江澤民代表的中國
共產黨新的領導集團，成了1980年代經濟改革和開放的最大受益
者。對此，鄧小平看得一清二楚。也就是說，鄧小平「南巡」，並
非是擔憂改革倒退。鄧小平深刻的意識到，只有經濟改革和經濟發
展，才能保證中國共產黨的政權。這才是他的「發展是硬道理」和
「南巡」的根本意義所在。

　　人們還忽略了鄧小平「南巡」的真正後果，那就是：徹底排除
了政治改革的可能性。鄧小平的所謂不爭論、不討論，就是要避免
人們重新解放思想和重新評價六四。這是一種新時代的「愚民政
策」，應該說，這套政策對延續共產黨的政治體制是有很大作用的。

　　**陳**：按您的意思，「南巡」是六四後的經濟改革開放道路和1980
年代道路的分水嶺。

　　**朱**：完全是這樣。1980年代的改革奠定了不可逆的經濟格局，
為後二十年經濟改革提供了豐富的歷史遺產。但如何繼承這份遺
產，對中國走向關係重大。在1980年代的改革中，有三個基本問題
並沒有最終解決，遺留了至少兩種選擇。

　　第一個問題是政府和市場的關係。像中國這樣曾經經歷計畫經
濟的國家，在經濟改革中選擇市場經濟取向，卻需要由政府來完成。
這使得政府在經濟改革中的實際作用不是縮小而是擴大，並且形成
政府推動改革的路徑依賴。以農村改革為例，1981-1985年，農村改
革每年都是以中央一號文件下達。這個問題困惑了1980年代改革的
全過程：或者是放任政府在改革中作用膨脹，或者是首先設計對政
府本身的控制？但對政府本身的控制是政治改革的範疇，所以在

1980年代，中國決策集團形成了進行政治體制改革的基本共識。然而，六四之後新上台的中國統治集團做了前一種取向，就是放任政府的權力無限制地膨脹。後來的制度性的貪腐，是這種取向的必然結果。

第二個是中央和地方的關係。中國是一個大國，應該允許不同的地方有不同的發展模式，爲此，需要地方政府有自主權。趙紫陽有足夠的封疆大吏的經歷，了解地方政府的需求，在1980年代嘗試了包括「分灶吃飯」的財政體制，希望給地方政府較多的財政資源，形成中央和地方政府的積極互動關係。但1992年之後，中央重新建立對地方控制的政治和財政體制，設計了所謂的「分稅制」，導致地方政府的財政收入減少。而地方政府需要經濟增長，需要投資擴張，最終釀成人們現在熟知的土地財政，進而發生了地方政府、銀行、開發商和房地產商的畸形結合，而且尾大不掉。

第三個是如何平衡國有企業和民營企業的關係，建立多元化的產權結構。在1980年代，在這個問題上，有兩個主要思路：一個是通過實現股份制，改造國有企業單一所有制；另一個是通過刺激民營企業的發展，增加民營企業的比重。1992年之後，中國的重點集中在所謂國有企業的改制上，其後果一是大量國有資產流失，爲與政權接近的利益集團劫取；二是有些行業進入國家壟斷狀態，像石油、電力、通訊。胡耀邦和趙紫陽時代的改革遺產，並沒有得到正面的使用。民營企業雖然有了很大的發展，但總的來說處於被限制、被壓抑的狀態。

總之，1992年之後的中國在面對1980年經濟改革的遺產的多種取向中，在抑制還是放任國家壟斷的幾個關鍵方面，做出了壞的選擇。

**陳**：您最近在台灣的幾次講話中談及中國的國家資本主義。是

否能進一步說明其形成和發展的脈絡？

　　**朱**：回答這個問題之前，必須先澄清一個概念。中國的國家資本主義，不是在市場和私營制度的基礎上形成的，而是在殘餘的計畫經濟制度和發育不良的市場經濟基礎上形成的。

　　中國國家資本主義的形成，有這樣幾個重要特徵。第一，金融壟斷。在計畫經濟時代，國家對金融資源的壟斷是不言而喻的。中國經濟改革開始後，伴隨著貨幣化和金融制度的市場化，原本在一定程度上允許非國家資本進入金融領域，以建立國有金融和非國有金融的良性競爭。但自1992年之後，中國政府對金融市場、金融機構做過多次整頓。例如，關閉了眾多地方信託投資公司，一次一次打壓所謂的地下錢莊，即民間金融，並壓抑外資銀行在中國的發展，於是最終實現了國家對金融的絕對壟斷。後來，人們一度以為四大國家商業銀行的上市可以改變這種壟斷局面，但歷史證明這種想法是天真的。恰恰相反，這四大銀行的股份化，集中反映了中國國家金融壟斷的現代化。

　　第二，政府控制資本市場。六四後，開放了上海和深圳股票市場，初期人們對其抱有極大的希望，賦予很多一廂情願的解釋。二十年後證明，中國的股票市場不過是國有企業劫取民間資本的場所；上市國有企業左右著資本市場，導致了中國資本、資源完全按照國家的壟斷意願傾斜和分配。

　　第三，國家完成了能源、通訊和基礎設施三大領域的壟斷，不僅沒商量，而且日益加劇。中國通訊業崛起與IT革命在時間上是一致的。然而，這沒有加劇自由競爭，卻加劇了政府更為強烈的壟斷意識。表面上，中國通訊業由三大公司組成，但可以理解成一個總公司的三個分公司，因為三者之間幾乎不存在競爭關係。美國在20世紀，一次又一次地打破任何財團對通訊業的壟斷，最後一次是徹

底分解了AT&T。與美國通訊業比較，美國是私人壟斷，中國是國家壟斷。進入2010年代之後的中國，真正的非壟斷的行業，幾乎都是那些附加價值相對低，技術含量相對小，勞動密集的行業和部門。有些行業，表面上沒有國家壟斷，但是國家所支持的企業控制著市場份額的主體，例如鋼鐵工業。

陳：中國的國家壟斷資本主義形成於1990年代中期？

朱：始於1990年代中期，經過加入WTO，徹底完成國家壟斷是在2008年。

陳：您是指2008年的「國進民退」？但我注意到，包括最近《經濟學人》的評論，有不少人質疑「國進民退」之說。他們講，民間部門占GDP的比重愈來愈大，甚至說中國的經濟奇蹟主要是民間部門的功勞。您怎麼看？

朱：中國民間企業問題的要害是：他們如果離開政府和國有企業的扶植，很難成長起來，無法獨立生存發展。這是因為中國主要行業的上游和下游都在國營資本手中，中小民間企業只能去和大型國有企業結合，由國有企業背書才能獲得貸款，或才能獲得官方訂單，解決市場問題。總之，中國民營資本必須依附國營資本，成為他們的附庸。2008年的「國進民退」，波及了一些有一定經濟實力的民營企業。因為再有實力的民營企業，也要顧及資本成本，而國有企業是沒有資本成本約束的。

特別值得注意的新動向是：中國大型國有壟斷企業正在大舉進入一切有較大利潤空間的行業，例如房地產業、零售業和餐飲業。中國的鋼鐵企業已大規模地投資養豬業。

零售業被壟斷之後，小商、小販、小工廠的東西賣不出去了，沒有市場了。很多行業被壟斷資本重組，包括修鞋業也沒有逃脫。這種無孔不入的壟斷，不僅意味著私人資本進入很多行業的門檻迅

速提高，而且導致現存私人資本的生存空間日益狹小，逼迫私人資本退出越來越多的行業和企業。

　　**陳**：國家壟斷資本主義對地方和基層有哪些影響？

　　**朱**：示範效應。中國至今拒絕聯邦制，地方自治程度普遍低下，即使法律上規定的各種自治區域的自治程度也是名不符實。但是，在經濟層面上，各級地方政府都極其可能地擴大其實際權力。

　　在壟斷方面，中央一級的壟斷不可能覆蓋到中國的每一個行業和地域。所以各個省，在其控制範圍內建立其可控制的壟斷企業，甚至市和縣一級，甚至基層也是如此。換一種說法，國家壟斷的現象已經從國家一級發展到省、市級，縣級甚至基層。以縣一級為例，也有由縣政府投資和控股，不容許他人染指的單位、行業和企業。中國當下的壟斷已經高度的科層化，形成了滲透到基層的金字塔模式。不了解這一點，就不會明白何以在中國的縣一級，甚至鄉鎮和村一級，都會產生擁有巨額財富的家族和個人。

　　**陳**：你剛才提到WTO，西方國家特別是美國起了什麼樣的作用？

　　**朱**：中國新型國家資本主義的形成與發展，依賴了一個非常重要的國際條件，那就是冷戰前後興起的這一輪全球化。這次全球化的主要標誌是：世界經濟主體的跨國公司化和無邊界化；實體經濟和非實體經濟分離化，最終推動著當代資本主義走向了一個新的歷史階段。

　　因為中國在1980年代改革的成功，進入1990年代後，中國被公認為是世界最大的、最有潛力的、最有爆發力的新興市場。在這次全球化的分工中，世界跨國公司，都願意把中國作為世界最大的實體經濟基地，中國也確實成為了世界加工廠和最大的貿易國。在這個過程中，中國通過給予跨國公司一系列優惠，換取中國需要的外

資和國際市場。相應地，中國調整產業結構，改造企業制度，建立
中國國家壟斷的圍牆。對此，西方發達國家的跨國公司也願意合作。
例如，中國國家對金融業、銀行業的壟斷，其實是在西方大型金融
企業的支持下完成的。中國第一家投資銀行中國國際金融有限公
司，就是國家壟斷的建設銀行和美國的摩根斯坦利合作建成的。中
國的H股，中國企業在華爾街、倫敦、法蘭克福、新加坡上市，都
是與西方的支持分不開的。

**陳**：您怎麼看中美在人民幣匯率上的衝突？

**朱**：這是一種表面現象。在當代世界上，貨幣是國家壟斷的。
不同之處是民主制度下的貨幣畢竟受制於民主政治的架構；而在集
權政治下的貨幣，則是一種絕對壟斷力量。

中國的人民幣原本沒有任何含金量，也沒有足夠的外匯儲備和
金屬儲備來支撐它的價值。伴隨著中國經濟崛起和貨幣化，為了維
持人民幣的價格穩定，中國從來以人民幣和美元直接掛鈎作為既定
國策。到了朱鎔基時代，中國開始用越來越大的外匯儲備購買美國
國債。表面上是中國成為美國國債的債主，甚至是第一債主。中國
通過購買美國國債，可以達到支撐人民幣的價值的目的，鞏固國家
對人民幣的壟斷能力。2005年之後，所謂的人民幣匯率變化，主要
是升值趨勢，其實是相對於美元的一種被動變化。人民幣作為從屬
於美元的貨幣，美元的貶值使得人民幣的升值成為不可避免。中美
之間不僅匯率掛鈎，在利率方面也是掛鈎的；中國和美國的央行採
取了大體相同的利率取向。應該說，朱鎔基所建立的與西方全面合
作的一種架構和機制，一直維繫到現在。

在這個意義上說，是西方國家主宰的世界貨幣制度，幫助和強
化了中國國家對貨幣經濟和金融經濟的壟斷。進而，華爾街私人資
本和中國國家資本結合，是此次全球化中最引人注目的一道風景

線。沒有這樣的結合，就沒有世界級跨國公司全面進入中國。

　　進一步說，商業經濟也是如此，例如石油產業。世界的石油價格是少數國家和少數公司壟斷的，中國似乎對世界石油價格沒有話語權。但是對中國石油壟斷企業來講，這恰恰是好事，給了他們在中國國內市場的定價權以足夠的藉口。

　　**陳**：您怎麼看朱鎔基時代對中國國家資本主義形成的作用？

　　**朱**：朱鎔基是計畫經濟出身，熟知計畫經濟的運行和管理。在朱鎔基主政上海市的時候，上海經濟很大程度還在計畫經濟的慣性之中，與近在咫尺的浙江省相比，上海幾乎沒有什麼像樣子的民營經濟、私有企業。不僅是朱鎔基，江澤民也是國有企業出身，長期在機械部門工作。但是還要看到，朱鎔基和江澤民在1949年以前受過系統的初等教育和高等教育，不僅數理化，英文也是不錯的。他們重視西方社會，有強烈地和美國合作的意願，頗有洋務派的遺風。

　　如果說朱鎔基時代對中國國家資本主義進程產生影響的話，主要表現在這樣幾個方面：第一，抓大放小。改組和控制大型國家企業，將數量眾多的中小國有企業放給民營和私有。後來中國工業壟斷的格局，就是在朱鎔基時代奠定的。第二，如前所述，一步實現對金融的壟斷，包括商業銀行和非銀行金融機構，徹底割斷金融系統對非國有經濟的金融支持。1990年代中期，海南島民間的投資浪潮遭遇滅頂之災，多少人傾家蕩產，就是因為在政府強勢干預下的國有銀行切斷與房地產投資商的聯繫。總之，在朱鎔基時代，中國完成了大型國有企業和大型國有機構的新的聯盟。因為這樣的聯盟，導致中國國有銀行中的呆壞賬在1997年亞洲金融危機前後已經到了最危險的程度。後來，國家金融系統的呆壞賬並沒有減少，但是比例下降。原因並非是國有銀行發生了脫胎換骨的改造，而是絕對壟斷；呆壞帳相對於其資產總量膨脹的比例下降，這是一種稀釋。

　　如果對過去二十年中國主要產業的發展歷史稍加分析，不難發現，鋼鐵、石油、電力、通訊業的改組基本上都是在朱鎔基時代完成的。應該這樣說，經過朱鎔基時代，留給溫家寶對國民經濟(特別是主要行業)發揮實質影響的空間相當有限。

　　**陳**：如果說國家壟斷資本主義是一個事實，它的成因是什麼？

　　**朱**：中國的國家資本主義不是設計出來的，而是1990年代自然發展的結果。六四之後，中國共產黨為了維持政權，維繫一黨專政，於是提高國家和政權的安全水平，尋求穩定的財政收入來源。按一般的財政收入體系，即使後來的「分稅制」也不足以滿足中央財政支出大規模擴張的需要。而強大的國有壟斷企業，無疑可以確保中央政府的收益。我現在手頭並沒有大型國有企業對中央財政直接和間接貢獻的比例，但是可以肯定，中央政府從壟斷企業中得到的利益是穩定增長的。中央政府具有從壟斷企業獲取財富的雙重身分：第一個身分是政府，理所當然的獲取稅收，而且是多種稅收；第二個身分是大型國有企業的絕對股東，通過國有資產的管理參與分紅。

　　我必須強調：中國的國家壟斷是一種政治壟斷，它和傳統的資本主義壟斷有很大不同。後者主要是非政治和非國有企業的壟斷，加之民主制度的制衡，國家有能力通過反壟斷法對抗市場壟斷。但在中國，國家和國有企業在壟斷利益上是一致的。在這個意義上，中國的反壟斷法，既沒有前提也沒有對象。

　　**陳**：那麼，國家資本主義和「權貴資本主義」是什麼關係？

　　**朱**：這個問題涉及到了中國當下的核心特徵。一方面，中國是一個國家壟斷資本主義的國家。按道理，國家壟斷資本主義壟斷到了這種程度，應難以產生富可敵國的眾多「權貴資本主義」集團。「權貴資本主義」的提法在中國比較普及，主要是強調裙帶關係。但中國的情況，主要還不是裙帶關係，而是政府權力。確切地說，

中國國家壟斷資本主義的另一面，其實是龐大的權貴資本主義和門閥資本主義體系，是財閥加門閥的一種結合體。這是古今中外極為獨特的一種由國家領航的資本主義。在過去二十年間，特別是過去十年間，中國成為一個造就世界級富人的生產線。

　　要深入理解中國的國家壟斷資本主義和私人家庭資本主義的關係，就不得不涉及中國的政治制度。因為中國是黨國體制，黨國成為經濟資源壟斷的主體，且不受任何監督。按中國公開的法度，國有資產畢竟姓國不姓私，據為私有為法理所不容。但是處於權力中心和周邊的，至少相當一部分，會千方百計將部分國家資源持續轉換為私有資產，而且已經形成了一套完整的機制。第一，切割，就是將某些國有部門、某些國有企業讓渡給相關家族和企業。第二，借反壟斷、民營化的名義，讓已經具有資本實力的相關家族合法進入利潤豐厚的行業和部門。第三，基金方式，即由國有壟斷企業出資建立基金，管理權逐漸替代所有權。第四，上市圈錢，讓上市之前已經控制股份的利益集團，再成為上市的受益者。除此之外，當然還可以舉出其他各種方式。由於中國國有壟斷資產龐大而且日益擴張，其所支持形成的權貴、門閥資本主義集團，自然可以輕而易舉地成為世界級富人。

　　**陳**：匪夷所思。

　　**朱**：中國在財富的積累和分配上，經歷了兩次完全不同的掠奪。一次，發生在共產黨奪取政權，將中國數千年數百年私有經濟私有財產變成國家所有。第二次，就發生在過去二十年間，那些資產膨脹的國有壟斷資產，不斷地且一部分一部分地轉化為家族、門閥、私人資產。一次是通過武力，一次是通過權力。

　　在傳統資本主義的發展史中，富人財富的積累需要一代人幾十年、甚至幾代人的努力。即使比爾・蓋茨、喬布斯他們創造了那麼

有技術含量的產業，也花了三十餘年的時間。但是，中國的富人可以在不足十年、甚至更短的時間內積累世界級的財富。所以，在中國所謂的仇富心理背後，是人們對富人財富形成過程和方式的不認同。這是中國最嚴重的社會危機的根源所在。

我過去說過，在我是共產黨員的時候和我被共產黨開除之後，都常常想到共產黨裡的三個人：一個是方志敏和他寫的〈清貧〉；一個是瞿秋白，就義之前一無所有，在刑場上哼著國際歌；一個是陳獨秀，小偷到他家偷東西，沒有什麼可偷，才偷了他的手稿，而這個手稿就是他的命，自此一病不起。無論人們如何批判共產黨和共產主義，對其歷史根源還要如何發掘，對其罪惡還需要多少揭露，但是有一點是肯定的：中國共產黨最後演變成一個控制龐大社會財富的集團，其中一些人把財富據為己有，是這個黨的創始人、先烈以及絕大多數成員始料不及的。

在這裡，我很願意為所謂的中國左派說幾句話。他們否定現在，是因為他們不明白，或者不能接受這樣的事實：共產黨和共產主義的宗旨是消滅私有制，建立一個平等社會，實現共同富裕；但是，中國這個由共產黨執政的國家，卻成為了貧富差別最大，少數富人控制絕大部分國民財富的最不平等的社會。因此，他們懷念毛澤東，甚至主張回到毛時代。中國左派的誤區在於他們不知道，也不願意承認：正是共產主義導致了極權主義和黨國體制，剝奪了人民的政治權力；政治權力遭到壟斷濫用，與經濟和商業利益結合，以至於出現對資源的不合理占有、對國民財富的不公平分配。

**陳**：您如何評價中國的右派？他們和國家壟斷資本主義有怎樣的關係？

**朱**：其實我非常不願意用左派右派這樣的概念來劃分中國的社會和政治光譜。剛才說的左派是按中國的劃分辦法，指希望回到毛

時代，甚至不惜回到文革時代的中國左派。社會財富分配的嚴重不
合理，貧富差別過大，徹底背離了中國共產黨承諾的共同富裕。毫
無疑義，中國的所謂左派看到了這些現實問題，進而把這一切歸咎
於經濟改革開放、市場化和私有化。但問題是，1980年代展開的中
國經濟改革，在1990年代之後已經背離了它的初衷。中國並沒有真
正建立市場經濟，私有經濟並沒有充分發展。對於這個問題，中國
左派的思想是混亂不清的，他們尋求的解決辦法也是倒行逆施。

中國的右派其實很難定義。按照人們的通常標準，中國的右派
似乎應該是那些在經濟方面主張市場經濟，在政治上主張普世價
值、尊重人權、支持實行多黨政治和議會民主的人。但是，如果按
照這個通常標準，在中國本土內幾乎很難找到右派。那些被認為的
自由派或者右派的代表人物，大都名不符實。以吳敬璉為例，他被
認為是市場經濟的代表，但是他所支持和參與的1989以後的中國經
濟改革，不是不斷地逼進，而是日益地遠離真正的市場經濟。國有
經濟並未得到抑制，而是不斷強化壟斷程度；民營和私有經濟不是
蓬勃成長，而是不斷被打壓。在吳敬璉這類人那裡，市場經濟、自
由競爭、產權多元化，不過是口號和空話而已。他們其實已經成為
既得利益集團和相當多的國有壟斷企業的利益分享者和代言人。中
國還有一些自由派的代表人物，直接為中國富人階層辯護。他們的
錯誤不是為富人說話，而是忘掉了中國富人的相當一部分，從資本
原始積累到財富膨脹，都和國家權力有這樣那樣的結合。總之，中
國的右派或者自由派，大都迴避諸如政治制度改革這樣的敏感問
題，也沒有道德勇氣倡導人道主義維護人權，更別說主張在中國結
束一黨專政、實行民主制度。

我在這裡不得不提醒，在當代中國的國情下，很多經濟學概念
都存在著需要重新定義的尷尬局面。例如，我今天反覆使用「國家

壟斷資本主義」概念，但其中「資本主義」四個字是非常勉強的，因為中國從來沒有機會真正重建「資本主義」。市場經濟的概念也是如此，也很勉強，不要以為中國經過了三十年改革就已經建立了「市場經濟」。「私有經濟」的概念在中國也是如此。

## 四、中國國民經濟的根本問題：人口過剩、生產過剩與資本過剩

**陳：**可否談談您對中國宏觀經濟的看法？

**朱：**我對中國宏觀經濟的看法與中國主流經濟學家有三個區別：第一，我分析的出發點和歸宿，都不包含對現政府經濟政策服務的意識；第二，我不是講短期，而是講中期，所謂中期指五年左右的時間區間；第三，我關切對長程有影響的經濟現象。一般說來，任何一個國家在任何時期，其宏觀經濟中都會存在著增長放緩、失業、通貨膨脹、經濟結構失衡、宏觀經濟政策失誤之類的問題。人吃五穀雜糧經春夏秋冬，沒有不得病的道理。當代世界經濟環境、社會環境瞬息萬變，宏觀經濟自然會波動。在我看來，說中國宏觀經濟存在問題，是指這些問題具有獨特性、制度性和長遠性。

**陳：**獨特性、制度性和長遠性是指什麼？

**朱：**還是先從具體情況入手，再來回答你的問題。中國經濟首先面臨著若干過剩。第一是人口過剩；第二是產能和產品過剩；第三是貨幣供給、資本和投資過剩。這三大類型的過剩無疑具有中國特色，而解釋這三大過剩的內在邏輯必須從制度入手。不僅如此，這三大類型的過剩，對中國宏觀經濟的影響，勢必是長期的。

人口過剩是人人皆知的常識問題。在特定制度下，人口過剩不僅是經濟問題，還是社會和政治問題。在中國的體制下，特別是六

四之後，維護政治和社會穩定是當局的第一大目標。爲了實現穩定，就必須解決就業問題。在人口本來過剩的情況下，在私有經濟受嚴重壓抑的情況下，解決就業問題的主要手段就是以國家爲主體的投資行爲。只有在政府參與下的投資，才能不斷擴大就業機會，緩和人口過剩造成的失業自然增長。而過度投資，必然導致生產產能的過剩，乃至產品庫存增大。

剛才是講人口過剩、就業壓力、投資擴大、產能產品過剩這樣一個邏輯。此外，還有另一個邏輯。中國持續地擴大基礎貨幣規模，儲蓄居高不下。從貸差變爲存差，存貸比持續上升，超額準備金居高不下，人們把這種現象說成流動性過剩，就是貨幣供給過剩，也就是錢太多了，毛了。這麼多錢，導了中國的資本膨脹。於是，中國宏觀經濟一方面在產能過剩的情況下，繼續開工，避免失業，拒絕減產，造成產品過剩的不斷擴大。另一方面，在資本過剩的情況下，還要繼續維持投資規模，形成更大的產能。這是中國經濟最深刻的矛盾所在。

**陳**：中國的產能過剩、產品過剩，可以通過擴大需求來解決嗎？

**朱**：問題就在這裡。因爲中國實行金融壟斷，各級政府公司化，對投資不僅有決策權，而且有操作能力。但是，中國的黨國體制再萬能，卻沒有辦法解決國內民眾的強制消費問題。不久前我看過一個資料，是講生產能力怎樣大於居民消費能力。中國居民消費總支出與中國工業消費品的內銷產值的差距持續擴大，目前至少高達5萬億甚至7萬億人民幣以上。居民消費還包括農產品和服務業，也就是說，大量的工業消費品生產出來沒有市場，只能是增加庫存規模。以彩電爲例，在2000年前後的彩電生產量是300萬台，銷售量是100萬台。2010年彩電生產到了1.18億台，消費量是4000萬台。但是中國的彩電生產依然在高速膨脹，而道理非常簡單：如果彩電行業消

減生產，必然導致開工不足甚至倒閉，減少彩電行業的生產規模。這是各級政府所不能容忍的。於是，中國政府就推動彩電下鄉，讓沒有彩電的農民購買。但是，因為電費過高，彩電下鄉並沒有刺激出多少需求。至於國際市場，中國彩電的份額早已達到極限。顯而易見，這樣的模式也許可以躲過初一，但注定躲不過十五。

在正常的市場經濟國家，如果發生嚴重產能過剩的情況，是通過經濟危機加以調節，包括失業擴大、經濟蕭條等。但是，中國採取的辦法卻是壓低工資，其結果是導致了中國居民收入增長緩慢，恰恰又破壞了居民消費能力的擴大。於是形成了一個惡性循環。

**陳**：不論是產能過剩還是產品過剩，其背後不都是資源浪費嗎？

**朱**：是的。不論是根據官方資料還是學者調查，中國製造業設備的利用率僅有七成左右，大約有四分之一設備閒置是沒有爭議的共識。鋼、銅、塑料材料的生產，據說閒置率高達五成。有些新興工業，像是集成電路板、太陽能電池、風力發電也過剩。生產設備的閒置，就是各種資源的浪費。

**陳**：沒有辦法解決這些問題嗎？

**朱**：非常難。這裡有兩個具有中國特色的原因。第一個原因是中國是許多跨國企業的生產中轉站。他們的生產量通常大於中國市場的需求量，因為要把多餘部分用於世界其他各國市場，但是他們往往高估市場的擴張能力。第二個原因是，中國各級政府為了自身的財政收入和增加就業，大力扶植本土企業的產能擴張。說到國際市場，一方面西方消費模式正在轉型，趨向更節約、更環保的消費模式。此外，各國的企業家、生產商、供應商、消費者，都開始警覺和抵制中國產品在世界市場的過份擴張。中國產品的外銷阻力越來越大，而這又加劇了中國的生產過剩。

**錢**：所以，中國現在正在成為一個資本輸出國，在發展中國家

甚至發達國家建立生產基地，以解決資本過剩問題？這又是否造成了中國的對外關係趨於緊張？

　　**朱**：在過去五年間，中國成為了世界第二大經濟體，第一大生產製造國、貿易國，繼美國之後的資本輸出國。但是中國的資本輸出並非像人們以為的那樣一帆風順，而是遇到了難以想像的阻力和抵制。其中根本的原因是世界變了，海外資源越來越短缺，例如石油資源。不是說中國有了資本有了錢，就能夠輕而易舉地進入這些行業。在中國所要進入的大部分國家，都已經有了民主制度。中國的投資面臨著這些國家的法律程序，以及這樣或那樣的工會組織。處理勞工問題的難度遠遠超過在中國本土。當然，還有經營管理、人才和勞工培訓的問題。

　　我注意到中國一些海外投資者，不論國有企業還是私人企業，受到太多過去殖民主義時代的影響，以為可以在21世紀的今天重複20世紀甚至19世紀殖民主義者的故事。這其實是非常可笑的。所以我們看到，即使在非洲一些經濟相當落後的國家，也不是誰有錢就歡迎誰。中國在海外不僅遭遇到擴大中國製造產品市場的越來越多的阻力，而且還遭遇到購買資源產品和投資資源產業的有形和無形的阻力。

　　**陳**：您怎麼看中國的房地產業？房地產是否也是供大於求的行業？

　　**朱**：房地產成為中國主要的產業，是兩個因素造成的。一個是地方財政造成的。還有一個是，中國過剩的資本實在沒地方可去，只能夠流向房地產業。中國因為國土太大，它的房地產業是從大型城市擴張到二級城市，從二級城市向三級城市擴張。於是，房地產、城市化、資本過剩，變成同一個問題了。在這一過程中，房地產業所吸納的貨幣總量，是天文數字。只有當整個中國縣一級城市都蓋

一遍房子之後，這個過程才會完結。我認為，這大概還需要三到五年左右。請注意，中國的房地產業從北京和上海這樣的大都市，向二級市市、三級城市推進，活生生地把城市化的水平從30%左右，變成了50%。

還要補充的是，中國的房地產業既造就了背負巨額房屋貸款的房奴，也造就了因為擁有房屋資產的有產階層。例如，只要是原本的北京人和上海人，只要過去享受過單位分房，或者舊家拆遷之後的房屋補償，大多數就不是真正的窮人。這種情況也發生在二級城市，甚至縣市的居民。

至於中國的房地產是否供大於求，其指標是空置率。在中國，商品房的平均空置率不會低於10%，當然嚴重。如此下去，會觸發中國的金融危機和經濟危機。因此，從2010年初，中央政府不遺餘力地打壓房地產業。

**陳**：按經濟學的一般解釋，資本過剩是利潤率下降造成的？

**朱**：這個問題觸及到中國宏觀經濟的一個要害。經過持續二十餘年的高經濟增長，人均國民生產總值超過3000美元。但是，原本存在的二元經濟不僅沒有縮小，而且在加大。在實體經濟中，存在著發達地區和落後地區；在金融經濟中，存在著國家壟斷的現代金融體系，和游離於這個體系之外的民間金融。此外，還有大規模的灰色經濟和灰色收入。我們現在看到的情況是：在國家壟斷控制的行業和部門，資本是充裕甚至是過剩的。但是，大量中小企業卻始終面臨資本供給不足的壓力，無法擺脫資本飢渴症。中國資本的相對過剩，其實和利潤率沒有太大關係，而是和制度有很大關係。對於某些國家壟斷行業和部門來說，利潤率再低，資本也不會減少。但對於民營經濟，即使利潤率再高，也不意味著資本的供給。

**陳**：貨幣資本投資過剩，勢必推動通貨膨脹，刺激經濟增長。

但生產過剩的最終邏輯後果,卻是經濟蕭條和增長率下降。您是這
麼看的嗎?

　　**朱**:中國的宏觀經濟長期糾結於通貨緊縮和通貨膨脹的同時壓
力之中,既要防止經濟過熱,又要維持經濟增長。所以,你看中國
經濟學家二十年來關於宏觀經濟的分析和對策,幾乎都是圍繞這兩
個問題。當經濟緊縮時,就主張積極的貨幣和財政政策,強調刺激
增長。反之,為了避免經濟過熱,就主張採取緊縮的財政和貨幣政
策。翻來倒去。

　　在我看來,中國的主要壓力是通貨膨脹,而不是通貨緊縮。這
是因為考慮中國經濟問題時,一定要把政府作為一個最大的變量。
中國的財政收入多年來兩倍於GDP增長,使得中國政府成為世界上
最富有的政府,而且是世界上最大的消費實體和投資主體。舉國上
下批評的公款吃喝、小汽車等問題,除了造成貪腐之外,也支撐了
中國的GDP。巨額維穩費用,除了造成新的利益集團之外,同樣也
支撐了中國的GDP。只要維持現存的政治制度,中國就會以避免通
貨緊縮,維持和擴大就業作為宏觀經濟政策的核心。在生產過剩的
情況下,繼續投資;在產品過剩的情況下,繼續生產;在通貨膨脹
的壓力下,繼續增加居民的名義貨幣收入。這是一個寧可要經濟過
熱,也不可能要經濟緊縮的政策取向。

　　如果中國政府因為懼怕社會出現不穩定而堅持不讓失業率上
升,中國生產的東西會積壓得越來越多,總有一天會到達一個極限,
其最終的後果就只能是失業規模完全失控。也就是說,中國的危機
不會是一種從十度到二十度、三十度的逐漸擴散的危機,而一定是
一次性大危機。

　　**陳**:您認為中國的通貨膨脹本質上是一種貨幣現象?

　　**朱**:當下歷史階段的通貨膨脹的實質是貨幣現象。貨幣供給過

大,是推動通貨膨脹的根本原因。但是,貨幣機制的最終影響還是需要通過實體經濟的,主要是通過原材料和能源價格的上升實現的。中國要經濟增長,就必須擴張投資能力,需要投入更多的能源和原材料。這加劇了世界範圍內能源和原材料價格的上漲,最終導致整體性全方位的通貨膨脹。

**陳**:貨幣供給過大導致投資過剩,投資過剩又導致產能過剩?

**朱**:不妨通過事例來加以說明。先講鋼材。中國鋼材嚴重過剩,導致產品積壓,形成鋼材價格下降壓力。因為中國嚴重的貨幣過剩,相當多的資本流入鋼材領域。當鋼材價格下降到接近成本區間,資本就會湧入,超常吸納屯積。但鋼材市場一變化,他們會拋售鋼材變現。在這個過程中,資本湧入鋼材領域,不僅可以有效地阻止鋼材價格過度下跌,而且因為對鋼材資源的壟斷,會導致鋼材成為推動下一輪通貨膨脹的一個因素。所以,鋼材產能過剩、資本過剩產生了一個複雜的交叉機制。煤炭也是如此。和鋼材相比,煤炭還受制於運輸能力,而運輸能力是長線投資。因此,煤炭的價格波動,不僅受煤炭產量影響,也受資本過剩和運輸能力影響,是這三者交叉平衡的結果。

**陳**:所以,在您看來,當前中國的高增長和高通貨膨脹是不可分割的。

**朱**:是這樣。但重點是:如果不能建立合理的經濟和政治制度,這樣的高增長一定是少數人受益;這樣的高通貨膨脹一定是多數人受害。

## 五、中國未來

**陳**:有些經濟學家相當樂觀,說高速增長還可以維持十年二十

年。也有人認為中國模式不可持續，甚至有中國經濟崩潰論。您怎
麼看？

　　**朱**：嚴肅的經濟學家都不願意談未來。凱因斯的著名說法是：
從長期看，我們大家都死了。如果一定要說未來，我傾向於把它限
定在二、三十年的時間範圍內。

　　在我看來，中國過去二、三十年的高速發展，並非是近現代史
上的第一次。在清末新政時期和民國初年，在國民黨南京政府的1927
年至1937年，在共產黨執政後實施「第一個五年計畫」的1953-1957
年，都發生過高速增長，只是這次的時間相對的長。但這是和一些
特殊條件有關的。第一，中國在經濟改革和開放之前，經濟發展水
準過低，基數太小；對中國這樣的大國而言，增長空間極大。第二，
中國受惠於「冷戰」、「全球化」、「九一一事件」、「1997年亞
洲金融危機」和「2008年美國金融危機」等重大歷史事件所改變的
國際條件。第三，中國絕大多數民眾，在經濟高速增長中大幅提高
了物質生活水準，形成了對未來的積極預期。第四，六四之後，中
國統治集團實現了以「維穩」為中心的治國方略。上述這些條件都
相當獨特，是不可重複的。「中國奇蹟」也好，「中國模式」也好，
其實是一種非常態的歷史現象。中國未來二、三十年的發展，不會
是過去三十年的重複和放大。

　　**陳**：在中國過去三十年的發展中，有哪些負面的因素或遺產會
影響未來？

　　**朱**：關於過去三十年發展的成就，人們說得太多了，無非是因
為經濟改革和開放，GDP持續高增長，完成了「經濟起飛」，實現
了所謂的「崛起」。但是，這種情況絕非是中國獨有的。近三十年
來，除了非洲的一些地區，整個人類的物質水準都有了相當的改善。
同時，全世界的政治制度也在趨同中走向進步。IT革命、手機普及，

徹底改變了人們的學習和教育方式。

所以，我更看重中國在過去三十年所積累的各種負面因素。我把這些因素概括為若干個危機：

**第一個是生態危機。**中國的經濟發展是以大規模地破壞生態為代價的，包括森林砍伐、土壤惡化、沙漠化、水資源短缺和污染、排碳量失控、空氣污染、海洋資源的掠奪、地下資源的枯竭等等，不一而足。在所有生態危機中，最嚴重的是水資源和土壤的破壞。中國現在糧食的自給率比重很高，達到七成以上，但是缺口的三成的絕對量也是驚人的，需要進口。中國農田面積的減少從根本上制約了糧食自給率的穩定。生態危機的背後其實是生存的危機。生態危機不是中國僅有的，但是中國是人口超級大國，其生態環境破壞之後不可修復，以及資源喪失之後不可能再生的後果，要嚴重於世界任何國家。中國的生存和發展，已日益依賴中國之外的資源。

**第二個是全民公共衛生和健康的危機。**2003年的SARS是第一次大規模的預警。中國在大規模城市化之後，公共環境和醫療體系是相當脆弱的。誰也無法保證中國會不會發生大規模的公共健康危機，而這種危機遠遠比地震、洪水、颱風等天災可怕。

**第三個是社會危機。**這個危機領域非常寬闊，至少包括道德危機、制度性貪腐、侵犯智慧財產權，還有偷竊、搶劫、吸毒和賣淫等等。中國的社會危機之所以嚴重，是因為傳統的社會結構已經徹底「解構」，而新的社會體系難以形成。中國當下的社會基層喪失了「自治」的支點，社會秩序的維持不是依賴社會本身的「自組織」，而是基本依賴於政府和政權的力量。

**第四個是經濟危機。**衡量中國經濟危機和發達國家經濟危機的標準是相當不同的。在成熟的市場經濟國家，經濟增長有1%、2%、3%就已經好得很，謝天謝地了。但是，中國卻不能承受低於5%，

甚至低於6-7%的增長。因為中國的福利水準太低，沒有增長、沒有
就業，對很多民眾而言，就是沒有了生存的基本保障，就要出大事。
在毛時代，中國農民雖然被禁錮在農村，但畢竟有集體經濟，有土
地耕作，有小小的自留地，活下去大體沒問題。但今天，大多數農
民已經與土地分離，沒有了家園。如果沒有工作，不能掙錢，沒有
棲身之處，那將是引發社會失衡的巨大能量。

　　第五個是政治統治和治理危機。在今天這個世界上，中國是「敵
人」最多的國家。1980年代是中國「敵人」最少的年代，但自六四
之後，「敵人」就多了起來，有國內的，有國際的。與毛時代比較，
只增不減。特別需要說的是，其中的不少「敵人」其實是「假想敵」。
「敵人」的數量和統治成本有極大的相關性。所以，中國政治統治
和治理成本，無論和中國過去比較，還是和美國比較，都與日俱增，
集中體現在著名的「維穩」開支上。在經濟高度增長，財政收入維
持兩位數增長率的情況下，這自然不是問題。一旦經濟增長放緩，
財政形勢惡化，就難以為繼了。

　　我所說的這些危機，具有典型的中國特色，都不是積累了一年
兩年，而是十年二十年了。這些危機相互影響，已形成一種危機的
「疊加效應」。任何一個危機沒處理好，都可能引爆其他危機。中
國有句古話是「前人種樹，後人納涼」，但也有「前人造孽，後人
遭殃」的說法。中國未來的根本挑戰是：不僅要維持經濟增長和發
展，還要面對和正確處理過去三十年所積累的各種危機。所以，中
國的領導人是當今世界最累的領導人。

　　陳：政治改革與經濟改革的關係，您怎麼看？

　　朱：我想糾正人們的一種看法：中國經濟改革大體是成功的，
已經建立市場經濟、多元制度，實行對外開放；所以，中國的問題
就是如何改變政治改革的滯後，如何加快政治改革的問題。我認為

這是似是而非的想法。中國在六四之後，不僅政治改革停頓和倒退，強化了黨國體制，而且經濟改革也步入歧途，走上了國家壟斷資本主義道路。中國如今的問題，豈止是經濟改革成功和政治改革滯後的矛盾，而是經濟改革和政治改革雙雙背離1980年代初衷的問題。或者說，中國目前的經濟制度和政治體制大體是一致的，彼此相互配套、相互支持。要看到，沒有六四之後的政治體制，中國也不會如此之快地形成國家資本主義和權貴資本主義。

　　所以，中國的未來不是簡單的啓動政治改革，而是要改革整個政治和經濟制度。就經濟領域來說，勢必要「第二次改革」。

　　**陳**：如何實行第二次改革？

　　**朱**：從回歸理性和回歸1980年代開始！中國進入非理性狀態已經多年。2008年舉辦奧運會時，民族主義、愛國情緒達到了最高點，到處講「盛世」和「崛起」，還有「中國模式」。那一年又發生世界金融危機，中國更加自我感覺良好，甚至認爲中國可以改造世界貨幣金融體系。

　　中國現在到了必須回歸理性的時候了。和2008年前後比較，越來越多的人們已經明白，所謂的「中國模式」是難以爲繼的。支撐這種發展模式的社會成本、經濟成本過大，而這些成本所得到的收益，無論對統治者還是被統治者來說，都在趨於零甚至走向負數。所以，中國需要做新的歷史選擇，在不同政治勢力和思想派別間求同存異，選擇一個大家能夠接受的基本方向。在我看來，最有共識基礎的就是回到1980年代，重新整理胡耀邦趙紫陽的歷史遺產，把他們沒有完成的事情重新啓動。這是爲了避免同歸於盡，避免大的社會動盪。

　　**陳**：回到1980年代的最大障礙之一是如何面對六四？

　　**朱**：那是當然的。八九民運的積極和正面的歷史意義，老百姓

知道，精英知道，特別是當權者也知道。但當然，要解決或重新評價六四問題，自然會遇到太多既得利益者的抵抗。這相當於一次社會革命。但是，風險和收益成正比例。那些有機會重新評價六四的人，既冒著最大風險，也將獲得最大收益。

陳：張木生主張回到「新民主主義」，您怎麼看？

朱：張木生是老朋友，精通馬克思主義，熟悉中國農村。但是，我對於回到「新民主主義」不以為然。在當代中國，「新民主主義」是一個幾乎從來沒有存在過的概念，而絕不是一個實實在在的歷史。七十年前，毛澤東主張「新民主主義」，帶有很大的宣傳、統戰目的。他內心是否真的相信有一種「新民主主義」，從來就是一個問題，現已無從考證。但是人們知道，劉少奇提出中國在1949年之後的中國進入了「新民主主義」時期，遭到毛澤東痛擊，因為毛澤東希望中國快速地向社會主義過渡。現在，在21世紀過去了十多年的中國講「新民主主義」，無異於「刻舟求劍」，沒有出路。

陳：中國真有可能再回到胡、趙時代嗎？今天的中國已不是1980年代的中國，而且，在二十多年來的國家資本主義發展之後，已形成了新的社會矛盾。回歸1980年代，如何有助於化解這些矛盾，並克服您所謂的「合法性危機」？

朱：就中國的現實來說，合法性的問題就是人民是否信任執政黨和執政集團的問題。簡單地說，共產黨的合法性危機就是民眾喪失對你的信任，執政集團喪失了信用。其實，合法性危機是共產黨執政後從來沒有解決的問題。毛澤東的文化革命，鄧小平的經濟改革，都是為了緩和合法性危機。

回到1980年代是非常有彈性的選擇。首先，與回到新民主主義不同，這不是回到一個主義。中國的歷史教訓很多，只要回到一個主義，就會強化意識型態的衝突。我所謂回到1980年代，更強調的

是一種價值觀，而價值觀可以容納不同的主義。在1980年代，表面上仍堅持「四項基本原則」，但是意識型態的作用弱化，普世價值的影響擴大。不然的話，就不能理解為什麼在1980年代有所謂的「反對自由化運動」。其次，回到1980年代，可能也意味著一個包容不同發展模式的共同體。

　　我認為，回到1980年代，基本可以避免中國的分裂。因為1980年代的道路是在承認中國已經歷過社會主義公有制和共產黨一黨執政的前提之下，通過改革建立新型的市場經濟、開放和民主的社會，實現分配大體公平的豐裕社會，給每一個人經濟和政治權利。1980年代的改革歷史證明，這條道路是為社會主流和多數人接受的，是可行的。

　　現在與1980年代相較的最大差別是：中國今天是國家壟斷資本主義和權貴資本主義的混合體，形成了以家族為單位的利益集團。中國內在的矛盾不再是單純的理念和主義之爭，而是利益之爭，甚至關係到身家性命了。我想，中國未來最重要的出路是在民眾的支持下，實現新的立憲，同時建立一個容納不同社會階層，甚至包括既得利益集團在內的對話和妥協的政治框架。

　　**陳**：假設歷史給中國回到1980年代的機會，誰來主導？您曾經接受過「新權威主義」嗎？

　　**朱**：在1980年代，我並沒有捲入「新權威主義」的討論，因為我厭惡討論主義之類的問題，也不希望將經濟問題和意識型態相關連。六四之前興起的中國「新權威主義」，其理論基礎主要來自亨廷頓的政治學說，其核心思想是中國的政治民主化需以經濟市場化為基礎，而集權是經濟市場化的前提，所以中國需要政治權威和集權。中國1990年代以來的發展，在一定程度上吸取了新權威主義的思路。只是，如今的中國距離真正的市場經濟和民主制度不是更近

了，而是更遠了。

　　據說，在六四之前，趙紫陽有一次向鄧小平提到了「新權威主義」，並解釋說：「新權威主義」就是政治強人穩定形勢，發展經濟。對此，鄧小平說他也是相同主張，不過不必用這個提法。應該說，趙紫陽注意和思考過新權威主義，但是並沒有簡單地接受新權威主義。趙在堅持經濟改革的同時，已經開始政治改革的全面研究，而民主化就是政治改革不可迴避的問題。

　　**陳**：我知道您不喜歡用「左派」和「右派」去分析中國的政治光譜，但是中國的左右之爭不是一直很激烈嗎？

　　**朱**：我的觀點是：今天的中國尚未出現清晰的政治光譜，也就是說，還沒有清楚地形成不同的政治思潮。各種所謂的派別，不論是「左派」還是「右派」，「改革派」還是「保守派」，都處於相當粗糙的狀態。

　　在今天中國，「改革」如同昨天的「革命」一樣，完全被庸俗化，每個人都以改革派自居。至於改革什麼，每人有每人的含義和解釋。所以，也不可簡單以「改革」來區分中國的政治派別。真正劃線的標準應該是：到底要怎樣的經濟制度、政治體制、法律體系？

　　我個人反對任何政治傾向下的激進主義和激進派，因為不論是「左派」還是「右派」都有極端主義，都會「唯我正確」，拒絕多元、寬容和妥協，導致破壞而不是建設。中國最需要的是理性和對話。而要實現這樣的轉變，中國的執政集團是否有新思維最為重要，因為他們現在擁有權力和一切資源。

　　**陳**：您似乎借用了西方左派的部分資源，主要是解放主義式左派(libertarian left)的部分觀點？

　　**朱**：就我的思想資源來說，很雜。是的，left-libertarianism對我很有影響，我希望人民在經濟和政治上都享有真正的自主權力。為

此，就必須限制國家和大公司的權力，尤其要制止現代國家和跨國公司的聯盟。在產權方面，我不是簡單的私有制主張者，而是支持self-ownership。此外，我支持地方貨幣。

在經濟學思想方面，我接受亞當‧斯密的基本理念。當然，奧地利學派對我也有很大的影響。當代人類在經濟領域的深刻危機，源於人們日益脫離自由競爭的市場經濟。我認為中國不過是一個特例而已。

**陳**：您最大的關懷似乎是不希望中國未來失序，而希望各類危機得到理性的緩和？

**朱**：中國現在最重大的問題是：已經不可能再按照現在的模式運行下去了。此時此刻，「中國模式」還有一定的能量和慣性，還沒有走到盡頭。至於還能持續多久，三年五載大體沒什麼問題。而且，如果中間冒出幸運的因素，還可能會延長。但是，如果不尋求變革，爆發嚴重危機僅僅是時間問題了。我希望中國能避免危機的總爆發，希望在這個時刻到來之前，危機可以分流。

至於中國是否已經有了明確的替代性的發展模式？目前還沒有。所以，我認為唯有回到1980年代，以胡耀邦和趙紫陽的歷史遺產作為各方現實力量的妥協基礎，完成胡、趙在1980年代本來要做的事情，把背離這個目標的東西做出調整，才是最現實、最理性的當前出路。我希望、也試圖讓大家接受這個想法。

## 六、補充問題

**陳**：2012年1月，台灣遠流出版了您的大作《從自由到壟斷：中國貨幣經濟兩千年》。關於這本書的寫作過程，您在後記中做了詳細介紹。您最主要的問題意識是什麼？

朱：我試圖對中國兩三千年的貨幣經濟史做一次重新的梳理和
解讀。概括起來就是：貨幣經濟史證明了中國兩三千年的歷史，確
實是從自由到壟斷的歷史。中國自由經濟的歷史二、三千年，壟斷
的歷史充其量不過是七、八十年。以貨幣經濟而言，直到1933年廢
兩改圓，和1935年幣制改革，中國貨幣經濟的自由傳統才真正完結。
這本書的主要目的是告訴人們：雖然當代世界所有國家都實行貨幣
壟斷，但是只有黨國體制、極權政治徹底實現了一體化，使貨幣完
全淪為了政府的工具。這樣的貨幣經濟究竟會怎樣演變下去，我並
沒有結論，但是我把問題提出來了。

陳：哈耶克對您有多大的影響？哪些方面的影響？

朱：我讀哈耶克的東西讀得很早，可以追溯到1970年代，我那
時讀了他的《通向奴役之路》。但是，我真正大體讀懂哈耶克的經
濟思想史是在1990年代初期。那時我在哈佛大學和MIT作訪問學
者，有點時間反省中國經濟改革的不徹底性。2000年之後，到了維
也納，來到了哈耶克讀書和生活的地方，拉近了和他的距離。我在
維也納認真讀了哈耶克的《貨幣的非國家化》，深受啟發。人們認
為他的貨幣非國家化思想是烏托邦，我卻根據中國幾千年的貨幣經
濟史證明：貨幣的非國家化不僅存在，而且是中國經濟歷史的重要
基礎所在。

陳：您怎麼看占領華爾街運動？在中國大陸，反壟斷的社會支
點可能何在？

朱：我並沒有簡單地反對全球化，我認為全球化有很大的進步
意義。只是冷戰之後的這次全球化，導致並加劇了中國走向國家壟
斷資本主義。它使共產黨和華爾街建立了聯盟，產生了從來沒有過
的一種政治經濟的變異，就是極權的政治資源和資本的力量結合在
一起，形成經濟壟斷和對自由前所未有的壓制。這是為我的理念所

不容的。占領華爾街是一種浪漫主義的挑戰，對華爾街和當代金融制度不會產生衝擊和改變。但是，它對於年輕人形成新的思想，會有積極的影響。至於中國反壟斷的支點在哪裡？在中國民間！主要是廣大的中小企業家，以及獨立的知識分子。

**陳**：您夫人柳紅最近以獨立參選人的身分，參與北京的基層人大選舉。是否可以說，基層人大選舉是否逐漸開放，是當局對政治體制改革的態度的重要指標之一？

**朱**：柳紅獨立參選北京朝陽區人大基層選舉，是對民主的一種實踐。在這個參與過程中，柳紅和她的支持者得到兩個重要的初步結論：第一，現政權對基層人大選舉是絕對控制。與1980年代那次人大代表選舉相比，不是進步了，而是大大倒退了。目前為止，現政權在民主改革方面寸土不讓，寸步不退。

第二，一旦大環境發生變化，基層人大選舉的進步改革並非是一件難事。目前基層幹部對於政治體制改革採取對立態度，不是因為他們的思想，而是因為現存的利益。

**陳**：您曾經參與海外民運，後來退出。如今，您寄多大希望於自上而下的政治改革？

**朱**：在我看來，中國已經大致具備了啟動民主轉型的硬體和軟體條件。從民眾的覺悟、社會需求來說，時機已經成熟。但是，統治集團仍拒絕這種轉型。而這也不是因為他們的觀念，而是因為受制於各種利益集團。中國人從來講天時地利人和，所以民主轉型需要大的歷史環境的變化，首先是執政黨內部的變化。在這個問題面前，需要有耐心。民間要自我學習，積累力量，要溝通、要組合。

**陳**：您怎麼看台灣的政治轉型？隨著大陸政經軍事實力的不斷壯大，您估計兩岸關係可能如何演變？

**朱**：從第一次來台灣到2011年的台灣之行，整整相隔二十年，

兩岸格局出現了新的特徵。我歸納這樣幾點:第一,在經濟方面,彼時大陸希望引進台灣資本、技術和企業,此時台灣的經濟越來越依賴大陸。第二,在軍事方面,彼時大陸和台灣基本平衡,甚至台灣還有某些優勢;此時,大陸軍事實力迅速崛起,占有越來越明顯的優勢。第三,在政治制度方面,台灣完成了兩次政黨輪替,占據了制高點。國民黨進步了,民進黨對台灣政治轉型的貢獻也需要充分肯定。

台灣民主制度的發育和成熟,是否可以成為制衡中國經濟軍事實力膨脹的一種力量,現在還難以下結論。隨著台灣對大陸的開放,台灣的民主制度,特別是2012年總統選舉,對中國大陸的影響越來越大。甚至可以說,形成了某種程度的衝擊,至少徹底推翻了中國人不可以搞民主的說法。

現在,兩岸都是變數。大陸是大變數,台灣是小變數。大陸在未來二、三十年間,會有進一步的制度變革和轉型;而台灣已經走向穩定的歷史時期。在這樣的視野下,兩岸的相互影響,就不僅僅是一個量的問題、規模的問題、硬實力的問題,而且是一個質的問題、機制的問題、軟實力的問題。我希望台灣為大陸未來的進步和轉型,能起很多的示範作用。

我在1990年參加了台灣民主基金會徵文比賽,題目是「民主再造中國」。我獲得了頭等獎。二十年後,我的這個理念也沒有變化,希望「民主再造中國」成為未來中國的選擇。


陳宜中,中央研究院人社中心副研究員,並擔任本刊編委。研究興趣在當代政治哲學以及社會主義思想史。

走過八十年代

在台灣的戰後史上，1980年代堪稱鉅變的十年，有著豐富的意義。許多重大的政治與社會轉型，都起始於這個年代。反對運動經積壓多年終於爆發，地火般的社會力也陡然覺醒；在這兩方面的衝擊下，數十年的威權體制逐漸鬆動，工運、婦運、農運、原運、學運，各色各樣的社會運動風起雲湧。而在文藝、思想、媒體與大眾文化等領域，新的生命故事譜寫成章，新的詩篇樂句開始傳唱。以「八十年代」做為一期刊物的專輯，當然過於誇張，原本即不可能多元、全面地呈現1980年代的豐繁面貌。不過我們也並無這種企圖。我們祇是隨機邀約一些當年積極參與而今天尚未退隱的有心人，敘述他們的經歷與感受，甚至於不排斥相當個人化的回憶。目前的稿件各有特色，且具有一定的代表性；加上陳瑞樺教授苦心籌畫的「紀念吳耀忠」座談會稿件適時加入，不僅主題上相得益彰，也為專題注入了以左翼社運為主的活水。我們將文稿依據主題區分成兩組，相互參照對話，請讀者體會品味。


　　　　　　　　　　　　　　　　　　　　　　　　　編　者

# (一) 個人、運動與時代

# 追求國族：
## 1980年代台灣民族主義的文化政治

蕭阿勤

1970年代的台灣，在政治上開始「回歸現實」，在文化上「回歸鄉土」。當時挑戰既有體制的主力，是在戰後成長而涵蓋本、外省籍的年輕知識分子。他們深受1970年代初台灣外交挫敗的刺激而覺醒轉化，揚棄流亡漂泊的心態，形成我所謂的「回歸現實世代」。他們基本上仍然是在中國民族主義的視野或參考架構下發現鄉土、看到台灣，也傾向於體制內的革新與民主[1]。

1979年底的高雄美麗島事件，無疑是1970-80年代轉折激變的最重要因素。1980年代之後，以本省人為主的「黨外」與民主進步黨領導的政治反對運動積極宣揚台灣意識，使台灣民族主義運動顯著發展。1970年代的回歸現實世代當中，以本省人年輕一代為主，發展鄉土文學、挖掘日據時期台灣文學，加上黨外的台灣歷史探索，這些都替後來的台灣意識、台灣民族主義準備了素材、奠下基礎。在這種1970年代的基礎上，1980年代的台灣，走上台灣民族主義的「文化政治」（cultural politics）運作，開始「重構台灣」[2]。

---

1　參見筆者的《回歸現實：台灣一九七〇年代的戰後世代與文化政治變遷》（台北：中央研究院社會學研究所，2010，第二版）。

2　本文以下的討論，大致根據筆者即將出版的《重構台灣：當代民族主義的文化政治》（台北：聯經，2012）一書。

　　1988年，本省籍的李登輝繼承蔣經國，成為國民黨主席與總統。在國民黨的黨國決策階層中，本省籍的人數逐漸超過外省籍者。1991年，原本於中國大陸選出的第一屆未定期改選之中央民意代表終止行使職權，國會全面改選。1990年代初，黨內反李登輝的「非主流派」與親李的「主流派」鬥爭而失勢。以外省籍年輕一代為主而反李、懷疑他傾向於支持台灣獨立的國民黨內「新國民黨連線」人士，於1993年另組「新黨」，與民進黨及其他支持台灣民族主義者之間的衝突激烈。1996年，台灣舉行戰後首次的總統民選，國民黨候選人李登輝獲得過半票數而連任。在這種政治變化中，過去由國民黨威權統治所教化、基於中國民族主義的歷史敘事、集體記憶、文化象徵等，在國家的文化教育政策與公共領域的文化論述中，都備受挑戰。

　　在當代台灣的歷史上，1980、1990年代，是台灣政治與文化的「本土化」、「台灣化」的關鍵時期。就文化的轉變而言，這個二十年左右的階段，是台灣民族主義在文化界傳播發展的高峰。追求台灣文化的主體性、建立具有主體性的台灣文化等理念，亦即「台灣文化民族主義」（Taiwanese cultural nationalism），從少數人的提倡，逐漸產生廣泛的社會影響，與台灣政治的轉變互相激盪，使台灣的文化面貌產生重大變化。在這個二十年左右的光陰中，台灣民族主義對文化界的改變，最顯著、最值得關注的是文學、語言、歷史這三個領域。台灣文學的成立、台灣本土語言運動的興起、台灣史觀的發展等，是文化的本土化、台灣化的領頭羊，是台灣民族主義的文化政治的主要部分。1980、1990年代與國族有關的文化政治變化，是當代台灣一段令人驚歎不已的歷史，我們仍然都在它的重大影響下前進，因此必須有比較完整而清楚的理解。本文限於篇幅，以下就讓我們將回顧的重點放在1980年代。

## 確立民族文學與民族文化

　　美麗島事件導致了政治反對運動的激進化，也激發了文學的政治化。以1964年創辦的《台灣文藝》雜誌和《笠》詩刊爲中心所集結起來的本省籍作家和評論家，在其中扮演著關鍵角色。鄉土文學論戰在1978年初停息後不久，王拓與楊青矗這兩位主要的鄉土小說家就放棄文學生涯而投入政治反對運動。兩人都成爲1978年底中央民意代表增額選舉的黨外候選人，但這次選舉因美國突然與台灣斷交而停辦。王拓與楊青矗後來加入黨外的《美麗島》雜誌團體，並且因爲涉及美麗島事件而入獄。這個事件深深影響了《笠》與《台灣文藝》作家。他們許多人，例如鍾肇政、李喬、宋澤萊，都曾表白這個事件使他們的政治意識覺醒，並且認識到國民黨統治的獨裁性格。上述三人，正分別代表戰後第一、二、三代本省籍小說家受美麗島事件的深刻影響。對笠詩社的重要詩人來說，例如鄭炯明與李敏勇，也是如此。

　　美麗島事件的影響，使《笠》與《台灣文藝》作家開始觸碰各種敏感的社會、政治議題，例如關於二二八事件的記憶、反共戒嚴下的社會生活、國族認同的問題等。從1980年代初開始，這些小說家與詩人的作品用隱微的或明白的筆法，抗議國民黨的統治。就像當時擔任《台灣文藝》社長的陳永興所指出的，小說家與詩人受到黨外對國民黨挑戰的激勵，使得《台灣文藝》「在尺度上也比過去的二十年有很大的突破，……沒有任何題材是不能寫的，沒有任何作品是不敢登的……。」[3]笠詩社與《台灣文藝》列名的「本社同仁」、

---

3　《台灣文藝》91期（1984），頁32。

社務委員、編輯委員、作者群等,幾乎都由本省人組成,兩個刊物
作家作品中的抗議,無疑有強烈的族群政治意涵。在1980年代上半
葉,這兩個作家群開始與黨外發展公開的密切關係。楊青矗與王拓
在1983年12月與1984年11月分別出獄後,都加入《台灣文藝》而成
為其同仁。1982年初,三位笠詩社與《台灣文藝》的資深成員鄭炯
明、曾貴海、與陳坤崙,在高雄創辦了《文學界》(1982-1989)。在
1980年代,這份新的文學刊物與《笠》、《台灣文藝》,一起成為
以笠詩社與《台灣文藝》成員為主的本省作家、文學評論者建構「台
灣文學」概念的主要園地。

當笠詩社與《台灣文藝》成員及其作品愈來愈政治化,關於「台
灣文學」定義的議題,對他們而言也愈來愈重要。文學生涯橫跨日
本殖民與戰後時期的本省籍資深作家葉石濤,曾在1977年鄉土文學
論戰期間發表〈台灣鄉土文學史導論〉一文,認為台灣鄉土文學應
該是基於台灣意識而寫出的作品。他的觀點引起陳映真的批評。與
《台灣文藝》關係密切的年輕一代如高天生、彭瑞金與陳芳明的文
學評論,繼承葉石濤的看法,在1980年代上半葉台灣文學概念政治
化過程中,扮演重要的角色。和葉石濤早期的看法比較,他們的論
述呈現了將台灣文學「去中國化」的傾向。

高天生等《台灣文藝》年輕一代成員對台灣文學的重新定義,
從他們對所謂「邊疆文學」說法的批判開始。1981年1月,本省籍的
知名評論家、當時為《中國時報》藝文組主任的詹宏志,在一篇討
論報紙小說獎得獎作品的文章中問道:「如果三百年後有人在他中
國文學史的末章,要以一百字來描寫這三十年的我們,他將會怎麼
形容,提及哪幾個名字?」這篇評論認為,戰後台灣所有的文學創
作可能都是徒然的,因為這些作品未來很可能都被貶入「邊疆文學」

的範疇[4]。詹宏志的觀點很快引起高天生的批評。和葉石濤的觀點相近，高天生並不否認「台灣文學乃中國文學的支流」。不過他強調由於台灣文學本身特殊的歷史發展與性格，因此它必須被視爲一種獨特的傳統；評判台灣作家的作品必須基於台灣文學本身的歷史角度，而不是從中國文學史的觀點[5]。彭瑞金則認爲只要作家在意識上認同於台灣這塊土地、關愛這裡的人民，而其作品真誠反映人民生活的歷史與現實、植根於這塊土地，那麼便可以稱之爲台灣文學。他強調這樣的「檢視網」，亦即檢視或篩選的標準，稱做台灣文學的「本土化」特質，而本土化是台灣文學建設的基石，也是台灣文學最主要的課題。彭瑞金相信這種精神特質的存在可以檢視「三百年來自荷鄭以降的所有台灣文學作品」，證明台灣文學是一個獨立而完整的文學脈流，亦即「『台灣文學』的承傳確定我們是有詩有歌的民族，我們在這裡可以找到我們是個有自己文學的民族的自信」[6]。至於陳芳明則以筆名宋冬陽在《台灣文藝》發表〈現階段台灣文學本土化的問題〉，重新檢視葉石濤與陳映真在鄉土文學論戰期間所提出來但未受重視的不同觀點。他認爲葉石濤的「台灣（鄉土）文學」概念是基於健全的「台灣意識」，而陳映真的「在台灣的中國文學」概念則反映不切實際的「中國意識」，兩者無法並立。他認爲任何認同台灣的作家必將致力追求台灣文學的本土化與自主性[7]。

---

4　詹宏志，〈兩種文學心靈——評兩篇聯合報小說獎得獎作品〉，《書評書目》93期（1981），頁23-24。

5　高天生，〈歷史悲運的頑抗——隨想台灣文學的前途及展望〉，《台灣文藝》72期（1981），頁297-298。

6　彭瑞金，〈台灣文學應以本土化為首要課題〉，《文學界》2期（1982），頁2-3。

7　宋冬陽〈現階段台灣文學本土化的問題〉，《台灣文藝》86期（1984），頁10-40。

　　這段期間政治變化所激盪出來的台灣文學定義,最完整的可能
是李喬所提出的。援引葉石濤與彭瑞金的看法,李喬如此界定:

> 「所謂台灣文學,就是站在台灣人的立場,寫台灣經驗的文
> 學」。
> 所謂「台灣人的立場」,是指站在台灣這個特定時空裏,廣大
> 民眾的立場;是同情、認同、肯定他們的苦難、處境,希望,
> 以及追求民主自由的奮鬥目標──的立場。這個立場,與先住
> 民,後住民,省籍等文化、政治、經濟因素無關。
> 所謂「台灣經驗」,包括近四百年來,與大自然搏鬥與相處的
> 經驗,反封建,反迫害的經驗,以及反政治殖民,經濟殖民,
> 和爭取民主自由的經驗。[8]

　　當《笠》與《台灣文藝》成員以上述方式來界定台灣文學時,
也同時將台灣人描繪成不同的外來政權壓迫統治的受害者,以及被
滿清帝國拋棄的孤兒。對他們來說,《台灣文藝》創辦人吳濁流在
1945年所寫的小說《亞細亞的孤兒》已經給台灣人啓示,亦即台灣
人必須覺醒,認識到他們不是中國人,而是台灣人;有如孤兒的台
灣人,必須建立自信。爲了將台灣人的歷史經驗與集體記憶區別於
外省人或更廣泛的中國人的歷史經驗與集體記憶,《笠》與《台灣
文藝》成員也開始強調日本殖民統治時期的重要性。被殖民的歷史
變成是一項「資產」,而不再是國民黨教化宣傳所汙名化的「負債」。
他們相信,殖民統治與反殖民的特殊歷史經驗,使台灣文學具有漢
民族所沒有的特質,脫離中國文學的脈流而形成獨特傳統。

---

8　李喬,〈台灣文學正解〉,《台灣文藝》83期(1983),頁7。

　　總括來說，1980年代上半葉，以《笠》與《台灣文藝》成員爲主的本省籍文學界人士，致力於將台灣文學「去中國化」。他們的核心關懷，在於強調台灣文學介入現實的入世精神、抵抗意識、以及本土化的特質，將台灣文學，尤其是日本殖民統治時期以來台灣（本省）人的文學發展，詮釋成與中國文學少有關連的獨特文學傳統。

　　1980年代下半葉之後，《笠》與《台灣文藝》成員則致力於將台灣文學「民族化」，亦即賦予台灣文學一種民族的性格，將它呈現爲一個獨特的「台灣民族」的文學傳統；而這個傳統所指涉的，比1980年代上半葉的台灣文學概念更廣泛，包括日本殖民時期之前的、以及各族群的文學表現。台灣文學也被視爲是獨特的「台灣民族」的文學。因此這些支持台灣獨立的作家與文學批評者的台灣文學論述，更進一步政治化。這種文學意識型態的激進化，是伴隨1986年底之後台灣顯著的政治變遷而來的。戰後台灣第一個反對黨民進黨在1986年9月成立、政治控制持續放鬆、台灣獨立運動快速發展、國民黨統治菁英的「台灣化」、以及台灣與中國大陸互動增長使台灣民族主義者加深憂慮等，這些因素匯合在一起，促動了將台灣文學民族化的論述發展。在1980、90年代之交，葉石濤出版的《台灣文學史綱》（1987）與彭瑞金的《台灣新文學運動40年》（1991），是笠詩社與《台灣文藝》成員的台灣文學論述從「去中國化」到「（台灣）民族化」的典型代表。

　　自從民進黨成立後，笠詩社與《台灣文藝》成員更進一步參與反對政治，成爲台灣民族主義發展的重要部分。民進黨成立不久後，這兩個團體的主要成員將具有鮮明的台灣意識的文化菁英組織起來，於1987年2月成立「台灣筆會」，以楊青矗爲首屆會長，約有130位會員，包括詩人、小說家、散文家、文學批評家、畫家、音樂家等。笠詩社與《台灣文藝》成員則爲主要會員與領導幹部，而《台

灣文藝》也成為這個新團體的機關刊物。台灣筆會的〈成立宣言〉
強調「文化運動是一切改革的根源」，因此要求「全面的文化改革」，
以改善社會[9]。在台灣獨立運動快速推進的1980年代下半葉，台灣民
族主義的文化論述蓬勃發展，而笠詩社與《台灣文藝》的作家與文
學評論家是主要的推動者。整體來說，這一波文化論述的最大特色，
與上述文學方面的趨勢類似，在於將台灣文化「去中國化」之後再
「民族化」。《台灣新文化》與《新文化》兩本雜誌的創刊(都由民
進黨重要領導人謝長廷擔任社長或發行人)，代表這一波高度政治化
的文化論述風潮，而這兩份新刊物與《台灣文藝》成為台灣民族主
義者傳播文化論述的主要管道。

　　這波文化論述有幾個重要特色。第一，台灣文化與中國文化被
二分對立。中國文化被描繪成僵硬的、封建的、反動的、壓迫的、
定著於土地的，而台灣文化則被讚揚為有彈性的、現代的、進步的、
民主的、海洋導向的。第二個特色是強調台灣文化的多元起源。台
灣歷史上非漢人的原住民文化的角色，愈來愈被強調，以顯示台灣
具有特殊文化成分，不應被簡單地歸併於漢人的中國文化中。荷蘭
人的殖民、西班牙人的占領、日本人的統治，也都被認為是台灣文
化特殊性的重要來源。第三，中國文化與台灣文化在歷史上的中心
與邊陲的關係被翻轉。中國文化被認為只是台灣文化的一部分，而
政治壓迫、社會沉痾、與道德淪喪等，也都被歸咎於「邪惡的」中
國文化的影響所致，因此清除台灣人心靈中的中國意識，是創造台
灣新文化的先決條件。第四，「文化主體性」成為台灣民族主義者
經常運用的關鍵詞，他們不斷熱切呼籲要「建立台灣文化的主體性」
或「創造主體性的台灣文化」。

---

9　《台灣文藝》105期(1987)，頁6。

## 締造民族語言

　　語言一直是民族主義關於文化的核心議題，台灣民族主義進展
顯著的1980年代，同樣無法迴避語言問題。在民進黨成立之前的1980
年代上半葉，特別是選舉期間，黨外反對運動人士就以語言做為爭
取支持的有效方法。即使是國民黨的候選人，不僅是本省籍的，也
包括外省籍的，都可能講台語來打動選民。台語因此變成「選舉的
語言」。在黨外人士之間，使用台語更成為表達政治不滿和族群忠
誠的象徵。這段時期，黨外反對運動者提倡「台灣意識」，也開始
觸及台灣的語言議題，而批評的焦點在於學校教育的「獨尊國語」
政策、廣播與電視中對台語使用的限制、以及研擬中的《語文法》
草案。不過這段期間黨外針對國民黨語言政策的抨擊，並未引起廣
泛的重視。

　　1980年代下半葉，帶有福佬族群色彩的台灣民族主義迅速發
展。民進黨領導的反對運動，其領導者和支持者絕大多數是本省人，
尤其以福佬人為主。台語因此成為民進黨會議、群眾集會和街頭抗
議時的主要語言。不過一直要到1987年，語言問題才引發社會大眾
普遍的關注。這一年3月，民進黨立法委員朱高正在立法院刻意以台
語發言質詢，羞辱國民黨的外省籍內閣官員和年邁的終身職立委。
這件事暴露一個事實：外省籍政治菁英儘管在台灣生活了將近四十
年，不但聽不懂、也無意學習最主要的本土語言。朱高正的做法引
起國、民兩黨立委的嚴重衝突，也促使社會大眾熱烈討論語言問題
與官方的語言政策。

　　在對官方語言政策愈來愈高漲的批評聲浪中，1987年8月，台灣
省政府教育廳通令各國小及國、高中，不可再懲罰在學校說本土語

言的學生。同年底,三家全國性的電視頻道都在每天短暫的台語節
目之外,各增加20分鐘的台語新聞時段。兩年後,其中一個頻道(台
視)開始出現每週一次30分鐘的客語節目。1990年2月,南部的國立
成功大學首次在國家的教育體系內開設台語課程。同年5月,行政院
新聞局取消了電視節目使用本土語言的限制。

在此同時,民進黨開始努力推動小學與國中的雙語教育。1989
年地方縣市長選舉中,民進黨候選人將雙語教育計畫列入競選政
見。其中六名當選人開始在他們執政縣市的小學、國中開辦「母語
教學」,包括台語、客家話與原住民語言。但是國民黨所控制的縣
市議會經常刪除相關的預算,而本土語言缺乏標準的音標與書寫系
統,也很難找到合格的教師與教材。不過儘管阻礙重重,這項語言
教學計畫仍然在1990年代初民進黨執政的縣市開始實施。

隨著政府對本土語言的管控放鬆,以及反對黨對雙語教育的提
倡,1980年代末之後出現了本土語言復興的現象。尤其是福佬台語
戲劇和電影重新出現,台語流行歌興盛,許多大學校園也組成台語
和客語社團,大量的台語字典、雜誌和語言專書、論文也陸續出版。

雖然社會上出現說台語、教台語、研究台語的濃厚興趣,然而
對於那些關心語言問題的台灣民族主義者來說,並不能滿足於此。
從1980年代下半葉開始,許多台灣民族主義者便致力於本土語言的
復興與書寫系統的創造。由於福佬人主導了台灣民族主義運動,因
此這些關於語言的行動與努力,重點都在於台語。

關心語言議題的台灣民族主義者批判官方將台語定義為「方
言」,指出戰後長久以來官方的認定影響了民眾的認知,不僅將國
語之外的台灣本土語言貶為方言,許多人甚至將台語誤認為是以北
京話為基礎的國語的一個「方言」。他們強調台語與國語雖屬相同
語系,但差異甚大而無法溝通,兩者既是不同的「語言」,而從音

系結構、詞彙的精密、語法的邏輯性，乃至於能豐富地傳達日常生活的經驗來說，台語更要比國語更優越。對他們來說，一種語言的沒落，是一個族群認同所賴以維繫的傳統文化衰敗萎縮的預兆；傳統的台灣文化已經逐漸式微，受到國語所代表的中國北方文化的嚴重破壞。他們認為，國語對台灣人來說猶如外國語言，台灣的本土語言才是表現台灣獨特性的主要工具[10]。在這種主張下，建立一套台語的書寫系統自然成為當務之急，對於台灣獨立而言至關重要。

中國南方的福佬人至少在數百年前就用漢字記載福佬話的民間劇本，而以漢字書寫福佬話的歷史可能更為久遠。在台灣，以漢字寫諺語、民謠、和民間戲劇劇本的歷史，可以追溯到清朝統治時期。在日本殖民統治時期，台灣人則開始以漢字來寫台語流行歌。不過由於30%的台語詞素無法用既有的漢字來記述，書寫者經常隨意借用現有的漢字，甚至自創新字。因此台語並沒有標準的書寫系統，而未經記述的那些詞素，更是缺乏固定的寫法。

1980年代下半葉以前，幾乎沒有作家以台灣本土語言寫作。笠詩社的資深成員林宗源被譽為戰後以漢字寫作台語詩的先驅。早在1960年代，他便在國語白話詩裡加入台語的詞彙與句法。1970年代，林宗源更以「純正」的台語寫作。1976年4月，年輕的《台灣文藝》成員向陽(林淇瀁)在《笠詩刊》發表他最早的幾首台語詩，成為另一位用台語寫作的詩人。這兩位詩人以母語寫作的動力都相當單純，亦即希望用母語更自然地表達自己的情感思想。

1980年代上半葉，一些黨外雜誌的作者撰文介紹日本殖民統治

10 例如林錦賢，〈為斯土斯民个語言敆文化講一句話──兼論陳瑞玉先生个兩篇文章〉，《台灣文藝》113期(1988)，頁61-82；鄭良偉，《演變中的台灣社會語文》(台北：自立晚報，1990)；洪惟仁，《台灣語言危機》(台北：前衛，1992)。

時期台灣知識分子提倡以漢字書寫台語、以及當時蔡培火推動台語
的羅馬拼音的歷史。但就像黨外人士對國民黨官方語言政策的批評
一樣，這些文章也沒有引起多大的注意與迴響。1984年9月，在日本
的台裔歷史學家許極燉，於《台灣文藝》發表一篇探討台灣語言和
台灣文學關係的文章。他非常同情殖民時期作家以台語寫作的嘗
試，呼籲當前台灣作家創作「台語的台灣文學」，並發展可供書寫
的「台灣文學的台語」[11]。許極燉的呼籲，令人想起在日本殖民統
治下1930年代初「鄉土文學」與「台灣話文」（亦即當時稱爲台灣話
的台語的書寫系統）提倡聲中郭秋生提出的口號，亦即不只是要創造
「台灣話的文學」，也要建立「文學的台灣話」。1980年代上半葉，
除了林宗源與向陽之外，另外三位本省籍作家宋澤萊（《台灣文藝》
成員）、黃勁連（笠詩社成員，後來擔任《台灣文藝》總編輯）、與林
央敏（後來成爲《台灣文藝》編輯委員之一）也開始創作台語詩[12]。

　　1987年1月，宋澤萊在《台灣新文化》雜誌發表一篇用台語寫作
的文章〈談台語文字化問題〉。這是戰後本省籍作家第一次公開提
倡以台語寫作。宋澤萊呼籲台灣作家進行台語創作的實驗，批評用
台語以外的語言寫作，對於台灣本土文化的復興沒有什麼貢獻。他
認爲，從「鄉土文學」演變到葉石濤、彭瑞金、陳芳明和李喬所定
義的「台灣文學」，再從「台灣文學」演變到台語文學，是必然發
生的[13]。1987年之後，隨著反對運動人士愈來愈挑戰官方的單語政
策，以及國民黨政府對公開使用本土語言的監控逐漸放鬆，愈來愈

11　許極燉，〈台灣文學需要充實的維生素——泛談台語與台灣文學的
　　關係〉，《台灣文藝》90期（1984），頁29-46。
12　見林央敏，《台灣文學運動史論》（台北：前衛，1996），頁23。
13　宋澤萊，〈談台語文字化問題〉，《台灣新文化》5期（1987），頁
　　38-41。

多作者開始用台語寫作，刊載於《台灣文藝》、《笠》、《文學界》、《新文化》、《台灣新文化》、《自立晚報》、《民眾日報》等。

　從1989年到1995年間，至少有12個社團組織成立，以復興本土語言、設計台語書寫系統、和提倡台語文學爲目的。這些社團組織的成員經常相互重疊，且一般而言，他們彼此間的往來也十分密切。這些社團組織都有自己定期出版的刊物，不過這些刊物大致上發行不廣、流通有限[14]。由林宗源、黃勁連與林央敏等人所建立「蕃薯詩社」，便是其中之一。做爲戰後第一個推動以本土語言寫詩的詩社，蕃薯詩社列出下列寫作準則：一、使用台灣本土語言(包括台語、客語、與先住民母語)，創造「正統」的台灣文學；二、提倡台語書寫，提升台語文學與歌詩的品質，追求台語的文字化與文學化；三、表現社會人生、反抗惡霸、反映被壓迫者與艱苦大眾的生活心聲；四、創造有台灣民族精神與特色的新台灣文學作品。這些準則可以說綜結了1980年代下半葉之後提倡台語文學人士所共有的理念[15]。

　就像殖民時期鄉土文學與台灣話文的提倡一樣，1980年代末之後企圖建立台語書寫系統的努力，和台語文學的提倡無法分開。也只有在1987年之後以台語寫作的作者逐漸增加時，建立標準台語文字的問題才獲得比較多的關注。1980年代下半葉之後，關於台語書寫系統，出現各種不同的看法與提議。相關的技術問題，例如如何挑選適合的漢字，經常引起辯論。各方的理念與提案，都積極地爭取社會的認可。第一，有些人主張全盤放棄漢字，並鼓吹以拼音系統來書寫台語。他們試圖改進西方傳教士發明的台語羅馬拼音系統。化學教授林繼雄是積極推廣這類主張的代表人物。第二，另外

---

14　見林央敏，《台灣文學運動史論》，頁96。
15　見林央敏，《台灣文學運動史論》，頁98。

一群人主張以漢字來書寫台語，是唯一實際可行的方法，而那些無法以既有漢字表示的台語詞素可依據漢字部首來創造新字。在日本的台裔語言學家鄭穗影，是這個理念的主要提倡者。第三種方案結合了漢字與拼音字母的書寫方式，用羅馬拼音來書寫那些無法以漢字標記的詞素，夏威夷大學的台裔語言學教授鄭良偉是這個方案的主要倡導者。1980年代末之後，這是台語寫作的最普遍方式。第四種提案的主張者洪惟仁，則認為韓國諺文比起羅馬拼音字母，在圖形構成與視覺上更能與漢字搭配。因此漢字與改良後的韓國諺文並用，是最好的台語書寫系統。

從比較的角度來看，1980年代末之後試圖建立台語書寫系統與台語文學的嘗試，要比日本殖民時期推動台灣話文與鄉土文學的努力，有更多的進展。一方面，1930年代初的提倡者仍懷有相當強烈的漢文化意識。因此除了蔡培火為特例之外，其他人都支持用漢字書寫台語，以維繫台灣人與中國大陸及漢文化的關連。對於當時這種主張的重要領導者郭秋生而言，台灣話文「……純然不出漢字一步，雖然超出文言文體系的方言的地位，但卻不失為漢字體系的較鮮明一點方言的地方色而已的文字」[16]。然而如何選擇「正確」或「較佳」的漢字，或者甚至創造新字來表達那些無法用漢字表述的詞素，這些難解的技術問題，阻撓了殖民時期的台語創作實驗。相較之下，那些致力於建構獨特的台灣文化、在1980年代末以來主張書寫台語的提倡者，幾無例外地都是台灣民族主義者。他們大部分不再執著於漢字，並且自由地將某些台語詞素轉為羅馬拼音。主張

---

16 見廖毓文，〈台灣文字改革運動史略〉（1954, 1955），收錄於李南衡編，《日據下台灣新文學，明集5：文獻資料選集》（台北：明潭，1979），頁491。

完全以羅馬拼音書寫台語的陳明仁，同時也是笠詩人和台灣筆會、
蕃薯詩社的成員，他曾經如此說：

> 一個無家己文字的民族是無未來的民族，尤其台灣若欲行向一
> 個獨立的國家，台語文字化的需要性更加迫切。
> 但是伊[漢字]所負載的文化意涵嘛有真負面的封建思想。……
> 一個人若無獨立、成熟的思考，去接觸著古早漢字的冊，意識
> 型態伫不知不覺中會去予污染著。這是筆者從事台灣建國運動
> 上大的煩惱，嘛是主張漸廢漢字的主因。[17]

　　將台語羅馬拼音化不僅讓台語寫作更為容易，也促進了台語文
學的發展。拼音文字的採用，代表著以中國為主的古老表意文字地
區(包括韓國、日本和越南等中國周邊國家)中，地域認同邁向民族
主義的重大變化。近年來電腦科技的進步，尤其是幫助使用者選擇
漢字或羅馬拼音字的台語文書處理軟體，更是台語書寫得以發展迅
速的重要因素[18]。

　　1980年代末之後愈來愈多的作家嘗試以台語寫作，使得作品所
運用的語言與台灣文學概念之間的關係，逐漸成為議題。一些福佬
作家和文學批評家，開始從語言的觀點重新定義台灣文學(例如前面
提到的宋澤萊的看法)，甚至有人認為只有台語文學才是台灣文學，

---

17　陳明仁，〈「台灣語文復興運動」引言補充資料〉，《台灣文藝》
　　133期(1992)，頁138-139。
18　教育部協調了各種台語拼音設計，終於在2006年10月公告了「臺灣
　　閩南語羅馬字拼音方案」，並於2007年5月後陸續整合公告「臺灣
　　閩南語推薦用字」，接著推出《臺灣閩南語常用詞辭典》網路版供
　　大眾使用。這些都使得台語文字化與書寫，又變得更為一致與便利。

因此使客家作家與評論家覺得受到排斥。面對著福佬人所領導的政治反對運動快速發展，以及台語復興運動的活躍，許多客家人也擔心他們本身與自己的語言可能再度被邊緣化。1988年，客家人發起「還我客語」運動，要求客語電視節目，但只爭取到每週在一家全國性頻道上播映半小時的客語節目(台視的「鄉親鄉情」)。1989年，客家人反國民黨與反福佬人的情緒高昂，不只抗議國民黨的「一黨獨大」，也抨擊民進黨的「福佬沙文主義」。當時出現了試圖組織「客家黨」的行動，但最後沒有成功[19]。

## 書寫民族歷史

1980年代所出現對於語言問題與文學發展的不同看法，都與人們對台灣歷史的不同理解密切相關。從1947年二二八事件結束到1960年代，海外反國民黨的台灣人已經建構他們自己關於台灣的歷史敘事，並加以出版，用來闡述他們的政治主張。其中最著名的是蘇新的《憤怒的台灣》(1949)、史明的《台灣人四百年史》(1962)、以及王育德的《台灣：苦悶的歷史》(1964)。雖然他們三人的政治理念差異很大，但都強調是從台灣人被統治與被壓迫的立場闡述台灣史，以取代統治者和壓迫者(包括來自西方、中國與日本的殖民政權、以及國民黨政府)的觀點。不過在1980年代末之前的台灣，他們的著作都被列為禁書，只能私下閱讀，對於1980年代之後台灣史政治化的影響也有限。

---

19 到2012年2月為止，依照《人民團體法》規定向內政部備案的有(括號內為成立時間)：客家黨(2006年10月)、台灣新客家黨(2007年2月)、中華客家黨(2010年2月)、世界客屬黨(2011年3月)。

　　「台灣史觀」公開浮現，主要起因於國內重大的政治變化，特別是美麗島事件，而非來自上述海外台灣人異議者的歷史論著[20]。美麗島事件導致1980年代上半葉政治反對運動激進化，黨外人士此時提倡的台灣意識，主要以重新詮釋台灣史為基礎。他們試圖改變台灣民眾的集體記憶，爭取他們的支持。台灣史觀事實上是由黨外人士所引領倡導的。他們既抨擊國民黨政府的中國意識，也批判以左派自居的異議人士的中國意識，尤其是圍繞在《夏潮論壇》雜誌而以陳映真為代表的人士。儘管陳映真等人批評國民黨政府的資本主義經濟政策，指摘它過度依賴「帝國主義勢力」(尤其是美國)，但對黨外人士來說，這些左派人士與國民黨同樣堅持中國民族主義、追求中國統一，所以沒有太大差別。1983年的「台灣意識論戰」，主要發生於《夏潮論壇》作者群和屬於黨外激進派的《生根週刊》作者群之間，雙方都經常譏諷對方對台灣史的「無知」或「扭曲」，宣稱自己的理解更為全面、客觀與正確[21]。一般而言，國民黨政府與左派異議人士都強調台灣和中國大陸之間的類似，以及歷史文化上的密切關係，而黨外人士則突顯台灣的獨特性以及特殊的歷史發展道路。黨外政論雜誌，經常可見以1945年之前台灣歷史為題的文章。例如《生根週刊》即是如此，而這份刊物也登載一系列「大家

---

20　見張炎憲，〈台灣史研究的新精神〉，《台灣史料研究》1期(1993)，
　　頁84。

21　例如宋冬陽，〈現階段台灣文學本土化的問題〉，《台灣文藝》86
　　期(1984)，頁10-40；戴國煇，〈研究台灣史經驗談〉，《夏潮論
　　壇》12期(1984)，頁29-35；吳德山，〈走出「台灣意識」的陰影——
　　宋冬陽台灣意識文學論底批判〉，《夏潮論壇》12期(1984)，頁
　　36-57；秦琦，〈神話與歷史，現在與將來——評「夏潮論壇」對
　　黨外的批判〉(1984)，收錄於施敏輝(陳芳明)編，《台灣意識論戰
　　選集》(台北：前衛，1988)，頁173-184。

來學台灣話」的文章，教導讀者認識台語。又如黨外溫和派領袖康寧祥主持的《八十年代》雜誌，也在1983年之後陸續刊出一系列的文章介紹台灣史。在這段期間，台灣史於是逐漸政治化。

1980年代上半葉，黨外政論雜誌以大量的篇幅重新挖掘日本殖民統治史，特別是台灣人的抗日運動。這些歷史討論強調，黨外的反國民黨運動是台灣人長久以來反抗異族統治的傳統的一部分[22]。這意味著國民黨和日本殖民政府一樣，都是「外來政權」。這些文章認為，雖然台灣人的抗日鬥爭完全失敗，但是台灣人在殖民統治期間已發展出對台灣的特殊認同感，而與他們對中國大陸的認同不一樣。許多黨外雜誌作者認為，日本人帶來的現代政治統治與經濟發展，使漢人移民原先基於中國大陸原鄉(漳、泉、粵)情懷所產生的群體界線，逐漸模糊淡化，因此使眾多的地方社群融合成為一個全島性的社會，台灣人的共同體感受也逐漸浮現。他們以讚賞的口吻談論日本人推動的社會經濟現代化，強調台灣意識對抗中國意識的正當性。對於提倡台灣意識的黨外人士來說，日本的殖民統治事實上是一項寶貴的資源[23]。如同前面提到的，受到政治劇變與黨外影響的《笠》、《台灣文藝》的文學界人士在當時的傾向也是如此。

黨外更批判整體的中國史觀，認為中華人民共和國或國民黨宣稱「台灣在歷史上是中國的一部分」，代表傳統的「帝王史觀」或「天朝史觀」，而這種史觀又來自「中國沙文主義」或「漢人中心

---

22　例如顏尹謨，〈日據時代與國民黨統治下反對運動模式〉，《政治家》16期(1984)，頁60-64；參照施敏輝，〈《台灣意識論戰選集》序〉(1985)，收錄於施敏輝編，《台灣意識論戰選集》(台北：前衛，1988)，頁1-7。

23　例如施敏輝編的《台灣意識論戰選集》(1988，台北：前衛)中所收錄的陳樹鴻、高伊哥、林濁水、施敏輝的文章。

主義」[24]。爲了駁斥這種政治宣稱與史觀,黨外政論雜誌特別探討原住民的古老歷史,並且強調漢人移民征服、剝削原住民的經過,以表示他們認同於被壓迫的原住民,並且與做爲壓迫者的漢人劃清界線。在這種歷史敘事中,做爲外來政權的國民黨政府,正是當前施加中國沙文主義和漢族中心主義的來源。

一些黨外雜誌作者更進一步挑戰所謂台灣人(包括福佬人與客家人)是純種漢人的說法。「平埔族」被同化而融入早期漢人移民社會,特別是早期來自中國大陸的男性移民與平埔族女性的通婚,使得台灣人的血緣混雜而異質。黨外雜誌作者強調原住民扮演的角色,提倡以「本土化」的角度理解台灣的過去,書寫「台灣人觀點的台灣史」。他們相信,闡述台灣史時,唯一能夠擺脫中國沙文主義和漢人中心主義的正確參考架構,就是台灣人民賴以立足的這塊土地。高伊哥批判《夏潮論壇》作者群的文章,是這種本土化觀點的典型陳述。他強調:

> 對於現代的臺灣人而言,不論他是福佬人、客家人、高山族,以及大多數早被同化而僅少數還保持原貌的平埔族,數百年的種族鬥爭史不必迴避,也不必刻意分化,造成彼此的敵視。這三個種族數百年來都共同面臨一個接一個外來「頭家」的殘酷統治,而在共同的命運下,認同這塊土地上的社會=經濟共同體,一起創造歷史、繁衍子孫。
>
> 這個雜揉著漢文化、日本文化及馬來文化的社經共同體,在外

---

24 例如高伊哥,〈台灣歷史意識問題〉(1984),收錄於施敏輝編,《台灣意識論戰選集》(台北:前衛,1988),頁167;施敏輝(1985)〈《台灣意識論戰選集》序〉(1988),頁4。

來帝國主義的侵略壓力下逐漸成長，並隨著統治力的轉換而變
動。這就是臺灣歷史發展的客觀條件。認同這塊土地，以臺灣
人自居，就是主觀的臺灣歷史意識。⋯⋯
又為何必須在「臺灣人」之上，必然地有「中華意識」存在？
那麼平埔族、高山族和漢人的混血後代又該認同誰呢？為什麼
必須以這種「上位意識」強壓自己的同胞？[25]

綜合來說，在1980年代上半葉，黨外人士對台灣的過去，發展
了一套堅定而全面的闡述，用來對抗中國史觀的敘事。對他們而言，
台灣史就是一部殖民與反殖民、壓迫與抵抗的歷史，長久以來台灣
人民是殖民與壓迫下的受害者，而台灣意識就是一種被壓迫與抵抗
的意識、是鼓舞民眾反國民黨鬥爭的核心動力。這樣的歷史敘事，
經常闡揚台灣人的抗日運動與早期的原住民歷史。

美麗島事件發生後數年間，黨外人士重新塑造台灣人受難與抵
抗的集體記憶，這影響了往後反對運動的基調。1980年代上半葉，
他們重寫台灣史，對此後台灣民族主義的迅速開展相當重要。就像
前面討論過的，黨外人士的獨特史觀的影響，明顯反映在《笠》與
《台灣文藝》這兩群作家身上，而美麗島事件後的那幾年，圍繞在
《笠》與《台灣文藝》的兩群文學界人士也與黨外建立密切關係。
就像黨外雜誌作者致力於將台灣的歷史認識本土化一樣，《笠》與
《台灣文藝》的作家與文學評論家也追求台灣文學的本土化。從1983
年開始，李筱峰、李永熾、鄭欽仁、陳芳明、張炎憲、楊碧川等多
位專業的或業餘的歷史學者，陸續加入《台灣文藝》雜誌社，成為
「本社同仁」或擔任編輯委員。同時也從1983年開始，大約到1985

---

25 高伊哥，〈台灣歷史意識問題〉，頁167-168。

年初，這份文學雜誌幾乎每一期都出現「台灣史料溫習」、「台灣歷史人物」、「台灣人物回顧」、「台灣歷史叢談」等專欄，討論台灣的歷史人物與事件，尤其是屬於日本殖民時期者。此後上述的歷史學家，特別是陳芳明與張炎憲，都成為台灣史觀的主要提倡人物，陳芳明更是台灣意識與台灣文學本土化的熱情倡導者。

隨著1980年代上半葉黨外人士積極提倡台灣意識，以及1986年之後明顯的政治自由化，包括台灣民族主義的快速發展、執政的國民黨的台灣化等轉變，台灣史的學術研究，以及學術界廣泛的台灣研究，都蓬勃發展。人文學者與社會科學家對日本殖民時期與戰後台灣的興趣快速增長，平埔族的歷史與文化也受到特別的關注，而愈來愈多的研究生也投身於台灣史或台灣研究。這些都反映了追求明確的集體認同的普遍渴望。

1980年代中期之後，台灣史研究的方向深受支持台灣獨立的歷史學家的影響，那些與《台灣文藝》作家群關係密切的歷史學家影響力尤其顯著。1983年9月，鄭欽仁在《台灣文藝》發表的〈台灣史研究與歷史意識之檢討〉一文，是當時清楚解釋「台灣史觀」的先驅。這篇文章代表台灣史研究已準備邁開新的步伐，也見證了1980年代上半葉黨外人士的倡導對歷史研究者的深遠影響。鄭欽仁認為，台灣史的研究不能受限於中國史的觀點，唯有以世界史的觀點才能看到台灣在過去與未來所扮演的角色，摸索出台灣自立生存之道，擺脫周圍強權的糾葛。他指出以政權統治而斷代分期「政治史觀」是落伍的，台灣史家必須思考歷史的主體性，以「我們‧人民」為歷史主角，而歷史也是為「我們」而寫。鄭欽仁批評，在戰後台灣，「中原文化本位主義」是錯誤的統治理念的一部分，既造成許多不幸事件，也使歷史教育無法培養國民合理的觀念；台灣的歷史教育過度強調中央集權、中國統一而忽略地域性、造成政治不安。

他認為，「漢族沙文主義」正基於中原文化本位主義與中央集權觀念。鄭欽仁進一步強調，歷史上中國大陸的「大陸型文化」是內向的，台灣的「海洋型文化」是開放的，兩者有顯著差異；台灣先天的海國條件下的國家體制應該是自由、開放與進取的，但現有的國家卻在精神上、意識上加以否定。他特別強調，台灣數十年來地方意識的高昂是自然的事情，「落葉歸根有利於目前政權的穩定」，「更無須惶惑」。1980年代上半葉之後，支持台灣獨立的歷史學者提倡的台灣史觀，大致上沒有超越鄭欽仁上述文章的論點。「建立台灣主體性歷史觀」或「重建台灣歷史主體性」，成為他們流行的關鍵用語。1995年2月「台灣歷史學會」成立，李永熾擔任首任會長。

　　1980年代中期之後，嘗試重塑台灣人集體記憶的各種努力中，最令人矚目的莫過於挖掘1947年二二八事件的歷史真相，以及探索平埔族原住民的歷史。首先，1980年代中期之後政治反對運動人士與歷史學者挖掘二二八事件的真相，延續了黨外在1980年代前半葉的作為，亦即致力於將台灣的過去闡述為殖民與反殖民、受難與抵抗的歷史。雖然黨外政論雜誌曾經努力挖掘事件真相，但一直要到1987年2月「二二八和平日促進會」成立之後才破除歷史禁忌，使這個事件得以成為公共議題。在曾任《台灣文藝》社長的陳永興帶領下，這個組織集合了許多民進黨領導人物與支持者，包括《笠》、《台灣文藝》、《文學界》、《台灣新文化》、台灣筆會等文學或文化團體，並且發動一連串群眾集會與街頭遊行，要求國民黨政府公布事件真相，替國民黨軍隊大屠殺下的受難者平反冤屈、恢復名譽。黨外人士在1980年代上半葉所發展出來對台灣史的全面闡述，被用來解釋戰後國民黨統治下的台灣，而追究二二八事件的真相，使得台灣人「受難與抵抗」的象徵與修辭更加發展。

　　再者，1980年代中期以前，極少人重視平埔族歷史，戰後人類

學家對台灣原住民的研究也偏重山地原住民。一直要到1980年代中期以後，平埔族的歷史才引起廣泛注意。此後平埔族的歷史與文化，在學院專業的與民間業餘的歷史學者、民俗學家、和人類學家等之間，成為流行的研究題材。這又影響了台灣的族群意識，使愈來愈多的福佬人和客家人開始尋根，發現自己有著平埔族的血統，宣稱自己是平埔族。不少被認為屬於平埔族部落傳統的祭祀儀式和慶典活動開始出現，其中有重新舉辦的，也有可能包括許多創新成分的。許多平埔族的領導人物，也著手書寫自己部落的歷史。他們同時也向政府要求，自己的族人應該與山地原住民一樣擁有相同的權利，例如擁有特定的保留區。1991年7月，搶救平埔族凱達格蘭人「十三行文化遺址」的運動訴求，特別是「去中國化」、多元文化的傾向，以及「由下而上的歷史」的理念，正是台灣史觀的典型縮影，也具現了台灣史觀漸增的影響力。隨著1980年代末社會大眾普遍接受「四大族群」、命運共同體、族群平等與多元文化主義等理念，平埔族歷史的重新發現有了新的意義。它不只用來挑戰中國民族主義立場、質疑從中國角度詮釋台灣史的方式，同時更有助於一個新的台灣人認同的形成。愈來愈多人認為自己是平埔族，這種現象促進歷史意識的本土化，促使人們將台灣當做有別於中國的命運共同體。挖掘消失部落的歷史，認同它們，有利於人們將台灣想像為一個多元族群、多元文化的國族，亦即「大家都是台灣人」(1990年代開始，國民黨與民進黨都經常運用這個口號)，雖然分屬不同族群，但都團結凝聚在一個國族的架構之下。

## 歷史的復現？

以本省籍人士為主的政治反對運動，歷經黨外時期到成立民進

黨之後的三十年左右對國民黨統治的挑戰，終於在2000年由陳水扁、呂秀蓮當選為總統、副總統，使掌握政權超過半世紀的國民黨成為在野黨，也使戰後台灣出現第一次的政黨輪替執政。歷經民進黨陳、呂兩個任期八年的主政，2008年由馬英九、蕭萬長贏得總統、副總統選舉，國民黨重新取得政權，此後的文化教育政策開始改變，試圖扭轉民進黨主政時期的方向。其中最引人注目的，莫過於高中國文與歷史兩科的課程綱要修訂。2008年9月，亦即馬英九就任總統的四個月後，教育部宣布高中國文科課程綱要未來修訂原則為「酌增節數，增加學生修習文化經典教材」、「教材配置酌增文言文比例」。2010年9月，教育部宣布高中國文科的文言文範文比率，將從原來的45%，提高到45%至65%（從2012年秋季的學年開始實施）。2011年5月，高中歷史課程綱要定案，雖然教育部不得已將原來上溯台灣史到三國時代的規劃改列為「探討台澎早期歷史的文獻紀錄」，但將原來授課比重的台灣史一學期、中國史一學期、世界史二學期，改為台灣史一學期、中國史1.5學期，世界史1.5學期，增加中國史的份量（從2012年秋季學年的高一學生開始實施）。2011年3月，馬英九總統兼任名譽會長的「國家文化總會」，改名為「中華文化總會」。2011年6月教育部將以儒家「四書」為主的「中華文化基本教材」列為高中必選課程。2011年9月馬英九提倡「讀經」。

　　從2008年夏天開始，上述的變化經常引起支持台灣民族主義的「本土派」人士的批判與抗議。包括台灣社、台灣北社、中社、南社、東社、客社、青社、台灣教師聯盟、台灣教授協會、教育台灣化聯盟、公投護台灣聯盟、搶救台灣行動聯盟、台灣國家聯盟、台灣獨立建國聯盟、台灣母語會等，加上民進黨及其立法委員，經常發表聲明、召開記者會、或到教育部公開抗議，批判國民黨執政者企圖走回頭路，將教育再度「中國化」、「去台灣化」。2011年底，

上述團體等也聯合抨擊教育部取消推行多年的國中小學等「台灣母語日」的訪視與補助經費、將負有推動台灣母語任務的國語推行委員會的層級降低、削減補助台灣母語教學的經費等。

　　國民黨重新執政之後，上述在教育、文化、歷史、語言等方面引起的爭論，以及台灣民族主義支持者不斷的批判抗議，許多場景非常類似1980、1990年代台灣文化主體性理念高張、台灣民族主義者挑戰國民黨的情境，彷彿又讓台灣回到那個時期。2008年夏以來的現象，見證了台灣民族主義自1980年代以來的重大影響，也顯示國族認同與相關的文化趨向導致台灣社會明顯的分歧。當然，最近幾年與1980、1990年代的一個明顯不同是：兩岸愈來愈密切的交往，使得中華人民共和國這個因素，對於台灣內部的政治與文化紛爭的影響，要比1980、1990年代更大、更直接。對關注台灣文化主體性的台灣民族主義者來說，馬英九領導的國民黨政府在文化上的作為，不再是與中華人民共和國相爭，反而是互相唱和。台灣社社長吳樹民所言，可以說直接了當地歸納了這樣的強烈批判：「國民黨的教育政策，滅亡台灣史、滅亡台灣文學、滅亡台灣語言，正好確證其滅亡台灣，併入中國的本質」[26]。中國因素對台灣社會的影響增強，使我們更有必要了解台灣民族主義的文化政治。

　　捷克歷史學家 Miroslav Hroch 研究中歐、東歐受宰制的弱小族群演變成民族的過程，他提出的創見，影響廣泛。Hroch指出，一個民族主義運動常見的三個基本發展階段是：從(一)知識分子致力挖掘、闡述、宣揚潛在的民族語言、文化、歷史特質，到(二)許多活躍分子的小團體具有組織性的政治行動、致力於喚醒人們的民族意識，然後又發展到(三)較具規模的群眾動員與運動。不過Hroch

---

26　《自由時報》，2009年10月16日，「自由廣場」版。

也強調，民族建構的歷程並非預先注定或無法逆轉，它可能被中斷，
或者在沉寂一段時間之後又重新出現，而且三個階段中的每個階段
的發展強度和時間長短，都依個案而相當不同[27]。同時也如英國學
者John Breuilly曾經指出的，「民族主義信條與民族主義政治，經
常出現於那些大多數民眾沒有任何強烈或獨特的民族認同的社會與
地區」。反之我們也能找到一些例子，「在那些地方即便擁有普遍
共享的民族情操，但卻未與民族主義信條的充分發展，或與重要的
民族主義政治運動的出現有所關連」[28]。人類歷史的進展充滿機遇，
矛盾可能並存，明暗往往糾纏而悲喜難測。中國的重大影響，以及
國際強權之間關係的牽扯，使台灣的一切更複雜。這個東亞的大島
仍然在歷史的苦海怒濤中航行，未知下錨何處、定泊何方。

　　蕭阿勤，中央研究院社會學研究所研究員。著有*Contemporary
Taiwanese Cultural Nationalism*（2000）、《回歸現實：台灣1970年代
的戰後世代與文化政治變遷》（2010），即將出版《重構台灣：當代
民族主義的文化政治》（2012）。目前正研究台灣1960年代「中國現
代化」的社會科學研究與國族敘事、文化創傷、世代及省籍的關係。

---

27　Miroslav Hroch, *Social Preconditions of National Revival in Europe: A
　　Comparative Analysis of the Social Composition of Patriotic Groups
　　among the Smaller European Nations*, translated by Ben Fowkes
　　(London: Cambridge University Press, 1985), p. 178; Miroslav Hroch,
　　"From National Movement to the Fully-formed Nation: The Nation-
　　building Process in Europe,"(1993) in *Mapping the Nation*, edited by
　　Gopal Balakrishnan(London: Verso, 1996), p. 79, 81.
28　John Breuilly, "Approaches to Nationalism,"(1994) in *Mapping the
　　Nation*, edited by Gopal Balakrishnan(London: Verso, 1996), pp.
　　147-148.

# 播種與茁壯：
## 回顧1980年代台灣婦運

李元貞

## 一、前言：1970年代的刺激

二戰後的台灣婦運，可以1970年代呂秀蓮的新女性運動為「拓荒期」、1980年代婦女新知等新興婦女團體的萌芽為「播種期」、1990年代後的多元性別運動為「開花結果期」。但要談1980年代台灣婦運，就必須交代1970年代影響我個人投入婦運的事情。記得1971年10月，中華民國退出聯合國之後，國民黨政府的威權受到挑戰，當紅的《大學雜誌》刊出一篇許信良等人[1]所寫的〈台灣社會力分析〉，對當時剛入大學做講師的我影響不小。其文對舊式地主、農民及其子弟、知識青年、財閥、企業幹部及中小企業者、勞工、工務員等階層做了分析，並指出台灣社會已潛藏著實現現代化和民主政治的力量。另外1973年4月，晨鐘出版社出版歐陽子等人翻譯的西蒙・波娃《第二性》，後來我才知道她們只翻譯了第二卷，第一卷

---

1 　《大學雜誌》1968創刊，1970改組，71年刊出〈台灣社會力分析〉有4位作者，除許信良外，還有張景涵（張俊宏）、張紹文、包青天（包奕洪）。

的理論部份[2]沒有譯出，但此書已經明白寫出女性做為社會第二性的
精神桎梏，給我當頭棒喝。不久，我的婚姻出了問題。我在1973年
底離婚後，1974年9月至美國進修戲劇，更多地接觸了美國婦運的資
訊，發現並非特殊女人(我想做藝術家)才不適合婚姻；原來父權制
的婚姻，其桎梏女人是普遍的婦女問題。因此在我1976年9月返台之
後，除在淡江中文系繼續任教外，我一方面為蘇慶黎做總編輯的《夏
潮》寫稿和做義工，另方面參加呂秀蓮的「新女性運動」，覺得台
灣的民主化和兩性平權都是我要追求的目標。記得1978年還常去陳
鼓應及陳婉真在台北市新生南路台大附近的立委、國大競選辦公
室，購買了一件背後寫著「民主大家來」的休閒外套，也去支援呂
秀蓮的桃園國大選舉活動。那時，黨外的選舉聲勢頗大，到處看見
一張握緊拳頭的人權傳單，但因為12月底美國與中共政府建交、與
中華民國政府斷交，蔣經國總統宣布停止選舉受挫；不過這股受挫
的新生代黨外力量，不久藉出版《美麗島》雜誌而壯大，並時時要
求舉行民主選舉，終於導致1979年12月初的高雄美麗島政治事件，
當局抓了許多人，呂秀蓮入獄，連我也被調查員約談，整個社會充
滿了肅殺、壓迫、苦悶的氣息。

## 二、婦女新知雜誌誕生

　　然而黨外的政論雜誌繼續出刊，《亞洲人》、《暖流》、《縱
橫》、《政治家》、《前進》、《自由時代》等等，警總查禁了一
本，甚至到印刷廠扣押、搗毀，不久另一本又以新名稱面世，印刷

---

2　1999年10月，陶鐵柱譯，貓頭鷹出版社出版的西蒙・波娃《第二性》
　　是完整版。

廠也換來換去，黨外新生代不厭地與警總捉迷藏。暫停的中央民代增額選舉，在海內外不息的壓力下，終於在1980年底舉行，美麗島政治受難家屬幾乎全部當選，周清玉、許榮淑、方素敏代夫出征成功，安慰了黨外重傷的人心。黨外新生代這股不死的決心大大地鼓勵我，讓我潛藏心底的憤怒找到出口，面對這股台灣政治社會渴盼轉型的洪流，我體悟婦運也必須繼續下去。我發起「婦女聯誼會」，與吳嘉麗、薄慶容、簡扶育，李豐、鄭至慧、曹愛蘭、李素秋、黃毓秀、黃瓊華、莊素雅等人每月聚會討論婦女問題，商量有沒有人願意出來做婦運。幾次之後，我知道自己必須學習黨外來編雜誌發言做婦運。因為我從來沒編過雜誌，便去參觀殷允芃剛創辦的《天下》雜誌[3]，發現《天下》雜誌社在台塑大樓的一角，辦公室很大，光是攝影師就有三、四位，還有廣告部門，我看了只得死心。後來認識編小開本(25開)《心靈》雜誌[4]的王溢嘉，他告訴我都是他一個人在編寫，太太嚴曼麗幫忙編輯設計，一個月兩萬塊左右就夠出刊了。我算了一下我剛升副教授(淡江文理學院也剛改制大學)的薪水，每月3-4萬元，加上一點積蓄，再向朋友們募捐，應該可以試試。於是湊足戶頭30萬元，拜薄慶容先生柴松林的幫忙，向台北市新聞處申請雜誌(月刊)許可。許可很快就下來，社委們慷慨地每人每月捐助一千元，大家商量以「婦女新知」為雜誌名稱，未掛名社委的曹愛蘭，請她的堂兄曹昌明用毛筆寫出好看的樣字，並選了一張鳥巢裡有一顆蛋的圖片做封面，25開本、頁數不過30-50頁的小雜誌，就在1982年2月創刊了。社委李素秋向民生社區三一教會免費借了

---

3　《天下》雜誌(月刊)，1981年6月創刊，當時被稱為台灣最優良的財經雜誌。

4　《心靈》雜誌(月刊)，1981年7月創刊，1987年11月停刊。

一間小房間給我辦公，我可以用他們的電話及在小房間放雜誌。記
得顧燕翎曾經勸我不要辦雜誌，因爲當時政府對出版品的管制甚
嚴，所以流行一句話：「想要害誰就勸他辦雜誌」。加上我原來的
人生志趣是文學及藝術創作，她認爲我不如以寫作來傳達「女性意
識」較好。但是當我決定辦雜誌以後，燕翎雖沒掛名社委，捐款和
寫文章總是有求必應。黃毓秀除了捐款及支援文章外，知道我要找
尋女律師以充實雜誌社內容，她透過律師出身的先生周弘憲將尤美
女介紹給我。在《婦女新知》雜誌的第三期，尤美女便討論法律與
婦女的關係，往後更開了與婦女相關的「法律專欄」，檢視法律裡
的婦女問題。

　　簡扶育一開始就是《婦女新知》雜誌社的社委兼雜誌攝影師，
第二期《新知》的封面就是她的「女子登山」照片，象徵著婦運的
艱辛與理想。她在往後的雜誌中，還開闢「婦女生活攝影」及「攝
影與詩」的專欄。稍後掛名社委的鄭至慧不久當上《婦女》雜誌的
主編，百忙中抽空爲《新知》從第二期起開闢「婦女新聞」這個專
欄，讓《新知》一直沿用了25年。其夫台大數學系教授兼橄欖球校
隊隊員張海潮，還用筆名在《新知》寫文章，以男性立場砥礪婦運。
李豐醫師除供應稿源外，更介紹了不少女醫師訂閱《婦女新知》雜
誌，如林和惠及孫啓璟醫師都慷慨解囊。孫啓璟、吳嘉麗與稍後加
入的徐慎恕也在《新知》上提供「生活小常識」，推銷訂戶不在話
下。「佳姿韻律世界」的分店老闆林邊，從第二期起就每期登廣告
支援《新知》，一直支援至25開本的《新知》在兩年四個月後停刊
爲止。在《新知》出刊三期後，沒想到《新知》竟飄洋過海到了成
令方的手中，她以一個讀者的身分寫信給我，除了鼓勵外還捐款及
供稿，自《新知》第六期開始，就常常看見令方的「海外婦女報導」，
給我極大的溫暖。此外，她又介紹郭美瑾、王瑞香給《新知》，兩

人不用說都捐款及為《新知》寫稿，同時她們三人都提供不少《新知》應改進的意見。記得令方曾託在中研院三民主義研究所的錢永祥到三一教會的小房間看我，帶來捐款及令方的關切。錢永祥後來與黃道琳（王瑞香的前夫）邀請我到三民所談婦運來抬舉《新知》。這些姊妹們及其男性親人和友人的熱情，使我在面對社會的冷嘲熱諷時，有足夠的力量對付。

本來大家實行輪流編輯，第三期後就取消了，因為沒有固定負責人會脫期，我既然掛名發行人，還是由我來負責。由於我要上課無法投入全部時間，淡大中文系的學生李燕芳就義務支援我。《新知》前半年的美編都是在美編自己家裡做，我與美編常約在咖啡室看藍圖。不久，我們從三一教會的小房間搬到羅斯福路三段的一家朋友介紹的漫畫社，分租一間較大之房。從這時候起，《新知》美編可以在這間辦公室裡做，其慘澹經營可以想見。半年後我與漫畫社社長不和，就跟鄭至慧介紹的、也是婦女雜誌編輯林秀英合租基隆路二段12樓的一間公寓，公寓的客廳當做雜誌社，兩間房由林秀英及其男友石天威居住。記得在舉辦第二年「8338婦女週」的大活動時，華視「今天」節目記者來雜誌社訪問我，看見簡陋的公寓客廳就是雜誌社的辦公室，嚇得那位女記者花容失色，我也很尷尬，但只能強裝無所謂地接受採訪。一年後又與李燕芳姊妹一起將雜誌社搬到共租的通化街二樓，這期間有朋友提供光復南路一棟大廈的地下室免費使用，然而地下室雖大卻沒有窗戶，根本不行。讓我深悟，我決定辦雜誌而資金不足，實在太大膽了。好在經由社委黃瓊華與文大教授游麗嘉的牽線，我認識了當時美國亞洲協會（現稱亞洲基金會）駐台的代表謝孝同及其秘書王世榕，他們非常關心台灣政治、社會的發展，對女權運動很支持。沒想到我與亞協駐台代表謝孝同相談甚歡，竟可以《婦女新知》這麼小的雜誌，向亞協申請主

辦第二年婦女節「8338婦女週」的大活動，申請到的經費是一萬美金(40萬元台幣)，對當時《新知》而言真是一筆巨款！因為有亞洲協會做後盾，也說動了《中國時報》生活版與我們在師大合辦演講及宣傳；目前寫旅遊、美食的專欄名家韓良露也幫忙策劃主持「女性電影」，借到電影圖書館放映並討論。記得我去各單位洽談時，說明這是亞協補助的計劃就頗具份量，好似我的身分地位也因此抬高不少。其實，我對自己的社會不關心婦女問題有些氣悶，對我非要拉著老美(亞協)才能說服社會的情況也頗為失望，然而現實也只能如此做下去。

## 三、8338婦女週

　　利用第二年的三八婦女節，《新知》開始緊鑼密鼓地籌辦「8338」婦女週。活動從3月5日-10日七天，每天從早上十點到晚上九點，包括展覽、文藝活動、座談、演講及女性電影。前三項在主要會場即台北市復興南路的文苑，演講在師大綜合大樓，而女性電影分多場在電影圖書館放映。展覽有七項：家庭計劃圖片及婦科診療室展(林永豐、陳文龍醫師是顧問)，有各種避孕器具的展出，相當吸引婦女的目光；台灣婦女雜誌大展(1982-1983年1、2月雜誌)，在大本的彩色的美女封面雜誌前，《婦女新知》雜誌實在不起眼，只能說她是一顆女性意識的種子；還有簡扶育、許大雯的婦女生活攝影展及向中國女權運動者致敬等展覽。演講以李豐、李昂、林菊枝律師的聽眾較多，座談會以徐慎恕主持的「創造性的主婦生活」最多婦女參加，我與柏楊對談「男女如何互相學習」也吸引很多人，觀眾多半衝著柏楊而來。記得不少姊妹擔心我會講不過鼎鼎大名的作家柏楊，我安慰大家說，柏楊雖在某些方面擁有知識，但在兩性方面的

新知絕對比不過我，對談之後大家不只放心還很興奮，因為柏楊口
才雖好，兩性觀念平平，被我挑戰之處甚多。其實不只柏楊，當時
一些進步的男作家如陳映真都不以女性觀念落伍為恥的，我也在《新
知》第七期批評過李敖的「大男人主義」，我還特別將這本小雜誌
寄給他，自稱大師的李敖卻完全不予理會。韓良露主持講評的三部
女性電影：《兄弟姊妹》（性政治的呈現）、《失聲呼叫》（女性被
強暴的問題）、《後勤女工》（二次大戰時美國女性加入各類工廠，
戰爭結束又後被解雇，帶出種族及性別歧視等問題），這三部租來的
金馬獎外片，不只內容有女性的視角，也同時檢討電影形式的掌握
與欺瞞問題。此時《新知》文章比較強調「女性意識」，但韓良露
從電影的講評中卻帶出「女性主義」[5]這個1990年代後開始在台灣社
會流行起來的名詞。

　　《新知》雖然是不起眼的小雜誌，由於我也支持黨外的民主運
動，與當時自立晚報社的許多人認識，《自立晚報》副刊主編向陽
對我辦雜誌及「8338」婦女週活動很支持。自晚在這年的婦女節前
一天及當天都製作女性專輯，3月7日由應鳳凰、鐘麗慧策劃在自立
副刊三月號的「出版月報」報導了「出版界的十位傑出女性」：林
海音、姚宜瑛、吳美雲、殷允芃、鄭淑敏、李元貞、柯元馨、李王
秋香、嚴友梅、孫小英，且有照片登載。將我以「婦女新知月刊發
行人」的身分介紹出來，竟可以與幾位國內女性大出版家一起現身，
讓我既興奮又慚愧。3月8日自晚的11版以「女性們請站出來」為標
題，藉婦女節介紹三位成功的現代女性：文建會第三處處長申學庸、

---

5　後來《新知》義工在翻譯德國愛麗絲・史瓦茲（Alice Schwarzer）著，
　　1986年8月婦女新知雜誌社出版的《拒絕做第二性的女人：西蒙・
　　波娃訪問錄》一書，其中第一章的命名為〈我是一個女性主義者〉，
　　也助長此名詞的流傳。

實踐家專校長林澄枝、婦女新知發行人李元貞。申學庸的主張是「先齊家，再談其他」、林澄枝的主張是「工作時，忘記自己是女性」、我的主張是「自覺，走出傳統」，也有照片登載。有趣的是其他兩位的採訪記者掛本名，分別是楊淑慧、張慧英，我的採訪記者只掛筆名「悒攸」。中國時報答應與《新知》合作宣傳婦女週，展覽的報導不錯，《新知》辦公室電話響個不停，使《新知》月刊當年的訂戶達到800多名，這似乎是《新知》雜誌訂戶最多的一次。以後《新知》再怎麼努力，都只能保持500-600個訂戶左右，媒體的力量由此可見。《時報雜誌》發行人鄭淑敏說話算話，婦女節當期雜誌刊出楊美惠與我做封面人物，對台灣婦運做了傳承的介紹，我這才得知楊美惠曾與歐陽子合譯波娃的《第二性》，她又出過《婦女問題新論》一書，對我做婦運的思想啓發不少，往後更寫信鼓勵《新知》，我十分感謝。在報紙只能出三大張的時代，這些報導，加上《時報雜誌》的宣傳，讓我個人一時比《新知》還出名，對推展婦運確實有些幫助。

在8338婦女週活動中，不少婦女留下姓名、地址，5月我們開始組織「讀者聯誼會」，每月一次，由會員決定講題，也由會員輪流主講，家庭主婦參與者甚多，徐慎恕、林美絢、暢曉雁、余善如是骨幹，後來賴玉枝亦積極加入，「讀者聯誼會」也成爲《新知》社內的進修活動，大家討論越多，感覺婦女問題的解決越迫切。慎恕在第二年的16期起開始做《新知》雜誌的編輯工作，林美絢也接下讀者聯誼會的主持工作，曉雁經常來《新知》做剪報、整理資料，必要時寫書評支援《新知》，賴玉枝也寫親子文章在《新知》發表。《新知》16期的封面人物是李素秋，討論的專題：「社會變遷中的主婦角色」，《新知》內文不但肯定家庭主婦的家務勞動，而且說明家庭主婦角色的複雜性：妻子、母親、女傭的三結合，其「無酬」

的生產性與服務性卻被父權社會以「愛」之名遮蔽。再經過《新知》1985的「家庭主婦年」的婦女節活動，呼籲「家庭主婦再發展」，埋下徐慎恕1986創辦「新環境主婦聯盟基金會」的種子。同時，參與8338婦女週主持「互助的力量──離婚婦女聯誼會」座談的林蕙瑛教授，往後與許多離婚婦女聚會，在1985成立「拉一把協會」，是1988施寄青正式成立「晚情協會」的前身。同時亞協駐台代表謝孝同介紹姜蘭虹與我及燕翎認識，姜蘭虹也參加了8338婦女週活動，我們一起說動亞協支持成立婦女研究資料中心，希望婦女研究能成為婦運的後盾。1985《新知》積極幫助姜蘭虹召開「婦女在國家發展過程中的角色」研討會，在亞協的資助下姜蘭虹成立「台大婦女研究室」[6]。可以說8338婦女週最大的影響是召喚了不少婦女關心自己切身的問題，產生積極組織新社團的興趣。

## 四、新興婦女團體的成立

記得柴松林教授對我說過，辦一本雜誌若撐過兩年就可以過關，然而經過社委、我妹妹、我的學生、讀者聯誼會的義工、亞洲協會、海外的楊美惠、姚李恕信、張系國（願意接受小雜誌的採訪）等義助，牢裡呂秀蓮的關切、國內的名專欄作家薇薇夫人及開明男性的支持，1984年「婦女性騷擾問題問卷調查」發表後媒體的熱烈報導，《新知》在1984年6月仍面臨斷炊的危機。我憑著一股熱情，聚合婦女們共同做事，兩年來始發現婦女們的經濟條件有限，又缺乏分工組合的經驗，如今面臨考驗，大家必須開會檢討。我們開了

---

6　繼台大婦女研究室，1989清大成立兩性與社會研究室，兩者後來都更名為台大性別研究室及清大性別與社會研究室。

三次會，因為雜誌社若三個月未出刊就會被撤銷登記，所以最後決定在《新知》目前經濟能力許可下，每月以報紙型出刊，免費並擴大贈閱讀者以凝聚士氣，再想辦法蓄積更多的經濟力，暫時解決了《新知》被解散的命運。在小本《新知》停刊三個月後，10月《新知》便以一張報紙出刊，我以社論「重新開花，繼續結果」勉勵大家，不死心地繼續發聲及召喚婦女們加入《新知》。報紙型第二期（總期數算來是第30期）就改為正確的半張報紙大小出刊，每月出刊至1986年3月，維持了一年五個月。記得在1985年姜蘭虹在台大召開「婦女在國家發展過程中的角色」研討會中，最後在「台灣婦女地位與角色的回顧與展望」這組的討論中，廖榮利、鄭為元的論文〈蛻變中的台灣婦女——軌跡與前瞻〉[7]提出一份調查報告，說明在540份的應答資料中顯示，有60%的婦女不認為未來10年間需要新的「婦女運動」，小學教師與女警反對最為強烈，達79-80%。記得我當場挺身質疑這份調查報告，指出他們沒有將父權社會打壓婦運的因素說明清楚，況且大多數婦女並不知道婦運是爭取她們的切身利益，正統的學校教育又不教婦運的歷史，媒體污名化婦運是女人與男人對立，這份調查報告應是這種社會結構下的產物，本身是扭曲的、反婦女的。可是，我的發言只得到兩位教授以學術之名（做了問卷調查）而辯解其實。難怪當時台大心理系教授楊國樞也質疑「台灣有沒有婦女問題」？「婦女問題是否只是一小撮女人的心理問題」？

　　然而我們並不氣餒，1986年4月鄭至慧主編《新知》（改成菊8開大本，頁數仍薄）之後，王瑞香以筆名「安小石」、「沙凡」為《新知》執筆，沙凡的「女人的感觸」專欄令讀者非常喜愛。檢閱一下

---

7　見《婦女在國家發展過程中的角色研討會論文集》下冊，頁631-654（1985國立台灣大學人口研究中心）。

《新知》改版從47期-56期共10期的封面，取材自「國際性女性刊物
*Isis*」、「戴榮才1983年作品——畫家筆下的女人」、「美國婦女研
究刊物*Signs*——婦女成就海報」、「女性藝術家 Sudie Rakusin 1985
年作品——蘭花頌」、「史蒂芬‧史匹柏執導的電影《紫色姊妹花》
女主角西莉」、「女攝影家 Marcelina Martin作品——靈視」、「美
國女性藝術家 Patricia Dryden作品——舞者」、「德國女性主義畫
家 Gretel Hass-garber 1978年作品——廚房」、「女性主義畫家 Dorothy
Dobbyn作品——許多個月以前」，每期都撼動人心，讓《新知》的
讀者視野大開，原來女人的姿容如此活躍生動，尤其第50期「美國
婦女研究刊物 *Signs*——婦女成就海報」，將工廠女工、不同時期的
女性肖像、中、美、英的作家、畫家、革命家、女權運動者等的面
貌，生氣勃勃地匯聚一起，讓讀者十足地感受到婦女集體又多元的
生命力，完全不同於一般電視廣告、街頭海報被物化、性化的單調
的女性角色。就是因為這些封面展現了女人的多樣性及美感，加上
《新知》對世界及國內婦女動態的報導，至慧、慶容、毓秀及我的
分析文章的深入，《新知》開始站穩腳步、吸引大學女生。加上與
已逝世的存在主義思想家沙特一起享譽全球的女性主義思想家西
蒙‧波娃在1986年4月14日過世，《中時》人間副刊向我邀稿介紹她，
也助長了婦運的聲勢。我綜合一些資料[8]，在人間副刊寫了一篇短文
紀念波娃，我特別說明其名著《第二性》，將女性做為社會「第二
性」的觀點，是指「次等族類」，亦即不只是社會階級的「第二性」，
因為階級有時會跟著社會變遷而改變，「次等族類」的女人，因帶

---

8　這些資料可參考德國愛麗絲‧史瓦茲（Alice Schwarzer）著，《拒絕
　　做第二性的女人：西蒙‧波娃娃訪問錄》一書，譯者：顧燕翎、梁
　　雙蓮、黃麗芬、林素英、王瑞香、劉秀芳、唐齊利，編輯：鄭至慧。

著天生的烙印，不易跟著社會變遷而改變，她與種族的烙印類似，鬥爭更為長期又艱辛。

　　另外，徐慎恕在《新知》與女青年會1985年3月推出家庭主婦年活動後，《新知》開始組織家庭主婦讀書會。慎恕又於1986年8月出任由柴松林領導的《新環境》雜誌社的執行秘書，召集一群志同道合的主婦，包括《新知》的家庭主婦成員，她們積極地推出不少活動。記得1987年這群身著黃色綠圖小背心的娘子軍，在麥當勞站崗高喊：「拒吃高價漢堡！」、到台大醫院勸導：「請勿製造二手煙！」、在青年公園示範：「垃圾分類好處多！」、與《新知》聯手去國父紀念館抗議：「爭取婦女工作權！」，讓台灣社會對家庭主婦參與社會的角色耳目一新。後來陳來紅也投入主婦聯盟，組織工作做得更好，在1989年改組完成獨立的「主婦聯盟基金會」，陳秀惠為董事長、陳來紅為秘書長，一直是改革台灣社會的一股婦女力量，深受社會各界的贊揚。同年5月以結合婦女力量、促進社會進步為宗旨的「進步婦女聯盟」成立，曹愛蘭、蔡明華、袁嬿嬿為主要成員，她們致力於台灣的民主運動、在推動國會改革（萬年立委退職）上可圈可點，後來在民進黨內部組成婦女發展委員會，以補民進黨對婦女人權的不足。至於晚晴協會的前身「拉一把」協會，1986年「拉一把」協會的會長為劉甜英，她在1987年10月說服她的婆婆，將一棟與台北市北門郵局相鄰的五層樓閒置的舊磚房的三樓低價租給《新知》，《新知》再將其中一間免費給晚晴做籌備處，後來晚晴租下4樓、婦女救援會租下5樓，成為1988-92年的婦運中心大樓[9]。

---

9　參考鄭美里，〈陋巷曙光：《婦女新知》博愛路辦公室舊址〉，見
　　范情等著，簡扶育總編，《女人屐痕第13章》（台北文化總會、女
　　書文化共同出版，2006）。

晴晴在1988年6月5日舉行的成立大會，施寄青取李商隱〈晚晴〉詩：
「天意憐幽草，人間重晚晴」的命名，的確比「拉一把」要寓意深
遠，切中離婚婦女追求中、老年幸福的渴望。因爲施寄青善於演講、
宣傳，「離婚教主」的名號日漸響亮，使晚晴會務蒸蒸日上，後來
便租下4樓，4樓就成爲眾多離婚婦女晚上聚會之處。尤其星期一晚
上的「談心會」，最受婦女們歡迎，離婚的婦女們在「同色羽毛」
的安全感認同下，完全拋開顧忌，盡情地吐苦水。有趣的是，吐來
吐去便發現自己的遭遇並非唯一，也不是最慘，在姊妹們的七嘴八
舌中不但找到溫暖，更找到改革社會的力量，當今台灣婦運的成就
之一：「民法親屬篇的修正」，晚晴姊妹們是最有力量的推手。

## 四、三個抗議活動

　　自1984年5月立院開始審議行政院衛生署提出的「優生保健
法」，國民黨保守派立委一直在媒體上發言，要撤除第9條第1項第6
款的「因強姦、誘姦或依法不得結婚者相姦而受孕者」及「因懷孕
或生產，將影響其心理健康或家庭生活者」的條文，尤其是「因懷
孕或生產，將影響其心理健康或家庭生活者」。老立委們認爲此條
會造成性氾濫，完全不理會女人成爲「性囚犯」的不公平，更別談
婦女的「子宮自主權」了。《新知》於是發動七個婦女團體，154
名婦女聯合簽署的意見書呈遞立法院，也召集二十多位婦女於6月20
日到立法院旁聽，與當時的天主教會團體溫和地對峙。結果不出所
料，因大多數婦產科醫生贊同及行政院長蔣經國爲降低當時人口的
出生率(千分之3.46)而讓此條通過了。這雖然是台灣戰後第一次婦
女們自主地上立法院旁聽、爲自己爭取權益的行動，但《新知》當
時並沒有能力爲婦女的身體自主權發聲，優生保健法的父權條款仍

桎梏著女人[10]。接著，1985年11月，由於台灣基督教長老教會主持亞太地區的「亞洲教會婦女大會」（ACWC），當年的主題是「觀光與賣春」，長老教會就在9月先開了一場娼妓座談會，我應邀參加，主張將1980年7月崇她社為關心廣慈博愛院雛妓問題所開的座談會結論，即成立「中途之家」或「女子技藝學校」，來代替沒有效果的廣慈博愛院只輔導雛妓3-6個月就放出去的做法，讓院內的雛妓90%地走回從娼的老路。長老教會婦女事工委員會主委廖碧英為了大會議題「觀光與賣春」，特別去華西街做過娼妓問題的調查研究，發現雛妓市場氾濫，山地少女又占雛妓市場的40-60%。在婦女大會開完之後，長老教會就成立「彩虹專案」，做預防山地少女來北謀職落入火坑的服務工作。「彩虹專案」剛成立就時時接到火坑少女求救的案例，人口販子冒著非法的危險，利用複雜的掩護而侵害山地少女。我與廖碧英也曾在1984年3月去中國人權協會談雛妓問題，報紙披露後，台北市長許水德表示要好好來管理娼妓行業，卻沒有任何具體動靜。報章雜誌一向愛報導妓女色情問題，目的只不過在幫助讀者增加每日生活的刺激感而已，並不關心「雛妓販賣問題」[11]。

廖碧英邀請《新知》參加「救援雛妓遊行」，我們與代表台權會的曹愛蘭一起商量，說服了民進黨政治人物如謝長廷和顏錦福等，表明救援雛妓遊行只能突顯婦女議題，且由我們婦女領導。之

---

10　參考顧燕翎，〈婦女運動與公共政策的互動關係：墮胎合法化和平等工作權策略分析〉，見《台灣民主化過程中的國家與社會學術研討會》（台北：清華大學社會人類學研究所、中央研究院、中國社會學社合辦，1992）。及劉仲冬，《女性醫療社會學》（台北：女書文化，1998）。

11　當年救援雛妓運動嚴守販賣少女為娼的主題，不碰成年女性為娼的複雜問題，以免失焦。

後，大家便決定於1987年1月10日下午1點半在台北市龍山寺的大門前集合，展開戰後第一次為婦女議題上街頭的遊行。整個隊伍有三百多人，婦女(包括原住民婦女)走在隊伍前面，婦女新知與彩虹專案前導，台大婦女研究室、台北婦女展業中心、女性雜誌、晚晴婦女知性協會也在文宣上掛名，接著是長老教會的婦女們、然後是原住民、台灣人權團體、天主教團體的男士們。女性雖然排在隊伍前方，整個遊行隊伍仍然男比女多，當隊伍從龍山寺途經廣州街、康定路、和平西路、環河南街、走進寶斗里(華西街)窄狹黑密的綠燈戶巷道時，已經看不見任何站在玻璃門裡的少女們，家家門窗緊閉，原住民團體的男女開始唱起：「山上的姊妹們，你們在哪裡？回到我們山上的故鄉來……」，大家都不禁熱淚盈眶，許多姊妹把呼籲姊妹們逃出火坑的標語貼在門窗上，妹妹元晶一直舉著高高的、寫著婦女新知雜誌社的牌子，下面黏著一張俯跪在地的裸女版畫、裸臀的上方吊下一條鎖鏈，非常醒目。《新知》姊妹們舉著一條橫幅：「妓女應有基本人權！」，我們在小黑巷裡高喊著：「人口販子滾開！」、「反對販賣山地少女！」，我也強忍住眼淚回答記者們的詢問。午後5點多，遊行隊伍到達桂林分局，鎮暴警察的盾牌一字排開，抗議人群的情緒更形激憤，我立刻拿起擴音喇叭，向桂林分局喊話，謝長廷與顏錦福跟在我身後，廖碧英在我右側，記者們在我前面，有人放鞭炮、有人賣力鼓掌。不久分局長劉孝直走出來，在我面前被人群包圍，謝長廷與顏錦福安靜地助長我們的聲勢，劉孝直接受我遞交的聲明書，滿口同意我們的看法，表示一定會轉呈最高警政單位，然而，大家心裡都很清楚，此次遊行救援雛妓的目標必須繼續追蹤才能達成。

對《新知》而言，第一次救援雛妓遊行之後，才逐漸取得社會認同。接著2月21-22日，《民生報》與《中國論壇》舉辦「女性知

識分子與台灣發展」學術研討會，顧燕翎以〈女性意識與婦女運動
的發展〉論文，肯定了婦運(從清末到呂秀蓮)及《新知》和我的努
力，加上此篇論文不只資料豐富、論述清晰，且理論運用得當，對
台灣婦運的發展影響深遠。王瑞香與顧燕翎又在三八婦女節於《中
時》人間副刊製作全版的「婦女節特稿」：「從廚房到街頭：我國
新興婦女團體跨出新里程碑」，介紹了「婦女新知」、「婦女展業
中心」、「婦女研究室」、「彩虹專案」，次日續寫「新環境主婦
聯盟」、「晚晴婦女知性協會」等兩個團體，由於文章的「女性主
體意識」清楚，不會夾沙帶泥地混淆婦運的內容，對婦運的發展完
全正面，且讓讀者們得知台灣社會有一股新的婦女力量出現，從此
《新知》不再被譏諷為「一小撮人」的「婦女問題」，我個人也不
再被冷嘲為因離婚而心理變態才從事婦女運動。由於更多支持者的
投入，我們在1987年11月成立了「婦女新知基金會」，我擔任首任
董事長，也開始建立新知董監事年度募款活動，卸下了個人到處找
錢的辛苦。再加上當年5月及8月，又有三個新的婦女團體成立，一
是5月潘維剛組織現代婦女基金會，成立婦女護衛中心，針對婦女的
強暴問題加以預防救助，日後催生「性侵害防治法」和「家庭暴力
防治法」，對婦女的人身安全的保障有很大的貢獻。另外是以救援
雛妓及對色情行業直接受迫害之女性提供社會及法律協助為宗旨的
「台灣婦女救援協會」在8月成立[12]。由於政府一年來救援雛妓不
力，1988年1月，台灣婦女救援會帶頭「救援雛妓再出擊」。這次活
動，除了婦女、原住民、人權、教會四大團體外，大學社團和職工
團體等生力軍也積極加入，包括台大女研社、環保社、大新社、大
學論壇社和研究所、歷史系學生，以及輔大師生、德籍修女、東吳

---

12 台灣婦女救援協會在1988年又轉型為台北市婦女救援基金會。

大學、文化大學、國立藝專等，已經沒有政治人物參與，完全是社會力量的展現，尤其是台大女研社的參與，對婦運召喚新生代最有影響。此後，新知、台大婦女研究室、主婦聯盟、晚晴、進步婦盟、台北市婦女救援基金會等新興婦女團體在1988年初報禁解除後，在台北市為婦女們的發聲，已經取代傳統國民黨的婦女團體。

再說，中華民國憲法雖然有保障婦女工作權的條文，較具體的勞基法也主張雇主對勞工不得因性別而有差別的待遇，但適用勞基法的女人非常有限，尤其女性占多數的服務業都不在勞基法內，所以在金融機構和許多營業場所的女性員工常常遭到「單身條款」(結婚離職)、「禁孕條款」(懷孕離職)的不公平待遇[13]。1987年8月3日，台北國父紀念館57位女服務員，為爭取自己應有的工作權益，共同聯署一份委任書，委任呂榮海律師要求館方取消約雇女服務員懷孕或年屆30歲必須自動離職的不合理規定。8月4日，呂榮海律師寄出存證信函，請國父紀念館於8月20日前，取消女服務員懷孕及年屆30歲必須解雇的陋規，同時召開記者會，說明國父紀念館的做法違憲及歧視婦女工作權。記者會後，輿論一致支持女服務員，教育部也明示國父紀念館改進，但館方解決意向不明，又對女服務員施加壓力，於是主婦聯盟與《新知》決議8月18日聯合婦女團體去國父紀念館抗議，並舉行「聲援被剝奪婦女工作權」記者會。此次抗議活動，由徐慎恕及曹愛蘭領軍，主婦聯盟盧蕙馨、陳秀惠、《新知》總幹事李燕芳等20餘名婦女拉著布條到國父紀念館抗議，記者會也非常成功，使得教育部公開指示所屬社教機構廢除陋規。但從國父紀念館的回函中發現，教育部並未限期廢止陋規，如果館方拖延太久，

13 參考呂榮海、劉志鵬律師，《她們為何不能結婚——十信結婚、退職金訟案評析》(台北：為理法律事務所，1986)。

在契約未修改前，有些女服務員將面臨被解雇的關頭。呂榮海律師
及慎恕、燕芳、瓊月等人又去教育部向社會司司長周作民請願，8
月25日，國父紀念館修定了約雇契約書，取消懷孕及30歲離職的限
制，但仍保留一年一聘的制度，對女服務員的工作保障仍嫌不足。
同時，高雄市中正文化中心女服務員在南部求救無門，代表15人北
上與國父紀念館女服務員及被國立歷史博物館強迫離職的女服務員
一起，向行政院人事行政局請願，同時召開「爭取合理的工作保障」
記者會，並宣布組織「社教機構女服務員工會」爭取到底，其結果
如國父紀念館員工，修定了約雇契約書，取消懷孕及30歲離職的限
制，但仍保留一年一聘的制度。因此《新知》尤美女律師宣布成立
「男女雇用均等法」法案[14]小組，要透過立法行動徹底的保障台灣
婦女的工作權。接下來1988年3月台大女研社成立、1989年歪角度讀
書會成立，新生代婦運者加入[15]，加上《新知》與其他婦女團體也
繼續茁壯，匯聚成1990年後多元的婦女力量，婦運慢慢走上坦途，
成為台灣社會力之一。

## 五、結論和反思

　　1987年7月15日政府宣布解嚴、1988年1月31日蔣經國總統逝

---

14　此法案是1989年婦女新知基金會送進立法院「男女工作平等法」草
　　案的前身，也是婦運奮鬥了11年才在2000年底立院通過「兩性工
　　作平等法」，後又改為「性別工作平等法」，十多年來耗盡多少婦
　　女的心血。
15　新生代婦運者有台大女研社柏蘭芝、孫瑞穗、李金梅、劉慧君、曾
　　昭媛等及歪角度讀書會成員鄭美里、王蘋、丁乃非、成令方等和回
　　國任教的張小虹。

世，都是1980年代末的台灣大事。前者讓台灣社會力大解放，後者
因李登輝副總統接班順利，讓台灣政治穩定下來。然而1988年可說
是台灣社會力解放非常蓬勃的一年，除婦運外，工運、農運、學運
及反核運動都是新聞焦點，他們與政府的角力都很震撼社會，其中
婦運反而顯得溫和，帶著一般批評的中產階級性格。記得1970年代
末，呂秀蓮的新女性運動就曾被譏諷為「少奶奶運動」，我受批評
的影響，曾與艾琳達（施明德前妻）到新店的德華女子公寓試圖組織
女工，因女工每月只能休假一日、我又非工廠人而失敗。倒是因此
我發現，只有中產女性（教授、醫師、律師、中產家庭主婦）才能貢
獻一點錢和時間來做婦運工作。我還記得，在《新知》尚未參與救
援雛妓遊行之前，1986年5月，香港記者黃碧雲（1990年代後她是知
名的小說家）曾來台灣，也採訪過《新知》社長吳嘉麗，6月2日在《中
報》[16]發表了一篇〈另一種黨外活動：台灣婦女運動必須溫和〉一
文，除了介紹當時台灣婦女的經濟、地位的狀況外，特別介紹了從
呂秀蓮到《新知》的「新女性主義的旗幟」，對《新知》不碰政治
頗有微辭：「既然她們避免與政治掛鉤，只好一方面在等，一方面
攪些『男女溝通』、『離婚輔導』等活動了。」，這個批評有其道
理，我的確在婦運尚未茁壯前小心翼翼。又，在1988年工運正隆之
時，柏蘭芝等女大學生在1988年3月成立「女研社」後，亦為突破婦
運中產階級的局限而投入女子工會的活動中。她們去新竹新埔遠東
紡織集團四大部門之一的製衣廠，費心地幫助黃秋月與吳秀霞組成
台灣第一個女子工會，爭取到女工應有的薪資和生育補助[17]。她們

---

16 《中報》1980年2月27日至1987年3月22日。創辦人傅朝樞，早期總
    編輯為胡菊人。主筆為陸鏗，見香港報業公會網站。
17 見《新女聲》創刊號（台大女研社出版，1988年10月），報紙型學生
    刊物及林美瑢著《基層婦女》（台北：台灣基層婦女勞工中心，1955

在10月出版的刊物《新女聲》的發刊詞中說：「在台灣，呂秀蓮、
李元貞所領導的婦女運動，以溫和理性的面貌對男女意識形態做釐
清的工作，組織了一批在女性意識上有相當自覺的中產階級女性知
識分子，唯其始終無法與廣大勞動婦女產生互動，無能由下而上地
組織出有力的婦運團體。」；「投向不同領域的勞動婦女，結合所
有受父權制度與資本主義雙重壓迫的中下階層女性，是突破婦運困
境的唯一道路。」做為女大學生覺醒的宣言，我對新生代婦運者的
豪氣雖然十分感動，卻也不再動搖《新知》走中產階級婦運的路線
[18]。因為這個有局限的路線比較能夠與中產階級為主的台灣民主運
動對話，又能動搖父權體制的核心：「性別思想」。

　　今年正好是婦女新知30週年，新知已經由我女兒輩的優秀台灣
婦女在發展了。我曾經鼓勵她們，婦運必須一棒一棒地傳下去，永
遠成為社會力的一支，才能與時俱進地解決婦女和性別不平等的問
題。想起當初讀《大學雜誌》刊出〈台灣社會力分析〉一文時，文
中並未提及婦女，讓我有點失望，顯然婦女對社會沒有影響力，只
是個別、零星式的存在。然而現實的婦女生活如網狀般的問題叢生，
如果婦女不集結力量以解決自身的問題，永遠也沒有他人會為你解
決。所以我創辦新知雜誌，又因經濟力不足，從不朝專業雜誌的方
向行走，而是以雜誌社聚合婦女人才為目標，即使成立基金會以後，
仍將新知雜誌當作機關報，走的是社運應走的腳步。以今天婦運已
經百花齊放來看，我以為，1980年代的台灣婦運，尤其是新知，所
提供給後輩的是組織婦女集體力量的成功，是由婦女集體的智慧來

（續）────────────

　　年5月）。
　18　《新知》的組成者為中產階級婦女但常常協助女工發聲，可檢視雜
　　　誌內容和女工事件的新聞報導。

解決婦女問題的成功。再從楊翠《日據時期台灣婦女解放運動》[19]一書提及的1925「彰化婦女共勵會」及1927「諸羅婦女協進會」，她們集結的時期都很短暫，不超過半年。雖然書中有其他解釋，我以為台灣被殖民、民主運動不成功是主因。但1980年代的台灣婦運，新知與其他新興婦女團體一直存活至今，除了婦女們的努力，台灣社會的民主化是最重要的基礎。因此我很憂心專制中國對台灣的威脅，因為不民主的社會，社會力無法獲得充分的解放。不過，1980年代的婦女新知，多在努力站穩自己，還沒有能力像現在可以聯合原住民婦女、移工、移民婦女、女同志及多元性別的弱勢族群等，一起共創台灣新未來。

**本文主要參考資料：**

1. 《婦女新知雜誌》（月刊），25開本，自1982年2月至1984年6月。
2. 報紙型1984年10月至1986年3月。
   （以上皆由婦女新知雜誌社出版）
3. 菊8開本1986年4月至1995年12月。
4. 《婦女新知通訊》自1996年1月迄今。
   （以上皆由婦女新知基金會出版）

李元貞，婦女新知基金會首任董事長，淡江大學中文系榮譽教授。

---

19 楊翠，《日據時期台灣婦女解放運動──以《台灣民報》為分析場域(1920-1932)》（台北：時報文化，1993）。

# 世代，理想，衝撞——1980年代：
## 林世煜先生訪談錄

蕭阿勤

　　林世煜先生，1953年生，台南安平人。朋友之間，習慣叫他Michael。政治大學外交系、政治學研究所畢業。1970年代末，Michael投入台灣的「黨外」政治反對運動，擔任《八十年代》雜誌編輯、《深耕雜誌》總編輯。2004到2007年之間，他每週為《新台灣新聞周刊》撰寫評論專欄。2000年左右以來，Michael與妻子胡慧玲女士面對台灣社會的「轉型正義」問題，致力於重建台灣戰後白色恐怖時代的歷史真相。他與胡女士投入「陳文成博士紀念基金會」的台灣戰後白色恐怖時代口述史的田野調查，以及「綠島人權紀念園區」、「景美軍事審判紀念園區」的規劃、史料收集和展示規劃，共同主編《人權之路——台灣民主人權回顧》、*The Road to Freedom – Taiwan's Postwar Human Rights Movement* 兩書，也參與《青春祭》、《白色見證》兩支紀錄片的製作。Michael與胡女士並受「國家人權紀念館籌備處」委託，共同採訪紀錄，出版《白色封印：白色恐怖1950》一書。

　　這次的訪談於2012年3月5日在台北市信義路Michael家中進行，胡慧玲女士也在座，由蕭阿勤錄音整理並編輯，經 Michael 修訂確認。

林世煜先生

蕭阿勤(以下簡稱「蕭」):《思想》回顧臺灣1980年代,我們希望訪談您,請您從自己在那個時代的生命經驗談起,但又不局限於個人經驗,帶領讀者回到那個時代。1979年12月10日發生高雄美麗島事件,我知道您是在1979年初投入黨外運動。可以談一談您投入黨外運動的過程嗎?

## 一、1978-1979年,初入黨外與《八十年代》

林世煜(以下簡稱「林」):1979年,我已經念政治大學政治學研究所二年級。在研究所階段,我認識就讀政大新聞所的林應專。他父親是高雄縣黑派人士,推舉他參與1978年底增額中央民意代表選舉,以無黨籍的身分,競選國民大會代表。於是我南下助選,這

是我第一次接觸台灣的選舉政治，尤其是地方政治。這對我的政治
啓蒙相當重要。當時在高雄縣的經驗，讓我覺得國民黨的腳是「泥
巴做的」，很容易打倒。鄉下有很多人非常厭惡國民黨，讓你有一
種感覺：只要有人站出來帶領，人們就會跟你走，可以跟國民黨鬥。
挑戰國民黨太簡單了，當時我的感受與態度是這樣。當時在偶然的
機會下，我又代替林應專參加了在台北中山堂舉辦的第一次黨外聯
合助選團的大會。

　　蕭：但是1978年底的選舉活動，因爲美國宣布即將與中華人民
共和國建交而被迫停止了。

　　林：是的，不過爲林應專助選之後，我好像取得一種門票，雖
然跟黨外沒有淵源的，但卻可以參與黨外的活動。1978年的選舉沒
有完成，我繼續第二年的學業。到1979年的暑假，我就讀建國中學
時的同學林正杰要我去見康寧祥，那時我已經有初步的黨外活動經
驗。在7月一個晚上，一些年輕人參加在康寧祥家的聚會。老康(康
寧祥)一直談話，講到半夜才問我：「少年仔，你怎麼都沒講話」。
我那時候才27歲，就臭屁說：「我聽整夜，你們都不懂政治」。老
康風度真好，他說：「不然讓你講。」於是我馬上開始講，從半夜
講到天亮。天亮以後，那個聚會結束，我回到政大。那天下午，老
康打電話來邀請，我就這樣進了《八十年代》雜誌社。我加入時編
第五期，已經是7月了。那時候我開始跟慧玲交往，她是大四的學生。
《美麗島》雜誌在8月創刊之後，我們變得很邊緣。雜誌社編輯部有
老康、李筱峰、司馬文武(江春男)、范巽綠等人，我的年紀最小。
當時稿件送來，不是郵遞的，而是經過很複雜的手續。例如說，作
者用很薄的紙寫好，折一折、再折一折，然後把一個香皂盒拆掉，
將稿件塞進去，當做禮物，叫某個人帶來。那時候，譬如水牛文庫
的劉福增來買雜誌，都用報紙包起來才敢走出去。在雜誌社出入的，

都是當時聞名久矣的人，例如姚嘉文等人。林濁水寫了一篇〈剖析南海血書〉之後出了名，辭掉學校教書的工作，也加入編輯部。林濁水、李筱峰、范巽綠和我，經常在雜誌社相聚聊天，他們常提起喇叭（邱義仁）、張富忠、賀端蕃等人。他們許多人曾經在1975年12月第二次增額立委選舉時為郭雨新助選。郭雨新透過他的秘書陳菊，聚集了這一群年輕人，而當時陳菊猶如這些新生代的大姊。當時可以說有兩位「大姊頭」：陳菊與蘇慶黎。那時候在「反國民黨」的統一陣線下大家可以聚集，分裂則是後來的事。在《八十年代》雜誌社，與這些人相處，是我密集學習的階段。我進入全新的社群，編輯工作辛苦而有趣，雖然也危險。同時我剛開始跟慧玲交往，蠻幸福的。

## 二、《美麗島》雜誌與美麗島事件

蕭：沒有多久就發生美麗島事件，您參與了嗎？

林：到了1979年12月初，《美麗島》已經辦了四期，聲勢強大，全台灣各地都有服務處。於是有人會批評老康的溫和立場，而他則有一些很出名的說法，例如「呷緊弄破碗」。當時他是立法委員，已經是個成熟的政治領袖。他跟我們聊天，時常會流露許多看法，例如他心目中的政治人物典範，曾經提過的是高玉樹與吳三連。他表示，要跟國民黨鬥爭，並不容易；國民黨是百年家業，而我們還早得很、離登堂入室尚遠，還有得學。這些人物典範給他的教訓是：你要在國民黨統治下，做到被國民黨尊重而不被抓去關。這是他認為我們能做到的頂點。他能得到蔣經國、老一輩立法委員吳延環等的器重，他覺得那是很難得的。相形之下，《美麗島》雜誌這邊的人士就不一樣。例如許信良，聽說菲律賓海軍對我們的漁船無禮，

他會說那麼軍艦交給我來指揮，跟對方一戰。當時聽人轉述許信良的話，我很嚮往，心裡的想法是：「原來可以像許信良那樣！就是要這樣！」。《美麗島》不斷成立分社，既然試圖爭取新聞自由，接下來當然是要集會與結社自由。這些基本自由寫在憲法裡，是我們能與國家抗爭的，也是執政者最忌諱的。《美麗島》人士預定在12月10日於高雄辦國際人權日紀念大會，我與林濁水、范巽綠三人於是南下參加。

**蕭**：您在7月時加入《八十年代》，所以到這個時候大約才半年？

**林**：是的。站在指揮車上的是施明德，他當過中華民國砲兵軍官。我和濁水、巽綠跟著車子開始走。這對每個人、對全台灣的人來講，都是很震驚的經驗，未曾如此過。在那之前，一直到1952年中國共產黨外圍組織的「台灣省工作委員會」瓦解，還是個群眾運動的時代。第二次群眾運動的時代，就要等到《美麗島》這個時候了。這中間隔了二十幾年，只有中壢事件和橋頭遊行。這次參與民眾這麼多，也是第一次和鎮暴部隊對抗。我第一次看到鎮暴車發揮功能，煙、聲音與水瀰漫，還有催淚彈。當時《美麗島》人士做為領導者，甚至後來所謂的「五人小組」，事實上對所謂要推翻政府、要顛覆、暴亂，完全沒有心理準備，也絕對沒有什麼第二步、第三步的計畫。譬如那天晚上事件大致結束後，我還聽到姚嘉文律師說「我明天還要出庭，所以帶了法袍，我先回去了，再見」之類的話。現在想想，這也未免太天真了！至於施明德與張俊宏，可能比較知道自己在幹什麼。我回到台北，國民黨開始逮捕《美麗島》人士，《八十年代》編輯部辦公室一直有電話進來，告訴老康誰被抓，接著誰又被抓。被逮捕者的家屬知道，現在只剩老康一人而已。

## 三、生命的關連，轉變的時代

蕭：以上都是1979年7月到12月底發生的事情。在這之前，您既
跟黨外沒有關係，甚至對國內政治也不是很關心。那麼純粹是林正
杰等人的關係，讓你進入黨外的世界？

林：有兩個緣故。第一是我念政研所，政研所的教育對我很重
要，我多少念了一些書。第二是時代氣氛。1970年代初國民黨開始
有合法性危機，然後中產階級也差不多在那個時候開始成熟。中產
階級已經受不了國民黨統治的規範，在1970年代中期到晚期開始爆
發。所以我們處在一個爆發期。我是讀政治的，又有一些管道帶我
去那個圈子，很容易就做那樣的選擇。從《自由中國》到《美麗島》
之間的《大學雜誌》、《台灣政論》、《夏潮》等，都還不算，只
有到了《美麗島》跟《八十年代》，才進入群眾型的、爆發型的時
代，你可以看到有那種行動的基礎在推動社會運動。我們剛好處在
那個時代，我恰好有機會被帶進去。我接受那些意識型態與運動，
並不困難。除了因為我是學政治的之外，那確實因為時代性的緣故。
另外一個不能否認的因素，是我個人的背景，我是台南人。

蕭：這是我接下來想知道的事情。

林：我是台灣人，又是台南人；我的家庭很普通，但屬於長老
教會的。這兩個因素讓我容易傾向反國民黨。我父親不太講話，但
他是選舉開票時聽到郭國基得票，會非常高興的那種人。這對我是
很自然的影響。台灣人與外省人之間的那種矛盾，我們從小就明顯
感覺到。長老教會有自己的文化，譬如說台語。參與美麗島事件的
人士，許多就是教會出身的，尤其是跟我同世代的年輕人。當時的
大學生，跟許信良那一代一樣，已經開始質變了。他們許多人的思

想比我更早奠基，只需兩、三步的功夫就會聯繫上黨外。1978年我
到高雄為林應專助選，缺乏人手，一台宣傳車上只有我與長老教會
林宗正兩人。那時候林宗正只是神學院學生，而我也只是研究生而
已。林應專的家庭也是長老教會的。在我們的生命脈絡、社區關連
裡，很容易朝這個方向變化與聯繫。

　　蕭：我想倒回去一下。為什麼您在鄉下幫林應專助選時，會感
到國民黨容易打倒？這跟我們後來看到的情形不一樣，國民黨還是
有辦法繼續執政。

　　林：這跟運氣有關。高雄縣有一個歷史悠久、跟國民黨對抗的
黑派，其它的紅派、白派都屬國民黨，大家輪流掌權。我助選時，
應該是黑派黃友仁（余登發的女婿）擔任縣長。我跟林應專與他父
親，深入高雄縣各鄉鎮，到處拜訪他們的樁腳，得到的反應當然好。
當時林應專29歲，幾乎是全台灣中央民意代表候選人中最年輕的，
而且優秀。他們在那些地方已經有很好的基礎。我們兩個一起出去
拜訪、分傳單、與民眾互動，都得到很好的回饋。我說的話人家會
傾聽，感覺我們被認同。這跟今天的感覺不一樣，今天我們都曉得
國民黨不容易打倒，但那時候我的感覺正相反。那個時代，台灣的
中產階級社會逐漸成熟，人們覺得所有的規章、制度跟人事流動都
被限制，無法發揮最大的可能性。人們覺得這個社會是個壓力鍋，
希望它爆炸，整個社會氣氛是要求開放的，所以就會支持我們。

　　蕭：1970-80年代的變化，或者是說1980年代的出現，美麗島事
件是一大關鍵。它改變很多人，改變台灣的政治跟文化，改變了台
灣社會。這對您個人也是這樣嗎？

　　林：我剛剛說過，當時社會已經有渴望掙脫束縛的整體氣氛，
中產階級忍不住了，這個因素促成反對運動的群眾化，因此加入政
治反對運動的人比較不會恐懼。為什麼國民黨對美麗島事件的大鎮

壓，沒有使大家的信心崩潰？這是由於美麗島事件的公開審判及其
報導。如果這個鎮壓強力又有效的話，就可能像中國的六四天安門
事件帶來的結果一樣。當時我們笑國民黨是個民主無量、獨裁無膽
的政權。在國際壓力之下，審判開放了，《中國時報》連續幾天幾
乎全文照登軍法審判的發言。這徹底改變很多人、使整個運動沒有
中斷。使更多人認同反對運動的，不是那個運動本身，而是那個審
判。事件在高雄市發生，參加的人有限，之後無法從媒體上得到太
多真相，人們只知道暴動、打人、受傷等。美麗島事件被告的法庭
陳述非常精采，幾天下來感動非常多的人。從那時候開始，我常常
聽到一種說法：在早期，政治犯的家屬沒有人敢接近；美麗島事件
審判之後，涉案人家屬到菜市場買菜，不用拿錢出來。民眾捨不得
他們，認為那些被告是以後做總統、做部長的料，都是優秀的台灣
人年輕一代。民眾又發覺，辯護律師、教授也站出來了，這些都是
以後我們的人才。民眾對這些被告，首先是認同，其次是恐懼、悲
哀消失了。這不是因為美麗島事件本身所致，因為民眾無法知道現
場是什麼，而是後來那些白紙黑字，讓人們可以留下來不斷閱讀、
不斷感動。

## 四、1980年底選戰

蕭：那麼您自己個人有何改變？

林：雖然老康說過「呷緊弄破碗」，但美麗島事件發生之後，
老康等人組織起來，蒐集資源，慰問家屬，同時運用國際壓力，爭
取公開審判，組織辯護律師團。這中間范巽綠被逮捕，這是國民黨
在警告老康。接著我跟林濁水也被城中分局約談，不過沒事。後來
幸好范巽綠也被釋放了。在這些情況下，我們不太有機會去思考未

來的命運。就我個人而言，很少去想長遠的事，因為每天都有可能
被逮捕，頂多看看這禮拜怎麼樣、這篇來稿怎樣處理、如何用雜誌
言論跟國民黨拼鬥等。要到很久以後，我才有能力去分析那時候事
情如何發生、造成什麼樣的結果。到了1980年2月，又發生林宅血案。
4、5月以後，老康決定不再辦雜誌，編輯部留下來的人會變成他的
助理，幫他選舉。我選擇離開，因為我想練習報導與寫作。那時候
我已經跟慧玲訂婚，快畢業了。《八十年代》變成《亞洲人》，又
變成《暖流》，我編到第二期就離開了。老康則開始布署他的選舉，
因為1978年底停辦的選舉，要在1980年底恢復。當時許多前輩被逮
捕、判刑，情況就像黨外新生代的領導林正杰所描述的，家裡父親
被抓，叔叔嚇破膽，我們這些長子應當要承擔家業。當時號稱新生
代的只有幾個人，我也是，我們都有這種期許。於是有人認為民氣
可用，提倡美麗島事件受難者的家屬參加選舉。於是姚嘉文的妻子
周清玉準備在台北市參選國民大會代表。由於一次偶然的機會，我
答應她擔任競選的執行總幹事，而林正杰則去中部第三選區幫張俊
宏的妻子許榮淑競選立法委員。當時我只有27、28歲。那時候選舉
很瘋狂，跟2012年1月蔡英文競選總統一樣，民眾一直丟錢，我們用
布袋裝回來。我以往在政大政研所的一些同學在《中國時報》任職，
經常好奇地追問在黨外政治圈的我想什麼。他們來到競選總部，問
我：「你們選得贏嗎？」我回答說：「當然會贏，問題是會不會拿第
一名。」他們露出很不可思議的眼神，覺得我是瘋子，後來證明我
是對的，我們拿第一名！那個時代就讀政治系的，讀的還是國民黨
那一套，很多人跟國民黨都有關係。他們認為選舉就是組織戰，就
是利用國民黨多層次的地方系統動員。但是他們不知道，當新的氣
氛浮現，有人以有系統的方式來挑戰，那些他們原先認為是鐵票的
支持者，有些已經動搖了。而且人口流動等變化，使得台北市民異

於以往。我們同樣是念政研所的，我沒有比他們更先進的分析工具。
但我在這個圈子裡，我有我的「臉書群眾」，我聞到贏的味道。社
會正在變化，他們跟不上我們用的新手段。以前的宣傳很拙劣，主
要靠組織，但我們不是，我們是新一代的人。我們是可以去廣告公
司當AE的，都很強的。他們嚇到，我們贏了。

　　蕭：所以周清玉是全台北市最高票，當選國大代表。那麼之後
呢？

## 五、《深耕》路線，黨外的視野

　　林：選完之後，我覺得我不再是一個資淺的年輕後輩。我助選
的周清玉得到第一高票，林正杰助選的許榮淑則是中區第一高票。
雖然他們選舉贏了，能安排一些人當助理，但當時我們不是朝這方
面想，而是想辦雜誌。之前有《美麗島》，我們會想再有一個。12
月選舉結束後，我和慧玲結婚。林正杰成立《進步》雜誌，我擔任
總編輯，他則是社長，林濁水是總主筆。林正杰將可以集合的人通
通集合起來，很厲害！他是有動機、有能力、實踐力非常強的人。
他也有資源，因為他是黨外的長子、大哥。我則是一個動機不強的
人，擔任總編輯，做得很被動。其他人都很熱衷，稿子一下就湊齊，
編得很漂亮，但一期就被查禁、就垮了。之後又有人將我們整合起
來，辦《深耕》雜誌，前三期的老闆是黃石城，後來真正奠定《深
耕》基礎的，是許榮淑跟許信良的弟弟許國泰。我是總編輯，有些
文章我不採用，這也是林正杰後來自己辦《前進》的重要原因。他
與我在很多地方看法不一樣。《深耕》很快辦起來，很大的部分靠
李敖幫忙，他為我們寫稿。他是敏銳的人，覺得他復仇的機會到了，
我覺得那是了不起的眼光。我加入黨外運動時，已有一批新生代出

國念書，我是少數不認識他們的人，但他們的名字如雷貫耳。《深耕》辦了幾期之後，邱義仁回來了。他與吳乃德在芝加哥讀書，都做過張俊宏的助理，也都曾為郭雨新助選。他放棄學位，有意識地選擇投入黨外運動，回台灣是要建立一個先鋒組織或先鋒黨，就是後來的「新潮流」。他回來後，許榮淑讓他進雜誌社擔任總主筆。他與吳乃仁就像兄弟或鮑叔牙與管仲，吳乃仁則擔任社長，我是總編輯。他們也介紹朋友楊碧川(高伊哥)、王鴻仁進編輯部。

蕭：一般人對《深耕》系統的雜誌比較有印象的，是與《夏潮論壇》作者群之間的臺灣意識論戰。您自己如何看待你在《深耕》的那段期間？什麼對您來說是最重要的？

林：我缺乏成就動機，這是我的基本個性，我不會積極想要幹什麼，但我會觀察，觀察是趣味，也因為出於我受的訓練。我注意到《深耕》和林正杰的情境不一樣。首先是意識型態。邱義仁與吳乃仁是古典自由主義者，傾向資本主義與市場論，旗幟鮮明。林正杰那邊吸收社會主義到共產主義的另外一群人。美麗島事件造成的心理恐懼，很快被化解，大家開始參加選舉，家屬選完之後，辯護律師也去選，所以是在整個運動的上升期。上升期之後，容易分贓不均，彼此的路線就會區分出來，拆夥就在那個時候。《夏潮》以及左派、比較親中國的人，集結到林正杰那邊。右派跟獨派的文章則集結到我們這邊。至於海外的台灣人，在1960-70年代初期，比島內還要進步活躍，他們曾經可以領導島內革命。島內群眾運動剛興起時，還是有一種海外可以領導島內的感覺，認為他們比較屬害、也比較有錢、比較懂事情，理論也比較好。島內的人材後來才表現這種能力，島內、外在政治反對運動中地位的調換，是更晚的事情。當時有各種來自海外的稿子，匿名的、或是輾轉到我們這邊來，例如陳芳明用許多筆名寫了很多文章。

　　當時有三條路線在鬥爭，一條在民族主義上的就是中國跟台灣，一條是意識型態的左跟右，一條是運動路線的體制內跟體制外。體制內體制外的問題，我們會跟老康鬥。辦《深耕》時，整個情勢在上升，越來越強。當時看得遠的人，有兩、三種。一種是像林正杰，與我有對抗。我不太確定他是否看得遠、目的是什麼。但他有生意眼，知道什麼時候可以伸腳出手、可以贏，得到更好的狀況。第二種人就是邱義仁，他知道自己要幹什麼，但他還在等、還在認識更多人，還沒發動。第三種人是有計畫的、看到黨外運動將來的發展。當時只有謝長廷曾經對我表示這種看法，雖然這並不表示沒有其他人如此。有一天，他來《深耕》雜誌社，拿出一張紙，說他認為黨外運動往後的走向如何、到什麼時候我們會怎樣、可以達到什麼地步。我看到謝長廷有一套革命進程，嚇了一跳！我們當時沒有一套想法，想不出辦法來突破某種僵局，不知道下一期雜誌會不會被查禁、苦思用什麼體制內或體制外方法去撼動戒嚴體制、萬年國會代表等，那些事情看起來無望而不知如何進行。這時候有人會如此想像，態度誠懇，我覺得了不起，相當敬佩。謝長廷提出的辦法，不是在明確的時間可以達成什麼，而是一個方向。他是有創意的人，會告訴你在什麼時候或許可以用什麼方法稍微鬆動體制。他很有能力，是可以在沒辦法時想出辦法的人。在那個沉悶的時候，他提出了一種可能性，而不是遙遙無期的等待。當時大概只能到這個地步，雖然我們看起來很強悍，但不過只是想表示我們認為老康的體制內路線是沒有希望的。根據體制，我們要用合法手段的話，遵守憲法及相關法律，根本無法改變戒嚴體制。必須要有體制外的衝撞，但要衝到什麼地步、付出什麼代價，我們沒有計算。

　　蕭：除了謝長廷那種極少數人之外，身在歷史場景中，大部分人都會有你這種感覺，這應該是更真實的情況，特別是對自己誠懇

一點、跳脫出來觀照的時候。這是不是講到臺灣意識論戰前後了？

**林**：是的，我談到了1984年之前的情況。

**蕭**：您謙虛說您沒有遠見，但不管怎樣，您應該會告訴我們，1980年代到底是什麼。

**林**：在那個時代，要有人能看到變化的可能性，而且採取第一步，真正的重點在於要有人能把變化的力量引出來。當時很多人想大展身手，有幾個人做得不錯，他們敢賭，在那個時代，所有條件都具備的時候，還是要有領導人出來，當時有些人具有這種個性。第一個就是林正杰，他又來找我們，要組織「黨外編聯會」，那是個突破。因為威權政權最怕的就是言論自由與結社，你一旦開始結社，它無法忍受。每一次結社就是一個挑戰，而我們要用人海戰術。我們兩個雜誌社有民族主義和左右意識型態上的差異，但他來找我們，要創立黨外編聯會，這豈不是有遠見跟能力的選擇？我們辦雜誌卻不斷被查禁，那麼除了選舉之外，要有組織。林正杰把這個力量組織起來，那是第一次大規模的左右統獨混戰。後來有很多鬥爭，我也涉入其中。第二個有遠見的人，是邱義仁。雖然他起步比較慢，但1983年9月編聯會成立前後，他已經回來一陣子，漸漸更清楚顯示他回來台灣是有使命的。他是一個有視野的人，要搞行動組織，不要停留在辦雜誌。他開始尋找成員，兩次組織「新潮流」。後來不管是體制外運動或體制內選舉，他的做法都變成很強大的力量。後來在1984年5月「黨外公職人員公共政策研究會」（公政會）成立，比美麗島事件之前、為1978年12月選舉組成的「臺灣黨外人士助選團」更進一步，這也是突破。回想當時謝長廷來找我們談，其中有一個重點就是組織化。我剛剛舉的三個例子（新潮流、編聯會、公政會），都是組織化。黨外辦雜誌之後，進一步組織化。這些人都是有直覺的，能夠把力量集結起來，包括邱義仁、林正杰、謝長廷。這些都

在1984年之前發生的事，之後我就離開了黨外的圈子。後來另一位
有視野的人，就是鄭南榕。對於戒嚴，他做了很多突破的事情。1985-6
年組黨運動、1987年平反二二八運動，1988年新國家運動，一路挑
戰下去。1980年代如此蓬勃的運動，需要很多人手，所以很多人開
始當助理、編雜誌、助選、或到公職人員的服務處去幫忙。當時黨
外要領導風潮、爲國家長遠打算，往兩個方面推動。一方面在運動
進程上是組織化。另一方面是像鄭南榕所推動的議題突破，不斷挑
戰限制。鄭南榕不要命，不要命了很麻煩。他衝到最前鋒，讓落後
的同志臉上掛不住，給很多人壓力。這些同志如果不跟隨，怕年輕
後輩會譏笑；但如果跟隨，怕會跟鄭南榕一起犧牲。他底下有一些
近乎死士、死忠的年輕人，但跟他平行的黨外領導者，對他很頭痛。
他衝得很快，不惜自己，自由與生命都可以不顧。

## 六、兩件命案

**蕭**：我之前問，您會告訴人家1980年代是什麼？你用林正杰、
邱義仁、謝長廷、鄭南榕這幾位來回答我的問題。這個意思是說，
在1980年代對體制的挑戰中，其實是靠著一些有創造力、有勇氣的
人不斷突破限制。他們幾位明顯屬於年輕一代，這給黨外帶來緊張
關係。例如1986年抗議戒嚴的「五一九綠色行動」，主要是你們這
個年齡層的新生代所推動。年紀比較大的黨外人士，比較是被動跟
進。整個1980年代都是這個樣子嗎？

**林**：我讀過你的著作《回歸現實：台灣一九七〇年代的戰後世
代與文化政治變遷》，注意到世代之間的差異，不同世代賦予自己
的使命不一樣。1970年代那些比較激進的黨外人士，因爲美麗島事
件被逮捕。當時他們有些人還不滿40歲，但入獄多年，出獄後都老

了，我明顯感到他們累了。在這中間，新的領袖沒有間斷，遞補上來。這些入獄前輩之後，應該是我們新生代。但我們人數少，於是1960年代出生、比我們年輕的一代馬上承接起來，跳過1950年代出生的我們這一代。我跟林正杰差一、兩歲，我們又跟美麗島事件被逮捕人士大概差十幾歲，中間還有一些人差6、7歲到10歲的是事件審判的辯護律師。這些律師原來沒有參與黨外運動，但事件後他們開始投入，他們銜接了比我們更年輕的一代，我們這一代就消失了。但是就一般人而言，所謂的「五年級」，也就是1960年代出生的，可能是到現在為止，政治態度最保守的一群，其次是我們，因為在1950-1960年代，大致是國民黨控制最嚴厲的時代。

**蕭**：1986年民進黨成立前後，您在做什麼？

**林**：剛才提到，我在1984年離開黨外的圈子，我去做生意。我的個性不喜歡台前。在前台，我可能必須去選舉，但是我缺乏這種個性。相對而言，慧玲在1984年之後加入鄭南榕的雜誌社做編輯，一直到1989年南榕過世之後才結束。1990年之後，我們兩個都離開這個圈子了。

**胡**：我在陳文成博士紀念基金會待了二十年。你漏講了很重要的林宅血案，這件事影響你，讓你永遠無法原諒國民黨。

**林**：我漏講了那個時代的兩個命案。《八十年代》雜誌社在新生南路跟和平東路口的新生大廈樓上，林義雄家就是沿著新生南路往北穿過大安公園，在信義路邊的巷子內，現在的義光教會。1980年2月28日，國民黨進行美麗島事件軍法大審期間，我們在中飯後接到電話趕過去，看到林奐均受傷在床上。我們是距離最近的，而警察也已到了現場。林奐均被用擔架抬出去，背上的夾克撕裂、被割破。那時候我們知道樓下躺了一個人，是阿嬤，但沒有看到其他兩個小孩。警察封鎖，不讓我們下樓。大家拼命打電話去幼稚園找另

外兩個小孩，找不到。過了好幾個鐘頭，檢察官才下樓去看。我跟
國民黨之間有不共戴天的仇恨，就是因為我看到殺人的現場，小孩、
老人被殺死。我回去雜誌社之後所編的一期《亞洲人》，封面底下
的第一頁本來應該是社論，但司馬文武把它塗黑，寫一個哀慟的
「慟」。我有一篇以筆名發表的現場報導，叫〈最長的一日：記林
義雄先生家門慘變〉。田秋堇也是最早進來現場的，還陪伴奐均上
119的救護車去醫院，她寫了另外一部分。第二個血案就是一年後，
1981年7月3日發生的陳文成命案。當時我們已經在辦《深耕》雜誌
了，我們變成一個重要的訊息發布中心，最早接觸陳文成的家人、
爸爸，進行採訪報導。我還編了陳文成逝世一週年的紀念專輯。所
以我們這一代對國民黨有一些根深蒂固的看法，覺得沒什麼好說
的。我們有很多人本身被迫害過，也有很多人目睹別人被迫害。

　　2000年以來，我涉獵了與轉型正義有關的研究。這些研究涉及
第二次世界大戰、納粹、共產黨統治、軍人統治、種族屠殺等現象，
關於回復性正義、如何看待加害者與被害者當時的處境等問題，各
種看法很複雜。但有些人我不會原諒。紐倫堡大審的法則是該負責
的要負責，雖然不一定擬訂死刑、坐牢、賠款等具體的懲罰手段。
重點不是這個，而是必須要定罪，不能逃避責任。面對該負責的人，
不在法律上與道德上宣判有罪，我覺得不公平、沒有正義可言。這
是強烈影響我後半生的看法。我認為，如果有人選擇做國民黨員或
國民黨支持者，那麼他是敗德的與無知的。他在知性與道德上，都
有嚴重的問題。關於國民黨罪惡的大量資料已經公開，竟然不去看，
假裝不知道。如此明顯的惡，竟然逃避，我覺得是這是敗德與無知。
當然，我可以縮小範圍，針對國民黨內與這些事物執行有關的特定
人物，譬如我絕對不會原諒那些直接決定與下手的特務機關、軍法
機關的人物。

　　**蕭**：1980年代前半葉，我就讀大學時，黨外雜誌對我的影響很大，或許當時我也看了你寫的文章。世煜兄在1984年左右離開黨外，慧玲姐好像接著踏進這個圈子。

　　**林**：我在黨外的時候，她也都幫忙。

　　**胡**：對！我們互爲彼此的志工。因爲就經濟上考量，我們不能兩個都做那種不知道下個月會不會有薪水領的工作，所以我們都只有一個人可以投入黨外運動。他參與黨外運動時，我就去賺錢，下班就去做志工，校稿或做美編之類的工作。後來他從商，換他養家，我就可以去黨外雜誌社。我做主編時，就換他做志工。每個禮拜的截稿日他都要過來。他跟黨外沒有斷掉聯繫，是因爲我還在鄭南榕那邊的關係。

　　**林**：有一段時間，我必須去寫社論。

## 七、民主，主權，主體性

　　**蕭**：從比較大的角度去看，我們現在離1980年代已經有三、四十年，1980年代在台灣政治反對運動史上的意義是什麼？

　　**林**：我們會問，爲什麼民進黨現在的得票會不理想？對照1970年代底到1980年代，當時就社會結構上來說，是大量中產階級急速興起，渴望打破黨國體制的時代。黨外運動對國民黨的衝撞乘勢而起，被接受而越滾越大。整個1980年代是集體興奮的，一直往前衝。到1990年代初，街頭仍然常見拒馬、蛇籠，不斷對抗，從政治場域到工運場域都如此。當時很多社會運動出現，一直衝到1992、1996年左右，使台灣的民主化在形式上大致完成，因爲開始有可以影響執政的選舉。1992年第二屆立法委員選舉，全面改選立委。1996年則是第一次由公民直選總統、副總統。奠基性選舉就是1992與1996

年這兩次，整個上升階段是這樣發展的，跟現在不一樣。當時最希
望打破黨國體制的是上升中的中產階級，尤其是都會的中產階級，
他們引領風潮。民進黨失掉都會區的支持，不是因為照顧農業而顧
此失彼，而是社會型態、社經條件變了。在世界性的情勢變化下，
原本上升的中產階級發展停滯，甚至開始走下坡。對這樣的中產階
級來講，突破現狀不是進步，而是意味著失去，所以轉向保守，希
望不要變。他們怕愈變愈慘，希望愈來愈小。創業、投資的獲利可
能性愈來愈差，因此人們只求守住手中的東西。民進黨的領導者，
在上一波的上升情況下，大家都翻身了，當官、變有錢、機會多了。
但他們漸漸忽略情勢變了，民眾的要求變了。以前大家都求變的時
候，雖然有人罵你是暴力份子等，但這都沒關係，大家仍然會支持
你，讓你壯大。現在大家覺得民進黨會使我們的機會越來越少。特
別是許多人認為中國是他們發展手上現有籌碼的最後機會，市場或
機會都在中國。他們擔心民進黨一旦打壞與中國的關係，那麼他們
只有死路一條！現在的大趨勢是這樣，人們於是變保守了。原來有
知識跟道德上的兩大選擇：你有知識，你就會看不起國民黨，道德
上也會看不起國民黨。但逐漸因為生計的要求，使這兩個選擇在價
值排序上往後推了，人們認為國民黨不變而使他們不會下墜。這次
2012年1月總統大選之後我搞清楚了，無能不是馬英九的問題。八年
來民進黨被抹黑成「亂搞」，現在則繼續被抹黑成「剩下一線生機，
你會破壞我」，這在象徵鬥爭上完全輸了。所謂民進黨貪腐、鎖國，
這些問題被連結到擔心自己的中產階級身上，他們就不跟你談什麼
道德了。中產階級即使自己看不起馬英九，不敢承認，還是投票給
馬英九。在所有的表現上、言論上，他們都頭低低的，因為覺得很
丟臉。馬英九的表現不佳又可笑，但人們的感覺是：我沒有辦法為
他辯護，但我還是會投給他，因為民進黨讓我害怕，會使我失去我

的東西。

　　我做為活過1980年代的人，如果要將當時那一套昂揚的價值觀運用到現在人們的身上，這是說不通的，人們不會接受。而事實已經證明大家不接受，因為人們認為生計比我們標榜的價值還要重要，心理學上明顯指出溫飽與安全對人們是最重要的。

　　2012年1月總統選舉之後，我開始反省我們活過的1980年代。當時我們看到國民黨做過多少壞事，由此產生的那些想法成為我們的信仰，使我們有一種態度：如果你連這麼明顯的善惡都無法分辨，我就看不起你。如果我們繼續用這種態度面對現在的社會，那麼人們會覺得離我們越來越遠。人們可能不會與我們爭論，因為他們知道自己可能不對，但是我們無法讓他們勇敢向前。你會發現，有比你更多的人選擇不一樣的價值系統，有689萬人（2012年1月總統、副總統選舉，國民黨候選人馬英九與吳敦義得票數）選擇顧自己的生計。在這種情況下，要繼續推動我們所相信的建國、深化民主等，我們必須認清現實，然後從這裡開始思考：我們要怎麼辦。

　　如此一來，我很難再抱持原來的態度：我是對的，你是錯的；我是高級的，你是低級的；我有道德，你無恥；我有膽識，你膽怯。我無法再像當年那麼率性，堅持自以為正確的那種態度，去宣揚當時大家都覺得對的價值觀。現在我面對的是不一樣的中產階級下降的社會，1980年代的那一套，我可能必須放下來，現在的年輕人尤其聽不懂。從另一個角度來說，這可能跟文化有關。舉例而言，像現在馮光遠的「給我報報」的東西，在1980年代也非常受歡迎。在那個束縛比較大的時代，用那種方式反抗，那種諧星的做法，很像鐵幕時代東歐集團的笑話。鐵幕笑話的背景是無力感，人們看不到抵抗、轉變的可能性時，怎麼活下去？於是用各種機制去嘲弄統治者，這是心理上的阿Q勝利法。在這種鐵幕笑話或文學出現的時代，

必有重大的壓迫。如果大家可以大展身手、公開批判、自由發言，
像1990年代到2000年代初期，就不需要這種笑話、文學或評論。從
馬英九2008年當選總統之後，人們發現壓力又來了。以前街頭上的
鐵絲網、鐵籠又出現了，讓年輕人嚇得半死，因為他們沒看過。以
往在街頭上跟國民黨拼鬥的，都是我們這一代，所以知道鐵絲網、
鐵籠代表什麼東西。但是解嚴之後才出生、長大的小孩，哪能想像
有這種遭遇。2008年底出現的野草莓學運的世代，跟1990年出現的
野百合學運的世代是不一樣的。野百合時代的政治反對運動是上升
中的，學生都以加入為榮。這次不是，這是一個下降的社會，所以
只有一小部分人參與，其他的人則避開。馮光遠的文章與節目受到
歡迎，是因為社會中壓力大、出口少，所以你需要那種出口。譬如
說「深綠」的人用各種語言暴力，罵國民黨、罵馬英九，但是無法
撼動國民黨分毫。網路隨時可看到綠軍跟藍兵之間的鬥爭。綠軍罵
半天之後，其實是失落的、是受傷的。人們出完氣之後，仍然沒有
解脫，這時候他們會喜歡去看馮光遠的東西。所以馮光遠興起，代
表壓迫又來了，代表反抗是無力的。

　　蕭：從馮光遠的現象來看，現在的您是樂觀還是悲觀？

　　林：台灣現在受到的壓迫有三個層面，這一點，徐斯儉和吳介
民在一、兩年前已經開始談到，現在也被許多人接受。第一，國際
上美中的合作，聯手決定台灣的命運，甚至決定東亞、世界的局勢。
第二，國民黨跟共產黨合作，試圖決定台灣的命運。第三，兩岸的
資本家合作帶來的壓迫。台灣在這三重束縛之下，出路在哪裡？現
在我們必須重新定義問題。其實，還有第四個問題，也就是有689
萬人相信台灣沒有什麼出路不出路的問題。他們覺得可以活下去，
不認為這裡有問題。這些問題都牽涉到國際戰略、中國政策、朝野
對抗的手段，這些都要重新思考。

　　我不喜歡用悲觀的語氣，這世間比我們悲慘的人民、比我們倒楣或弱小的民族多得很，西藏、愛爾蘭等都是。我的看法是，第一，就美中合作與國共合作的進程來說，他們並沒有立刻破壞台灣現狀的必要，這不是他們的利益。因此在這時候傳播失敗主義，說台灣就要滅亡，是不智的，而且也沒有必要。那689萬人也不會相信你，因為他們不認為這裡有什麼困難。事實上台灣一直都在這種壓力之下，只不過這壓力在2006年之後越來越強。中國的強大，幾乎是無可逆轉的。在2004年「228百萬人手牽手護台灣」活動時，許多人對中國都還沒有感到那麼恐懼。大約2008年之後，全世界都接受中國強大是不可逆轉的，中國只會越來越強。但中國沒有立即處理或併吞台灣的必要性，所以台灣不必嚇自己。台灣可以保留現狀，維持一段時間。甚至在這情況之下，台灣不完整的主權，不會再失掉太多，台灣不會淪落到要任命誰都要中國同意的地步。第二，民主選舉應該可以保住。不過選舉形式保住是一回事，中國介入選舉的程度會越來越強，這必須想辦法處理。至於中美關係的部份，我們能做的很少，頂多不要挑釁。但是即使台灣挑釁，也不至於怎樣。中國不能禁止台灣選舉總統，中國做這種決定要付出代價，不如放任台灣去選舉，反正他們的代理人不一定會輸。台灣在這種情況下，仍有主權獨立的地位。

　　總括來看，對於台灣的核心價值，包括民主，以及主權，我們要怎麼辦？第一，我相信短期至少十年內，不會比現在差到哪裡去。獨立的機會現在沒有看到，但情勢會變化。第二，我們必須要確保民主，我們只要確保民主，大概就可以活下去。活下去就是等，但也不是等，我想全世界都在看，中國會有什麼變化。我們都看過民主轉型的研究，中國一樣要面臨壓力。中國還有經濟發展的問題，有著全世界難以想像的規模跟方向，沒有人知道下個月會有何變

化。中國不會立刻讓台灣走入死路，而且情勢會變。那麼這時候我們要做準備，要看我們有沒有能力、用什麼辦法，讓那689萬人接受，認為我們也是一個選項，可以提供安身立命的可能。例如說，對抗國民黨，必須尋找方法，將台灣放在全世界的架構上思考，而不是放在海峽兩邊這個蹺蹺板上。我們是有機會這麼做。最大的差別，在於不能用當年那種自信的語氣，覺得我們佔據了真理與道德的高處，那種方法在目前的狀況不適合。

蕭：我也分享一下自己的研究。回顧來看，1980-90年代，是文化界受到台灣民族主義影響最興盛的二十年，是台灣民族主義、台灣意識、台灣主體性的理念在文化界發展的高峰，尤其是在文學、歷史研究、語言運動三個領域。2000年民進黨開始執政，並沒有繼續向上發展，頂多就是維持平盤。

林：民進黨執政八年為什麼會這樣，跟執政有關。所有的力氣消磨在柴米油鹽與內鬥。因為它是個少數政府，大部分能夠往前開拓的力量都被消磨掉了，以致於沒有進步。民進黨政府甚至漸漸認為，我們要統治這個國家，必須先放棄一些先前堅持的東西。這是愚蠢的，重點在於如何表達這些基本的堅持。但是我覺得陳水扁的執政團隊不打算強調那些核心價值，亦即主體性與民主政治、民主制度。我們的核心價值有三個，第一個台灣，第二個是主體、主權，第三就是民主與進步。在那八年中，大部分人氣消磨掉了，沒有辦法往前開拓。執政者如此，我們也都被拖累。這個八年，與之前的1980年代不一樣。1980年代時，這個社會最優秀的人才，前仆後繼加入黨外運動，以及早期的民進黨。之後則停頓下來，開始與民進黨漸漸疏離，甚至相互對抗，尤其是社運界、學界。民進黨原來代表的力量不只沒有進步，反而倒退。其實在2008年左右，認同台灣的人口比例是繼續上升的，並沒有完全失去主體性的堅持，人們對

民主也沒有疑惑，這兩點都沒有喪失。但是在文化的表現上，漸漸
又倒退回去。那麼問題出在哪裡呢?在民意調查上看到的一些問法，
譬如說關於台灣意識，問受訪民眾「你認為自己是不是台灣人」、
「你認為自己是台灣人還是中國人」等，民眾的答案與主體性、國
家意識、建國意願之間，其實有一段差距。如果沒有強烈的建國意
志的話，理論上就不存在台灣民族主義。民族主義的定義，是要以
建國為目標的。大部分民眾認為自己是台灣人，不是中國人等，但
是更多民眾希望不要更動現狀、以後再說吧！在這種情況下，你無
法追求建國，因為現實上有困難。中國既抵制，陳水扁執政八年也
沒任何突破。

　　2006年底左右，陳水扁看到自己的失敗，在直轄市市長暨市議
員選舉失敗與紅衫軍反貪腐倒扁運動出現時，他走極端化、基本教
義化，開始尋找自己的紅衛兵，可是大部分的人都知道那是假的。
所以大家對他沒有期待，對民進黨沒有期待。一旦沒有期待，人們
就不能集結力量來行動，在文化等方面都一樣。這些一連串的失敗，
使人心涼，不想在許多方面再努力，包括文化、歷史詮釋、語言問
題等都是如此。許多人基本上還是認為自己是台灣人，但內在卻空
虛了。文化與各種創作必須有強大的動機才能推動，那種動機接近
民族主義。那不只是一種生命共同體的感覺，而是要有一個明確的
國家觀，限定在台灣，那麼主體性才會形成。而我們在這一點上始
終有問題，國家界線不清楚。我們與其他第三波民主化國家最大的
差別，在於這個部分曖昧不清。

　　**蕭**：我要請教的問題，您大概都回答了。您對經歷過的事情，
記憶細膩，對過去的感覺，都還很清楚。

　　**林**：因為我有機會一直反省，因為我還想影響人！我還想影響
年輕人！我時常在想，我有沒有走錯方向，有沒有嚴重錯誤，我經

常反省。2000年之後，我很有意識地彌補我在1980年代晚期和整個
1990年代的缺席。當時我在做生意，生意又做得很淒慘，完全沒有
餘力來關心這個社會發生的事情。1990年代初，對工運、社運開始
興起，野百合學運、總統直選等等，我只有一般人關心的程度。我
現在必須回去。怎麼回去？我試著認識許多人，有意識地去認識，
重新去認識學運時代，因為野百合學運現場我沒去過，心裡上有種
被閹割的感覺。當時做生意很忙，因此我完全不知道這些參與者。
現在我一個一個去認識，例如參與過學運的那些人物。野百合學運
人物現在都40幾歲了，後學運的也30幾歲了。野草莓學運的參與者，
現在則都還在念大學，我認識他們許多人。

　　**蕭**：很感謝您今天談了這麼多。訪問您，很有收穫，因為您有
很多思考與感覺。

　　蕭阿勤，中央研究院社會學研究所研究員。著有*Contemporary
Taiwanese Cultural Nationalism*（2000）、《回歸現實：台灣1970年代
的戰後世代與文化政治變遷》（2010），即將出版《重構台灣：當代
民族主義的文化政治》（2012）。目前正研究台灣1960年代「中國現
代化」的社會科學研究與國族敘事、文化創傷、世代及省籍的關係。

# 革命在他方？
## 此刻記憶1980年代

吳介民

Speak --
But do not separate the no from the yes,
Give your saying also meaning:
Give it its shadow.

　　　　　　　——Paul Celan, "Speak, You Too"

　　台灣，1980年代，是抖落恐懼的年代。但恐懼消散得不徹底，有些是歷史頑固的殘留，有些則是當年事件的餘緒。這是追索1980年代時，浮現腦裡的第一個命題。

　　這篇文字緣起《思想》編委汪宏倫的邀稿，不久即草擬了一份大綱，卻遲遲無法下筆。月餘，主編錢永祥來信說：

　　　盼望您寫作的時候放鬆心情，無妨以較為 personal 的方式
　　　indulge 一下。您有空的時候，何妨一讀尉天驄先生近著《回首
　　　我們的時代》？我個人是很受感動的。不過其中人物絕大多數
　　　已成古人，您們當然還未到那個階段。

　　「古人」兩字讓我心頭一顫。回想那日漸遙遠的年代，朋友如今安

在？我想起幾個逸失、自殺、癲狂的名字，曾為他們的故事夜半難
眠，寫下私密告白；我一廂情願認為，某些友人之逝往不過是不告
而別的逃離，逃離這歷練我們的、不徹底抖落恐懼的時代。我們正
在變成「古人」。但請讀者不要誤讀我的訊息，1980年代其實是個
充滿熱望、令人精神抖擻的年代。

　　原先草擬的題目是：〈抖落恐懼：1980年代的台灣〉。大綱如
下：(1)The Long Decade(社會抗爭的長年代，1977-1992年)；(2)1986
年(自由化的關鍵時刻)；(3)個體經歷(時代炙焰下朋友們搖晃前進
的身影)；(4)改革或革命(在第三世界反抗運動中找尋類比)。按照
這個規劃，佇在電腦螢幕前爬格子。同時分析文件檔案，也努力搜
尋記憶庫，許多塵封往事便經常在睡夢中或身體鍛鍊的時刻泉湧而
出。這樣經過一個月，仍寫不過兩千字。困難在於，按照原計畫必
須把時代大敘事與小圈子經歷見聞做有機扣連，但沒想像中容易，
畢竟個體經驗太有限、太局部。想要在宏觀與微觀之間自由跳躍，
仍只是遐想。我怕大敘事的鋪排過密而失去寫作此文的初衷；也怕
個人故事的深描讓時代失焦。焦慮的日子裡，有天到張富忠紅樹林
住處聊天，他很興奮地跟我說，剛看了吳耀忠紀念展，有一百多幅
流落各處的畫作被找到，還配合系列講座，「非常動人的故事。」
回程在地鐵上憶起：一年前在新竹，到林麗雲、陳瑞樺家裡晚餐，
他們提及正在尋找吳耀忠的畫作。沒幾天，收到瑞樺寄來《尋畫》。
這本畫冊回憶錄，改變了我寫作這篇文章的計畫，決定接受錢先生
的提議，「indulge一下」。

## 心愛的，不能輕浮

　　2012年2月23日近午，我發了一封信給朋友們：

「對於心愛的人，絕對不能輕浮。」這是尉天驄描寫吳耀忠的浪漫愛情觀讓我醒來的一句話。

晨起讀書，拿起《尋畫：現實主義畫家吳耀忠》[1]，看著這位不曾見過面的「革命」前輩的畫，聽他老友們的回憶，不覺已近中午，我必須急急出門去，但忍不住要先寫下這幾行字。

陳映真以許南村筆名訪問吳耀忠的那篇1978年舊作（正是鄉土文學論戰的時代啊），如今讀來仍令人興致高昂。其他人筆下靦腆不善於言辭的畫家，在他幾十年老友的訪談中，談話是如此切中要害而深刻。吳的若干話語，經過陳的文筆，竟顯得具有專業術語涵養的理論性。從閱讀中醒來的一刻，幻覺似在和平東路巷子裡的「人間」，以及距離人間不遠的老任水餃店，看到了陳映真和他的兄弟人馬，他朗爽的笑意，他堅定的民族主義立場（我是愈到後來，才能覺知到他之所以堅定的原因），他對年輕人的愛護照顧。這麼多年了，應該要把陳映真的小說再拿出來讀。

「對於心愛的人，絕對不能輕浮。」

謝謝麗雲、瑞樺，以及不認識的淑芬，你們的努力，大大豐富了我們對戰後台灣左翼的視覺。

通常，朋友們對我的群組信反應遲緩。這次不一樣。畫家「不能輕浮」立刻打動了好幾人，包括一位在北京打拚的詩人。拍紀錄片的 T 說：「我在網路上訂了這本書，感覺是個好的紀錄片題材，你認為呢，關於早期台灣的左翼。」M：「吳耀忠那一輩的人，有

---

1　林麗雲、蘇淑芬、陳瑞樺編（台北：遠景，2012）。

的人是以一種存心求死的方式過活，吳耀忠並不是唯一的。施明德
的哥哥施明正不也絕食至死？……吳耀忠是走不出那個時代的人；
已經走過的人，很難了解他們為什麼走不出來？」還有一個偶然的
發現：1982年一個事業剛起步的企業家在李南衡引介下，贊助吳耀
忠作畫，並送他好酒；吳耀忠回贈幾幅素描。另有三人不約而同，
對我信中一句話深表好奇：

> 他堅定的民族主義立場(我是愈到後來，才能覺知到他之所以堅
> 定的原因)。

他們的詢問，一層是：陳映真民族主義立場堅定的原因是什麼？
另一層是：為什麼愈到後來，才能覺知到他之所以堅定的原因。這
兩層如麵團揉合在一塊，無法分開回答。

2012年2月23日，晚間寫了一份筆記，回應朋友們的「疑惑」：

> 覺知是一段長期體會的過程，因此，說我覺知到「原因」，
> 這可能是內在心靈圖像所連接的因果鎖鏈的一環吧。
>
> 陳映真是個祭司；他所凝結的祭司圈不大，但凝聚力很強；
> 他的光芒持續吸引著渴望神聖性卻徘徊在聖堂外的靈魂。
>
> 我20歲出頭時，第一次在尉天驄教授家與陳映真碰面，一道
> 前往的，記得有吳叡人。那時的我，天真而無知，還沒有讀過
> 鄉土文學論戰的重要文本，認為陳映真是在國民黨大中華思想
> 的籠罩下為台灣本土(鄉土)書寫尋找一條出路。我還是一個懵
> 懂的文藝青年，以「隱蔽書寫」解釋陳映真文字中的政治訊息。
> 這次見面後很久，仍經常回憶，那個晚上陳映真已經在為後文
> 革的中國發展進行他自己的批判思考。〈山路〉寫作於1983年。

當晚，我們對於中國的「走資」與官僚腐敗激烈討論。陳映真
告訴我們：中國只要還有劉賓雁這種人存在，中共與中國就有
希望。當時，台灣有一小群讀者正閱讀討論著劉賓雁的《第二
種忠誠》。但是，後來中共也容不下劉賓雁了，他流亡國外，
最終客死異鄉。(劉賓雁1985年當選為中國作協副主席，1987
年在反對資產階級自由化運動中被中共開除黨籍，1989年他抗
議六四鎮壓後被逐出作協。)我沒機會再跟陳映真討論。但觀察
他後來的言論與行動，顯然這些事件都沒有動搖到他的本源信
仰。

　　陳映真的左翼教義，是建構在中共革命的進程上，而中國社
會主義革命的必要性，則更進一步建構在反帝國主義侵略上。
因此，這種左翼信念，在實踐中腐化或壓迫他人而遭遇批判時，
可以在不斷上綱的反帝鬥爭中得到正當化的辯解
(justification)。反帝的最終目的是達成中國兩百年來最重要的
國族使命：富國強兵之現代化。(最大的弔詭於是浮現：國家資
本主義服務於富國強兵，因而變成可容忍的、可欲的、可讚頌
的。且暫時不談這個國家資本主義降落到官僚與私人利益的層
次，已經產生哪些問題。)

　　陳映真，在他的教養過程中，左翼價值(通過中共作為歷史中
介者的中國民族主義，進而在建國後的實踐與鬥爭中 [反右、
大躍進、文革等] 轉化提煉為毛主義)在他的身上有著刻骨的烙
印。他的家庭教養中的基督教人道主義養分；他青年時期為了
左翼思想坐過右派國民黨的牢獄;他中期在反思中國文革到「改
革開放」這段期間的作品，體現了轉變的壓力與淬礪。他的這
種毛派中國民族主義的信仰，即使遭逢〈山路〉裡頭的「蔡千
惠精神危機」仍然捱過了。蔡千惠對「走資」的自我批判，以

及她的「求死」(表象上無理由的失去生命力),不是對革命的
左統路線的否定,剛好相反,是對革命理念的最後一次獻身。
是一種漠視現實性的,只想往革命火焰中撲跳的衝動。

　陳映真為左統的理念獻身。他的獻身使他成為台灣左統的精
神領袖。無法想像他能夠脫出這個他為自己獻身而打造的「聖
堂」。他是這左統聖堂中「政治團契」(political fellowship, political
communion)的祭司。情感認同中存在著複雜的層次:從最高層
次的價值理念到日常關係中的親密性。反帝是陳映真左統的理
念層次;而在左統信仰者日常生活中的親密互動,則需要日復
一日的政治團契來滋養經營。也就是在這種政治親密關係
(political intimacy)中,左統教義在生活中改造人、灌輸並強化
信仰。這種生活的一個典型場所是監獄,以及出獄後的難友互
助團體。藉由這個圈子將獻身精神拓展出去。政治團契,就像
所有的宗教活動一般,是一種政治存在的模態,在團契中,政
治教友伸出援手給尋找道途的人、落單的人、孤獨的人、譫妄
的人、不受祝福的人、被排擠的人、殘疾的人、畸零的人、天
才尚未得到賞識的人。慕道友們從祭司和教友的手感覺到溫
暖,而重拾生命。這個團契原則適用於所有的政治教義,但是
在台灣的政治史脈絡中,惟獨左統的「神聖性」特別高,是因
為:

1.白色恐怖時期遭壓迫屠殺;歷史記憶遭壓抑或遺忘。
2.左派思想(馬克思主義經典、舊俄新俄革命文獻、中國1930年
代左翼文藝、中共革命史等等)猶如《新約》般的魔力。
3.左統信仰曾有一個遙遠的「祖國」在支撐;而當這個祖國質
變了、逼近了、神聖性跌降到塵世,左統教義便以一個更高的
原則,亦即反帝,來過濾、屈光(refract)祖國之現實性的逼臨。

所有的質問被無上地置入括弧──這是個不能質問的禁區。這就是為什麼台灣的左統精神，若置入當代中國的政治脈絡都顯得稀罕。因為在那裡，「思想」必須受到現實的拷問。

左統的神聖性，恰恰需要其非理性主義的、忽視現實的眼光的凝視，才能夠存在。反觀台獨運動，其神聖性一直難以建構，正因為台獨思想必須在帝國夾縫下的資本主義商品經濟的日常現實中時時受到嚴刑拷打。

神聖性來自玻璃光罩中的掩映火苗。

反覆觀想這份筆記，終究沒有寄出「回信」。原因？疑慮。我知道統獨左右這問題在我們社會很難談清楚，牽扯太深的情感與信仰。一份簡短筆記難以充分表達複雜意念。需要深挖，才能抵達讓我感覺舒坦的堅實岩盤。當然，我與朋友間有基本的信任，但終究沒有按下「傳送」。

「社會人的本質：群聚壯膽」。惟此刻需要獨處。情緒躑躅的這幾天，我隱遁在那個年代閃爍的光影中。

## 說吧！流言

我一直認為1977是當代台灣政治地盤裂變的關鍵年，也是1980這個長年代的肇始。那一年之不尋常，在於統治團體對付本土勢力興起的招數有失靈的跡象，而且來勢洶湧。1977年秋天我和弟弟在三重埔一家小型兒童膠鞋加工廠工作，那一年我15歲，弟弟14歲，都是童工。那工廠設在一排「販仔厝」（廉價公寓）的一樓，專做出口。我做裁切，弟弟在輸送帶上粘貼鞋面。每天下午三點多，十幾分鐘休息，總有一攤蚵仔麵線出現在工廠門口。記得入冬之後某日，

賣蚵仔麵線的阿伯跟我說：「少年仔，你敢知影中壢分局去予人燒去矣！」我問他為什麼，他說：因為民眾抗議國民黨在縣長選舉中「做票」。這件事我當時半信半疑。小時候，常聽當地方記者的父親在家裡講政治社會事件；我還記得1975年在宜蘭目睹街頭抗議，回家問大人，知道是郭雨新在增額立委選舉中被大量「廢票」給做掉。麵線伯仔告知中壢分局遭火燒後幾天，報紙真的大幅刊登了這個消息：11月19日開票那天，民眾發現國民黨有做票嫌疑，聚眾包圍中壢分局，一個抗議者遭警方擊斃，憤怒的群眾放火燒了分局。這個「暴動」的消息，被官方「新聞協調」、「淡化處理」而幾乎封鎖了一個星期。原來麵線伯仔的消息是真的，他比官方透漏的早了好幾天。這件事在我年輕心靈留下深刻的印記。

我們全家在三重待了四年(1977-1981)。「三重時代」的第一年，我們三兄妹都輟學，家裡租了一間三角窗店面賣自助餐，一開始生意不好，兩個男孩才去鞋廠工作，不到一年生意做起來了，就離開工廠在家幫忙。三重時代的往事如今仍鮮活著——

> 弟弟有天夜裡驚醒，說做惡夢，我問什麼夢？他說夢見大熱天阿媽煮了一碗滾燙的紅豆湯要他吃下，便一驚而起，全身冒汗。那時候，我們店和家一體，在一個傳統市場街口，就十幾坪大，靠街兩面有騎樓，白天擺上活動餐桌，晚上休息鐵門一拉，完全密閉的空間。老爸在這個狹隘的店家，設計了一個簡單的夾層(duplex)，我們三個小孩睡頂層，匍匐出入，無法站立。有電風扇，但夏天還是悶熱難受。
>
> 輟學一年後，我參加私立高中聯招，讀景文高中夜間部。有天，教官在軍訓課上說：治安單位在康寧祥(當時是增額立法委員)的萬華服務處發現一批警察制服。那陣子國民黨的內外危機

逐漸嚴重，1978年底美國與中國建交，切斷和台灣的外交關係。傳言紛飛，空氣中瀰漫不安，但我的年紀與我的生活環境只能捕捉到當時政治氛圍之一小部分。以美麗島雜誌社為核心的黨外運動正快速拓展。記得當時家裡也有幾本《美麗島》。這個教官散佈的謠言，連同那個麵線伯仔被證實的傳言，一直留存在我的內心。國家vs.民間，謊言vs.真實，暴力vs.反抗。這些都是年少親身經歷中學到的政治社會學ABC。

有個景文高中同學「阿祥」，白天在三重做工(黑手學徒)。那時我已經從遠在木柵的景文，轉學到自助餐店附近的東海中學夜補校(二重埔)。有天他來找我，攤開手掌，說：幾天前被機器壓斷一隻手指。無奈卻一副故作輕鬆的表情。斷指阿祥後來給我一支扁鑽，拿報紙包著，要我幫他保管。他再也沒出現過。而那支代藏的扁鑽，我擱在自助餐檯下的抽屜裡(幾次夜晚收攤後，趁家人沒注意時拿出來端詳)，我們搬離三重後就不知去向了。(Ha，我想到《教父》第二集，不過老柯里昂卻把代為保管的手槍派上用場。)

有段時間，經老爸「特許」，在自助餐店門前騎樓，我開了一家魷魚羹麵攤當「副業」，目標顧客是附近國小學童。為了跟對巷另一攤麵店拚生意(那攤生意興隆)，我推出(可能是)台灣歷史上第一套「兒童餐」。那時離麥當勞進入台灣約有七年之久。我賣一碗五塊錢的羹麵(對面那攤正規的成人餐一碗十五塊)，沒有魷魚丸子，僅有勾芡加幾片葉菜。推出後，果然搶到不少小鬼的生意，中午下課經常蜂擁而至。但不到兩個月就收攤，因為利潤太薄。我的第一次創業，就這麼草草收場。

經營小針織廠失敗的父親，淪落三重開小餐館，經常債主臨門，很不好過。而年少的我們偶爾頂撞他，有時也莫名挨罵。

　　記得有天下午，一個東海補校的同學（已經成年），長髮飄逸，
騎著啪哩啪哩（時髦）的偉士牌機車（Vespa）來找我（還是來偷看
我妹妹？），聊沒幾句，老爸突然發飆把他趕走，叫我不准留長
髮，只能剪五分頭（跟光頭沒啥差別吧），指著我罵：「你若是
給我考著大學，你頭毛留到土腳都無要緊。」三十幾年以來，
老爸也去世多年，我一直沒機會把頭髮留長，未曾披肩。那幾
年，我們的父子關係時緊時鬆，我開始學抽煙，他知道了，痛
罵我一頓，有天卻丟給我一整包未開封的長壽。於是，我差不
多十六歲就領到「菸牌」了。

我們的三重歲月雖然只有短短四年，但感覺悠長。那段時間有空便
逛書局、舊書報攤、圖書館。我讀到一本評論七等生的書，循線買
到他的小說集，在那個民間社會力即將大爆發的年代，善感悶燒的
菜市仔少年家就在閱讀〈我愛黑眼珠〉、〈跳遠選手退休了〉、〈來
到小鎮的亞茲別〉、〈散步去黑橋〉、〈林洛甫〉的時光中變成喜
愛文藝的青年。見到七等生是十多年後的事情了。1993年左右，跟
著《新新聞》的朋友到他通霄家裡探訪。與他較為熟悉則是2000年
前後在老弟開的地下室酒吧 Front；七等生正在籌劃出版《全集》，
我幫他找到一篇以社會學觀點分析他小說的論文作者。這篇論文，
據說是有人從中研院的垃圾桶裡挖掘出來的。這件偵探任務始末，
以後有機會再詳述吧。

## 1986，鹿港之夏

　　回顧歷史，中壢事件揭開整個1980年代自力救濟社會運動風潮
的序幕。許信良本是國民黨「吹台青」風潮中培養的本土明星，但

是他在這次縣長選舉中脫黨競選，打敗國民黨提名的對手，並且在選舉過程培養了一批黨外運動年輕幹部（包括張富忠）。此後的美麗島組黨運動，導致國民黨在1979年底大規模鎮壓逮捕；1980年二二八當日的林宅血案；1981年暑假陳文成回台被警總約談後陳屍於台大研究圖書館的草地上（我在那個夏天聯考，考上台大政治系；老爸看報紙分類廣告，頂下和平東路師專對面巷子裡一家水餃店「老任」，於是全家突然「移民」到台北市）；台灣又籠罩在白色恐怖的氣氛中。但是國民黨的威權專制已是強弩之末，民間社會反抗國家的集體行動不斷衝撞國民黨設下的警戒線，自力救濟事件層出不窮，讓警方疲於奔命。而黨外運動年輕世代也快速集結；黨外刊物蓬勃，愈查禁愈暢銷，人們競相傳閱。1985-86年自力救濟行動規模愈來愈大，針對性也不斷升高，印象最深的是有一次在街上看到新約教會的信徒舉著牌子，手拿大聲公呼口號，牌子上寫著：「蔣經國是暴君！暴政必亡！」新約教徒被憲警特務逼得走投無路。「民不畏死，奈何以死懼之？」這句話一直在耳邊迴響。新約教會這一類集體行動者，把市民社會的抗爭空間撐開了。

　　1986年鹿港居民的反杜邦設廠運動搞得如火如荼。杜邦公司預定在彰濱設廠生產二氧化鈦，這個投資案因政府決策過程草率而引發抗議。通過張富忠、王菲林等朋友的引介，台大學生在暑假組了一團到鹿港（之前我和幾個社團朋友已經去過一趟），兩個星期住在柯銘祥（大學論壇社社長）家二樓，當作「公社」；其他時間流竄了幾個地方。我們發傳單，做訪談調查，出版報告書。當時我寫了一篇長文（〈彰濱「反杜邦運動」的初步考察〉），批評了跨國企業，陳映真讀到，主動拿給《自立晚報》副刊刊登。記得在台大校友會館發表調查報告的那天（我們在鹿港和彰化海邊鄉村總共做了四百多份的問卷），陳先生還特別來現場看我們。那段期間，我們窩在吳

叡人陽明山上的家十幾天，整理資料，討論下一波行動，日夜打擾
他的家人，伯父母的寬容與照顧讓我們得到喘息。報告書的出版耗
費了頗多精力。黃武雄教授知道我們埋頭分析資料，鼓勵我們把書
編得完整才出版，他並介紹化工系施信民教授寫專文分析二氧化鈦
的毒性，並且幫忙找到牛頓出版社。《台大學生杜邦事件調查團綜
合報告書》終於在1986年9月中出版。報告書裡整理了我們召開的一
個座談會記錄，林志修提到學校派人來鹿港「關切」，調查局也來
騷擾。我們最後決定化整為零離開鹿港。那幾百份問卷由許傳盛騎
摩托車走縱貫線載回台北，找吳典蓉跑電腦程式。那個暑假前後經
歷的事情密度太高了，真是一個發燒狂飆的夏天。《報告書》最後
兩頁，列出了當時參與這個調查運動的名單，這些朋友們許多散落
世界各地，疏於聯繫，有的不知去向，有的則在其專業中成為佼佼
者。這幾年經常出現一個念頭：拍攝一組紀錄片，把參與運動的朋
友找回來，談談這些年來的個人轉折，以及當年參與運動的經驗為
他們（她們）人生際遇帶來什麼影響？記得我赴紐約讀書（1990年）
前，王菲林即提過好幾次，說要留下影像記錄。待我回國，王菲林
已經去世，他在盛年突然患病隕落，讓人不勝唏噓。

　　專制統治的特色是封鎖消息，因此謠言很多。受壓迫的反抗者
這邊，因為統治者的分化策略、反抗者的不安全感等因素，有關「抓
耙子」（間諜特務打小報告者）的傳聞也很多，這些消息真真假假，
難以證實。James Scott所謂的「內部政治」（infrapolitics）常常把受
鎮壓團體內部搞得疑神疑鬼、四分五裂。但我親自經歷過的一件則
是真的。1986-87年，台大校園從李文忠事件（1986年5月）、鹿港反
杜邦（1986年暑假）、大新停社事件（1986年10月）、到自由之愛（1986
年底到1987年）這一連串令人沸騰亢奮的運動中，有個學弟一直很積
極跟我們混。有一晚吃宵夜，喝了酒，他告訴我們他被調查局吸收，

負責盯我們打報告。怎麼被吸收的？他說他愛賭博，欠賭債，調查局幫他處理，從此就陷入其中。那次告白之後，他就從運動場合消失了。也曾經有同學「受調查局朋友之託」約我到仁愛路四季西餐廳喝咖啡。對許多校園活躍者，「四季」是個熟悉的名字。不知道爲何情治單位鍾愛這家西餐廳；這餐廳早已歇業，網路上也搜尋不到蹤跡。

那幾年，新刊物如雨後春筍，吸引許多學運分子投入。有位出獄不久（政治案件入獄）的長輩朋友辦了一份運動刊物，人氣匯聚，大夥經常混在一塊。當時學校社團有人傳說這位主編是抓耙子。在威權統治底下，人們的信任基礎是多麼薄弱？那時才剛解嚴，因爲「線民學弟」的經驗，這傳聞一直困擾我。忍不住問陳映真，記得那是個大熱天，在《人間》雜誌附近的一家麵攤。陳先生聽到我的疑惑，微笑著篤定地說：「不至於」。他的回應讓我釋懷。陳先生知道我家開水餃館，經常帶《人間》同仁朋友來光顧。幾次遇到他，他都鄭重其事地、似要激勵我身爲勞動無產階級的驕傲般介紹我的「出身」。我總面泛羞澀，那時候我大都在混社團搞活動，要不就在書堆中尋找行動或寫稿的靈感，已經少在家裡幫忙了。

1986年是台灣政治轉型的分水嶺。9月民進黨成立；這之前，林正杰入獄前在各地遊行，已經把街頭反抗運動炒熱。蔣經國決定不鎮壓民進黨（只是報紙仍然把「民進黨」置入引號之中），並宣布將解嚴、開放報禁。從此街頭更熱鬧了。這一長波段的街頭運動，一直持續到1992年底「第二屆」立法委員選舉之後才逐漸緩和下來。（第一屆立委組成的立法院1948年成立於南京，國民黨自中國搬遷台灣之後從未改選過，只從1970年代開始允許少許少數的「增額選舉」。）此後，街頭的激情火爆淡出政治舞台，社運主流慢慢進入「制度化」軌道（工會、公民組織、工作室、基金會、國會遊說等等）。

1988年5月20日農民抗爭導致警察的暴力鎮壓,台北火車站一帶,深夜瀰漫著火、水、血混合的煙霧。那是解嚴(1987年)初期最嚴重的暴動與鎮壓。類似的場景,二十年後重現台北街頭,2008年11月中國代表陳雲林來台,引發大規模抗議,剛拿回政權不久的馬政府流血鎮壓抗爭群眾。然而,無論局勢如何變遷,這二十多年來的政治轉型,已經讓台灣成為一個選舉民主體制(或是左翼眼中的布爾喬亞民主)。公民社會也有一定的成熟度。

一個新的因素正在劇烈改變台灣的政治地圖,那就是急速崛起的中國,正以八爪章魚的魔力企圖掌控台灣。冷戰結束帶來地緣政治大變動,世界經濟結構再分工,加上歷史事件的偶合(例如,2001年911事件後,美中緊張關係趨緩),使中國的崛起如此耀眼而炙熱。中國已經成為一個資本主義國家,這個國家的性質,根據中共官方的標準說法,是一個「具有中國特色的社會主義市場經濟」。但事實上,三十幾年來,她的「社會主義」早已底漆斑殘,而「市場經濟」則飽受官僚權貴階級的干預剝蝕。「中國模式」的底蘊是剝削:剝削農工、土地、環境生態。但同時,這個模式也讓國家財力提升,國防壯大,滿足了「祖國站起來」的悲願。

陳映真作為小說家,社會主義理想國的追尋者,「祖國統一」的使徒,早在1980年代初,即已感知到歷史大變動的蛛絲馬跡。〈山路〉中蔡千惠敏銳覺察時代變動的前震,只是她跟所有同時代人一樣,沒能預知中國在當今世界的輕重。鉅變前,得忍受岩盤錯位的輾碾。吳耀忠與蔡千惠,不是同一種時代角色嗎?

## 革命在他方:否定的否定

〈山路〉中,蔡千惠的死,一直很迷惑人。千惠在1950年代來

到貧困的李國木家，她向李家的人佯稱是國木的大哥國坤的遺孀；
李國坤被國民黨槍斃，同案還有一個黃貞柏被判無期徒刑；而千惠
的大哥蔡漢廷向當局自首，背叛革命同志。幾十年後，國木受良好
教育並成為會計師，讓家境改善，過中產階級的生活。這時候千惠
卻無端生了重病……。

　　我找出一份多年前的教學筆記（於清大人社院開設的「台灣社會
民主化」）：

　　　　白色恐怖對台灣社會的長遠影響。從陳映真的〈山路〉和〈夜
　　行貨車〉可以讀出一些重要的訊息。接續在二二八之後，掃蕩
　　共產黨、清鄉運動，造成台灣社會很深的創傷（social trauma）。
　　高壓恐怖統治，使人民對政治趨於消極畏懼，轉向其他方面發
　　展。城市階級便將子女教育轉向商業、工程、和醫學。而由於
　　美國在冷戰中對台灣的政策，鼓勵發展資本主義市場經濟，對
　　台灣開放市場，因此造就了新一代的中小企業家和家族企業。
　　　　因國民黨移入台灣而受害的一代，心中充滿怨怒，但是無法
　　公開表露和抵抗，只能在自暴自棄和苟且委屈中生存。他們將
　　希望寄託在下一代，但是這種寄託的內在精神，不是鼓勵他們
　　改革社會的理念，而是一種結合哀怨、虛與委蛇、與認真上進
　　的「生存之道」。「避開政治、用功讀書、努力工作」成為主
　　宰台灣社會的精神狀態。我們在〈山路〉和〈夜行貨車〉都不
　　斷看到這種精神的複製。〈山路〉中，蔡千惠（為了愛慕革命青
　　年和理想而獻身的偉大女子）竟也如此教育他的「小叔」（國
　　木）；〈夜行貨車〉中，詹奕宏他那失意的父親，也是如此教育
　　小孩。
　　　　情況極端時，偽裝、麻木和雙重標準，在這種精神狀態中表

露無遺：

〈夜行貨車〉的林榮平維持著家庭和情婦的雙重關係；他愛
情婦Linda甚於妻子和兒女，但為了維持不斷爬升的機會，他沒
有勇氣離婚；甚至在Linda被美籍老闆性騷擾時，也裝作若無其
事，繼續討老闆歡心。

美國人和日本人的「經濟和文化帝國主義」的心態，在〈夜
行貨車〉和黃春明的〈莎喲娜拉·再見〉表現得淋漓盡致。性騷
擾女秘書的美國老闆，開除了「狎妓飲酒」的守衛老張；日本
人在台灣四處嫖妓的猖狂，昔日北投、礁溪的繁華（這讓我們反
省近年來一些台灣商人在中國的所作所為）。黃春明和陳映真筆
下，在跨國企業工作或與外國人有生意往來的台灣人，往往變
成「皮條客」、「買辦」。

小說主角的出路和結局。蔡千惠的「慢性自殺」之謎：黃貞
柏獲釋歸鄉的消息，倏然挑動了千惠自己所說已經遺忘多年的
理想和往事。但是，她為什麼要如此自責、自我折磨？

第一，其兄蔡漢廷出賣革命，咬出很多同志，牽連甚廣，千
惠感到一種家族的罪惡感。

第二，在專制、困厄的年代，為了贖罪和理想而到李家去；
如今卻過著布爾喬亞般的生活。但是，細數小說中的物件，李
家所過的生活，不過是當時台北一般中產家庭的生活，並沒有
特別奢華。（作者反物質主義的潔癖，讓國木家的生活與「遠行」
歸來的貞柏桑的牢獄禁閉，形成地獄與天國的對比？[2]）

第三，黃貞柏的歸來，觸動了千惠深埋於心底的既浪漫又刺

---

2　遠行，即入政治牢獄。

痛的記憶。千惠佯嫁到李國坤家，在少女千惠的心中，乃是「背叛」和貞柏之間的愛情盟約。其實千惠第一次見到國坤，就深受震動，被他的理想和人格所吸引，因此，她曾經幻想著身處貞柏和國坤之間，同時愛慕著兩個革命青年。這是故事引人遐思的地方：到底千惠愛貞柏什麼？女人愛男人的心情，還是仰望著革命家的愛？如果是後者，則他愛慕著國坤也是必然的。國坤已經「殉難」，而被判終身監禁的貞柏竟然獲釋。千惠的心理籠罩在矛盾的情緒：既渴望見到貞柏，卻又不敢面對他吧？更令她痛苦的是，貞柏、國坤等左翼份子寄予希望的社會主義祖國如今「墮落」了，引起千惠的質疑，他們這樣的「犧牲」值不值得？如果不值得，那麼她自己的奉獻犧牲，是否值得呢？何況她所「教養」、呵護而成就世俗欲求的小叔一家（包括她自己），如今是生活在資本主義之物質至上的「家畜化」（何其重的詞？）的世界；這原本是他們要革命的對象啊！這一連串的矛盾和衝突，迷惑了垂垂老矣的千惠，終使她意志消沈、萎靡而死。

　假如國坤等左翼革命家是把革命的希望，寄託於祖國，而當祖國的革命竟然墮落了，他們的徹底絕望是必然。可是，這裡不正徵顯著革命份子的幻夢弔詭：把革命的烏托邦寄託在遙遠的「他方」？正是在這裡，我們發現台灣歷史上反抗運動的一種悲劇類型：無法在自己當下生活的社會，縈穩自主自足的實踐腳步。這難道也預言了晚期陳映真的悲劇？

蔡千惠，客觀上死於孤立、自我封閉、充斥悔罪情緒的病室。主觀上，她的求死，是對革命理念的再獻身，是漠視現實的，只想往革命火焰中撲跳的衝動，是對左統路線的否定的否定。

## 政治團契

　　莫掀尋革命的皺褶，惟死亡逃離孤獨？浸淫在小說、詩、與社
會史。「政治團契」，是我與E多方思辨人的政治認同為何轉向，
得到的詞彙。2011年某個秋日筆記：

　　　E要到湖北參訪，台灣方面是夏潮安排，接待方是湖北作協。
　　E的外公叮囑她：「你到大陸去，須小心。個人主義式的言行，
　　在那邊仍然受到注意。」外公是政治犯(於1950年代因為XX鐵
　　路工會案坐牢十五年)，近十幾年信仰統派，看來他仍清楚中國
　　的政治與人權實況，但這似乎不減他對統一的熱望，對共產黨
　　的信仰，對國民黨的原諒，對民進黨的嫌惡。E說過：阿公出
　　獄後、與夏潮積極接觸之前，曾訓誡她們：台灣人應該會講台
　　灣話。但是，阿公現在歡喜講國語。
　　　夏潮聯誼會，作為一個政治團契。
　　　E外公接觸夏潮後的轉變，其中關鍵因素是夏潮的論述與行
　　動方針，團體內的親切互動，使他有empowerment的重生感；
　　再獲歸屬；他沉浸在新的敘事認同中，enabling him to make sense
　　of his suffering；政治親密關係。他開始參加神州旅遊團，回家
　　興奮講祖國建設；每天上社區圖書館讀報紙，搜尋大陸新聞並
　　且剪報；某一年，他開始把票投給國民黨。

## 當異象復臨

　　2012.2.24下午，差不多讀完整本《尋畫》。心情變得沉重，一

直想著「左翼」問題。心神疲憊不寧。

　　連續兩天大雨終停了，便往山上走。近黃昏，媽媽說：到福州山就好。我還是上了中埔山。一入富陽公園，原本的小水溝水量變豐沛，洶湧作勢。往鞍部陡升的盤根山徑，變成行水道，必須在泥濘濕土間涉水。往中埔山的一段山壁小徑上方樹木塌落，逐攀沿斷枝繞行山崖，無危險，有趣味。在山頂小寮停留不到十分鐘，空氣悶滯，雨霧不斷籠罩過來，怕天黑太快不好下山。下山的路仍是泥濘鬆軟，只要不怕鞋子陷入泥土，走起來是舒服的。整個過程我的心並不平靜，急著想抓住思緒的流轉變化，這不就是一種病態的浮現嗎──不斷自我詰問，而詰問本身更強化了病的質地。經過長時間的反身思慮、琢磨與探究，我想我愈能夠趨近所謂身心症的內裡去觀想。

　　昨日早晨讀了一半《尋畫》時，心思是上揚的。真有趣，今日讀完，如此深入那時代的人的困境，而讓我神志低迴。陳素香對於昔日左翼運動同志今日的歸向，有著深深批判，但批判是帶著幾分同理心的。她這樣寫：

　　　魯迅有一句名詩：「忍見朋輩成新鬼，怒向刀叢覓小詩」，我一直誤讀這句詩的意思。以為「朋輩成新鬼」的意思是指「一起搞革命的同輩朋友們成了新統治者的黨羽了」。後來雖然知道了魯迅不是這個意思，但是我的誤讀，對照朋輩之間的選擇和發展，竟也覺得這樣讀魯迅，也挺能描述這三十年間人事情境的轉換。……

　　　其實我一直耿耿於懷這樣的轉換，很想對那些「成新鬼」的朋輩說：革命又沒有成功，當年的浪漫／熱情／理想怎麼就算了呢？但是多半時候，我也漸失銳氣，苟且過日子了。……

　　追憶吳耀忠，莫忘我們的年少初衷，浪漫情懷雖然不足以完
成「革命大業」（革命大業有太多瑣碎的事情要做啊！），但沒
有浪漫情懷，怎能抵擋世俗的各種誘惑和腐蝕呢？[3]

陳素香的喟嘆質問，不單針對左翼傳統，而是對整個社會改革運動
的批判。吳耀忠的寫實主義油畫創作，中斷於遠行；而陳映真的人
道主義左翼烏托邦，也終結於遠行。[4] 他們以各自的方法，走向「社
會主義的現實主義」創作之路，在台灣當代史上，凝聚凍結於一個
時間點，然後是分歧，蔡千惠、吳耀忠、陳映真，乍看角色迥異：

　　路已岔開
　　我們
　　四肢依然盤纏
　　在平行的軌道

時間，藝術，政治。貌離，神合？小說在時間的皺褶中撩撥細節。
詩在時間岩壁的斷裂處尋找一塊新苔。而政治行動呢？
　　2012.2.28夜：晨又傾盆，午後歇，到山中。在寫作中抒放「縱
慾」的矢量。剛讀完尉天驄的〈理想主義者的蘋果樹〉，點字般一
字一字爬行，印證自己的心象與體會。他「把莫斯科和延安設想成
自己生命中的耶路撒冷。」[5] 而我們呢？我想漂回1986年的鹿港夏
夜，喚起肢體勞頓但心志柔韌的同伴們，讓我們乘坐在L那輛小貨

3　〈浪漫與遺忘：誌吳耀忠〉，《尋畫》，頁103。
4　兩人的遠行，在1968-1975年，因「民主台灣聯盟案」。
5　《回首我們的時代》（印刻，2011），頁249。

卡的車斗，靈視著這一幕：

**當異象復臨**
都城宵禁人們
早喪失個性。謠言
湧上街頭地底爬出
鎮暴機器加入造反的
隊伍。拾荒者停止乞食
揀尋花朵與石頭，在聖堂
發願：讓我們挨餓
餓到革命成立的那一刻。

當異象復臨，你說：
讓我們準備好
犬儒主義的最後晚餐[6]

## 後記

　　本文初稿寫於2012年3月。之後讀到林麗雲寫作的另一本書《尋畫：吳耀忠的畫作、朋友與左翼精神》（印刻出版）。無意中協尋到幾幅流落江湖的素描，其中一幅「工地連作」，無產勞動者身負重擔的流動光影，令人印象深刻。7月15日，解嚴25週年，應《蘋果日報》論壇版編輯之邀，寫了一篇〈一九八七〉，提及「野百合世代」，

_____

6　林觸，〈一九八六〉，《中國時報》人間副刊，2011年07月12日。

青年期受自力救濟啟蒙，社會力賁發在我們身上的印記；那個年代，每天都是美好的當下。唯一的遺憾是，我輩迄今沒有創作出引領時代前進的思想，也沒有走出自己的政治道路。把短文寄給朋友，寫道：二十五年前的夏天，掩軋這座島嶼的軍事威權的棘刺網，形式地被拔除了。掩軋的棘刺的形式，三個歷史關鍵字。這個省察，與本文遙通聲氣，故記之。

*作者感謝 M 與 E 的修改建議。

吳介民，中央研究院社會學所副研究員。研究興趣包括政治經濟學、政治社會學、台灣、中國。與范雲、顧爾德合編《秩序繽紛的年代 1990-2010：走向下一輪民主盛世》（2010）。翻譯 Albert Hirschman，《反動的修辭》（2002）。網址：http://www.ios.sinica.edu.tw/fellow/wujiehmin/。

# 夢想共和國的反挫：
## 1980年代的個人備忘錄

黃崇憲

改變並不會經常發生，它就像一道歷史的門扉，只在某些特定的時刻開啟。能夠活在歷史開門的時代，乃是一種幸運，可以見證開門之前的黑暗與恐怖，可以看到門被撞開時的風捲雲湧。而一九八○年代正是一切沉寂都開始飆颺起來的時刻。

——南方朔〈青山繚繞疑無路〉

## 記憶・時間的修辭學

追憶1980年代，彷彿像是在對青春的自己，招魂。

西班牙的布涅爾說過：「沒有回憶，我們就什麼都不是了。」回憶是我們生命深處，無比深沉重要的力量。回憶是奇美的，因為有微笑的撫慰，也有淚水的滋潤。記憶回收的生命敘事，可以成為詩意的棲居之地。在飽經滄桑的中年，以柔和的、懷舊的眼光回望昔往生命的歲月。往昔歲月的點點滴滴，那些渺小的過去，如同神奇的酵母，放大了回憶者對過去的體驗，也深化了自己對現實人生的感悟。回憶讓我們回首來時路，尋找我們需要的東西：安寧、撫慰、生存的意義、堅持的理由，並重拾向前走的勇氣。

德希達也認為：記憶是一種時間修辭學，使人們能夠將其與過

去或將來一起構成現在的在場。當經歷過生命更迭、憂苦與逝去，若回頭看望，你會留下哪些畫面？生命中有哪些重要的停格頑強地拒絕被遺忘？海德格說，人的存在，「此在」，具有追問的形式。記憶一旦有了人生體驗，就變得有血有肉，有脈息；生命敘事一旦有了歷史縱深，也就變得浩茫蒼涼有厚度。對過去感時傷懷的憑欄追撫，「青山依舊在，幾度夕陽紅」的浩歎，「長恨此生非我有，何時忘卻營營」之死亡環伺的惘惘威脅感，以及「枝上花開能幾日，世上人生能幾何」的生命無常感，這一切組合成蒼涼無力的手勢，淒楚的黃昏，遙遠不可磨滅的夢，年輕夢湖上的霧，殷切的思念，悲嗆的祭奠。

說吧，記憶。

記憶像是泛黃的剪貼簿，在時間的羊皮紙上沙沙刷過，在大腦皮層下寫下複雜的密碼。回憶總是傷人，尤其是一個青春不復返，轟隆轟隆倏忽而過的年代。青春曾經餵養著我們靈魂巨大的騷動、飢餓、與徬徨。那憤怒的、挫傷的、頹困的，我們共有的革命與虛無、頹廢與希望。有一個年代是老靈魂的，越遠的越近，越久了越真。到最後，只有老靈魂還年輕著。那個一點也不溫柔的1980年代，究竟，我們相信的是什麼？我們青春時的理想，在過去三十年來的人生經驗、歲月的淘洗下，其內容、意義已經以多種方式被修改和增刪。曾經，我們想要改變這個世界，現在我們只希望還活得像個樣子，過著不上不下的人生。世故了，老去了。如今，我們都成了過去曾許諾過的理想之通緝犯。就像西方的告白文學，回溯自己1980年代的青春、理想、困惑、絕望、和負罪感，也都在半百回首中，得以再度復活。回憶像在暗房中沖洗照片，從顯影劑中逐次呈現。

## VHS視框中的騷動島嶼，1980年代的反抗影像記錄：
## 綠色小組

在我的生命歷程和記憶中，上個世紀的1980年代，和德惠街密不可分。德惠街是讀大學時父母在台北為我購置的居所。由於房子不小，近50坪，起初又只有我一個人住在那裡，沒有大人們的管束，也就自然而然地成了我母親口中的「狐群狗黨」聚集的山寨，朋友們來來去去、進進出出。雖是私人住宅，卻更像龍門客棧。常有朋友來喝酒，聊天到天亮，就留宿下來。最多時曾睡過二三十人，浴室中也常排滿牙刷，彷若青春版的巴黎公社。

1980年，我自台大畢業，帶著大學時期介入黨外運動「案底」之忐忑心情，惶惶不安地入伍當兵去了，德惠街的住所，就由好友王智章和一些朋友繼續住在那裡。人生中真的有許多不可思議的因緣，沒想到德惠街就成了後來由王智章所創設的「綠色小組」的工作基地。

1985年，我和相戀多年的女友長寧結婚，把回台北德惠街探望老友們當成蜜月旅行。住在德惠街的王智章，向我提起，想拍攝當時正風起雲湧的社會運動紀錄片，苦無經費，尚差三四萬元，才得以購買第一架機子。我因剛結婚，身上帶著婚禮時親戚給的吃茶紅包，和長寧討論後，把差額補足，買下了「綠色小組」第一台VHS國際牌電子攝影機。此後，「綠色小組」開始從第一台攝影機的觀景窗前，深入台灣各地拍攝各種抗爭活動，包括政治運動、農民運動、勞工運動、婦女運動、原住民運動、環保運動、老兵返鄉運動、反核運動、學生運動、及各種集體的自力救濟行動。記錄了彼時這塊充滿著不義、矛盾、衝突的，騷動島嶼的反抗影像，並透過地下

管道發行。回顧1980年代，在威權體制強控制體的鬆動中，台灣成為社會運動與集體抗爭大量出現的歷史時刻。「綠色小組」的適時介入，終於衝破了1980年代中期以前，原本由三家電視台把持、傾向官方觀點的電視媒體壟斷，人民第一次掌握了自己的媒體，去呈現巨變中的社會內容。一個新的溝通管道和新的社會文法出現了，反叛的「小眾媒體」代表了台灣人民追尋資訊、表達、言論等方面自由的意願與行動，開闢了一個新的「人民—民主戰鬥」的新戰場。由上而下聯合壟斷的國家意識型態機器，其公信力終於被揭露、挑戰、和撼動。

　　「綠色小組」成立於1986年10月。這一年，是來自中國的國民黨政權在台灣實施戒嚴的第38年。「綠色小組」的主要成員為王智章、李三沖、傅島、林信誼。作為一個運動性的錄影團體，「綠色小組」給自己賦予三項使命。第一，記錄，記錄台灣的社會運動，拍攝的影片大約有3000小時。第二，傳播，也就是以錄影帶傳達社會運動的訊息，剪輯完成並公開放映的影片約有120卷。第三，戰鬥，和官方的電視台進行戰鬥，特別是在發生重大事件，運動遭到電視台嚴重扭曲打擊的時候。因此剛成立的時候，它便把自己定位為民間的運動性團體，也是台灣解嚴前唯一具有顛覆性的反體制攝影團體。

　　「綠色小組」的第一次出擊，就是1986年底的「中正機場事件」，用影像記錄整個過程，呈現了國民黨出動直升機、裝甲車、派軍警圍堵的情形。許信良闖關回台的中正機場事件，軍警向群眾丟擲催淚瓦斯、警車誤闖群眾區以致被掀翻。官方的電視台全面抹黑這個事件，指控反對黨是暴力團體，反對黨的支持者是暴力分子，對反對黨造成相當不利的影響。而「綠色小組」拍攝的「中正機場事件」則適時揭穿電視台的謊言。

「綠色小組」的另一個代表性作作品還有「520事件」。1988
年的520事件是台灣解嚴後第一起造成警民激烈衝突的大規模社會
群眾運動。示威群眾以石塊和汽油彈做爲抗爭工具，強烈對抗代表
公權力的警棍與盾牌。其成因反映了戰後國民黨發展掛帥型國家的
經濟發展政策，長期以犧牲農業，發展工業，忽視農村建設，重視
都市建設爲主。這個大政策方針，主要落實在低米價、低工資、勞
力密集的出口導向工業，犧牲農業利益。在520事件中，警察與農民
在首都爆發激烈的衝突，農民和學生遭到嚴酷的鎮壓，政府逮捕了
一百多位參與者，並利用電視台全面扭曲醜化，說農民運動是陰謀
暴力團體，對參與的農民極盡恐嚇。綠色小組拍攝的「520事件」則
再度揭穿政府與電視台的謊言，極力爲農民平反。由於這支錄影帶
發行量很大，顛覆性很強，所以政府機關一度要查扣影片和拷貝，
綠色小組則發動群眾，成功的阻擋了官方的查扣行動。同時，綠色
小組並成立放映隊，深入各地農村，用大螢幕放映這部影片，告訴
農民事實的真相，鼓舞農民的士氣。520事件是台灣戰後最大規模的
農民請願行動，而警民衝突之激烈也前所未見。時至今日，檢視這
場歷年來最嚴重的街頭衝突事件，警察與民眾將近20小時的激戰、
對立，在警棍、石塊、甚至燃燒汽油的情況下，受傷的民眾與員警，
某種程度的說明了，台灣人爲民主所付出的代價。

這是一場解嚴前後的媒體戰爭，打開了之後在大大小小的民眾
集體抗爭現場，鎮暴警察和人民群體相互衝撞、扭打、身體集結與
暴動的畫面，並以驚動社會的視聽影像管道傳播開來。藉由小眾媒
體的傳播效應，當時整個台灣社會都從戰後大家共同經歷的歷史，
開始產生了截然不同、甚至對立衝突的歷史詮釋。操作簡易、價格
低廉的 ENG（簡便電子攝影機）首度成爲「弱者的武器」。

從回顧台灣社會運動史的角度來看，「綠色小組」的出現是一

個非常重要的歷史現象，其累積的社會運動影像資料，是台灣民主運動最珍貴的影像史料，更是台灣戰後史、大社會變動之影像記錄檔案。「綠色小組」攻擊和挑戰三家獨裁電視台的霸權，開啓了台灣小眾媒體的、政治與社會運動紀錄片的崛起。社會運動紀錄從此扮演一股反省紀錄的角色，肩負反體制、與推動社會運動的、自主性傳播力量。

由於德惠街成爲「綠色小組」的工作室，電話開始被監聽，更常有情治單位要來查扣錄影帶，而和聞聲趕來救援的記者朋友及支持者劍拔弩張對峙的緊張場面。爲此，一個鐵工朋友還打造了一道鑲著綠色和平反戰 logo 的鐵門作爲第一道防線。那扇鐵門迄今依然矗立在那兒，閃著不鏽鋼的冷光。同時，德惠街自然也成了當時許多社運工作者聚會、華山論劍的場所，白天大家各自在不同的社運場域打拼，晚上則不約而同聚到德惠街來喝酒聊天、分享戰果、討論下個行動計畫。遇有「大戰果」時，則共同集資扛來大批啤酒，冰箱不夠放，乾脆堆在滿佈冰塊的浴缸中。通宵達旦的狂飲、唱歌、笑鬧，甚或互擁痛哭。如斯，彷彿就是我們等待黎明的儀式。青春、反叛、性與政治，荷爾蒙與催淚瓦斯，電光石火般地，一起烘焙著我們焦躁但又炙熱的靈魂與身體。那些來去匆匆，出入德惠街、投身社運的朋友們，是1980年代難忘的身影。直到今天，每一想起，就有種深深的對那個年代及友情的懷念。

有一段時間，原住民盲詩人莫那能也住在德惠街，聽他講述妹妹如何被親戚騙到都市爲娼，以及他如何流落到台北，到沙石廠做工資低廉的粗重勞動工作、當起兼差牛郎。之後，又如何歷經險阻波折，把妹妹從私娼寮營救出來，又是如何挺過肺結核、甲狀腺癌、和雙目全盲的悲慘故事。他的個人遭遇，不啻現身說法般地，對我這「市鎮小知識分子」結結實實的上了一課，活生生的被侮辱與被

損害者的被壓迫史。我都還能記得，我是如何飽含著淚水聽完他的
故事，從而也開始關心原住民運動。1984年原權會正式成立前的幾
次籌備會議，就是在德惠街開的，而1984年的連續礦災，更是震動
了我和整個台灣社會。

## 海山煤礦災變

　　1984年6月20日，海山煤礦發生煤塵爆炸，該次災變共造成72
死，大多是阿美族礦工。在海山煤礦災變後20日，7月10日，同縣瑞
芳鎮發生煤山煤礦災變（103死），年底12月5日同縣三峽鎮海山一坑
煤礦也釀巨災（93死）。三次災變總共死了將近300位礦工，創下台灣
工安史上死傷最慘重的工傷意外，而罹難礦工中原住民的比例非常
高。早期原住民青壯年人口中，有很高比例投身這個黑色的勞動世
界。災變現場猶如鬼域，坑內煙塵彌漫，空氣中夾雜著濃濃的瓦斯
味和嗆鼻的焦味，讓人窒息難過。救難人員輪流下坑搶救，不捨晝
夜、不分彼此的投入。

　　災變坑口，每隔一陣就會有隆隆之聲，捲揚機拉出台台煤車，
車上常載滿了土石泥煤，湯湯水水的一路泄著，有時就載運出礦工
的烏黑屍身。一具具屍體包著塑膠布便於扛抬，屍體形狀扭曲怪狀，
打開一看，都被大火燒得焦黑難辨。有一位最嚴重的罹難者身首異
處，幾乎只能靠掛在屁股後面水壺上的號碼來認人。有的死者臉上
佈滿著驚駭的表情，手指曲起，有扒地擦破手指的痕跡，指尖還留
著烏黑結塊，很像是人血與泥土混合的硬塊。坑外等待的家屬們，
張張木訥的臉上淚水不斷，肝腸寸斷哀聲動天；再不就是一臉疲累
的援救礦工們，他們大部分是本坑的，也有各地友坑趕來的，有的
一語不發，有的暗自悲泣成張張大花臉。個個蓬頭垢面，個個臉上

寫滿愁容、心急如焚。死者已矣，留下的妻兒稚女、老父或者寡母，
卻如同置身於人間煉獄。每一位死難礦工的背後，是一個個陷於淒
風苦雨的破碎家庭。縱使能夠救活，變成植物人的機率頗高，對原
本困窘的家計，更是一筆沈重的醫療負擔。

　　向來，林班、礦坑、海洋與鷹架，可以說是當代原住民遷徙異
鄉勞動的代名詞。採煤礦的工作，是一個較高工資但又高風險的工
作。礦工常自嘲說是：「已經入土但未掩埋的屍體。去的話，炸死
一個人，但是不去的話，餓死全家人。」

　　歌者胡德夫紀念海山煤礦爆炸，曾以悲愴的聲音憑弔阿美族同
胞，唱出了《為什麼》：

> 為什麼 這麼多的人 離開碧綠的田園 飄盪在無際的海洋
> 為什麼 這麼多的人 離開碧綠的田園 走在最高的鷹架
> 繁榮 啊 繁榮 為什麼遺忘 燦爛的煙火
> 點點落成角落裡的我們
> 為什麼 這麼多的人 湧進昏暗的礦坑 呼吸著汗水和污氣
> 轟然 的巨響 堵住了所有的路 洶湧的瓦斯
> 充滿了整個阿美族的胸膛 為什麼啊 為什麼
> 走不回自己踏出的路 找不到留在家鄉的門
> 為什麼 這麼多的人 離開碧綠的田園 飄盪在都市的邊緣
> 為什麼 這麼多的人 湧進昏暗的礦坑 呼吸著汗水和污氣
> 轟然 的巨響 堵住了所有的路 洶湧的瓦斯
> 充滿了整個阿美族的胸膛 為什麼啊 為什麼
> 走不回自己踏出的路 找不到留在家鄉的門

　　胡德夫雄渾又悲憤的聲嗓，如同天問般的控訴，唱出了原住民，

從高山走入地底的，被壓迫者的吶喊。那段日子，我常在酒後的深夜，聽著這張卡帶，一遍又一遍，久久不能自己。

此外，有些「綠色小組」拍攝的畫面，也一直盤繞心頭揮之不去：

（畫面一）：老兵返鄉探親運動

1987年4月「老兵返鄉探親運動」是解嚴前後各式運動中，最短小、最尖銳的一根刺。它刺破了戒嚴令下、長期高壓控制的社會氣氛，也改變了之後的兩岸關係。外省族群壓縮四十年的親情、思念、以及對祖國長年以來的各式想像，全部一湧而出。畫面上出現，用紅色廣告顏料寫著「想家」、「望穿山河四十年」白襯衫，在街上散發傳單，滿臉悲悽和憤怒交織在一起的老兵。在金華國中大禮堂，舉辦的母親節群眾大會，由老兵們組成的想家合唱團，在台上演唱「母親妳在何方」，台上台下哭聲連天……

（畫面二）：自由之愛——「只要真理存在，我們終將回來」

1986年，因為刊物內容不符審稿制度，以及台大校方不滿大新社的言論，大新社遭到停社一年的處分。大新社遂與其他幾個社團結成聯盟，不理會審查制度直接發行刊物《自由之愛》、發起「大學改良芻議」連署、參與學代會選舉、組織「漫步」遊行，直接挑戰了校方的權威。同年12月24傍晚，夜色漸沉中，台大「自由之愛」學生，將台大校門每棵椰子樹綁上黃絲帶，現場播放Joan Baez的抗議歌曲。大橫布條上寫著「只要真理存在，我們終將回來」。在面臨校方恐嚇，上台演講可能會遭受退學處分的威脅下，學生們一個個站上了肥皂箱，進行演說。學生是時代的溫度計，在1980年代末的學潮中，學生除了爭取校園內的自由，也廣泛關注社會上的各種議題，主動走入社會中接觸、訪問民眾（如鹿港反杜邦運動）。每個時代的青年理想主義，就反映了那個時代的文明高度。

（畫面三）：……

## 從文藝少年到憤怒青年

驀然回首，整個1970-80年代是我啟蒙、蘊蓄、轉折、透過生命的撞擊而成長的歲月、生命的軸心時期。激流的年代、亂雲的心情。那是一個身心都在起著重大變化的年代，生命中的 youthquake（仿擬 earthquake）。而我又是如何走過那段浪莽顛狂的歲月，蛻變成今日的我？艾略特所說的：Only through time, time is conquered。凡用心活過的歲月，畢竟真的會留下痕跡，那怕只是雪泥鴻爪。

美麗島事件與林家血案是我成長中重大的創傷事件，讓我由個人內心世界與自我耽溺的私領域，轉向公共領域的積極參與投入。讓我由自艾自憐，沒有什麼氣力的個人感傷世界，逐漸走出來、蛻變、內在革命、確立生命終極的關懷。從文藝少年，到憤怒青年。沒有1970-80年代之交的美麗島事件，與林家血案的內在創傷，我不會轉向社會學。從慘綠的文藝青年，走向社會學式的思考。從個人內傾的自我耽溺的內心世界走出來，進行宏觀的社會學思考。從社會學的思考去回溯自己的生命傳記。昔往生命一層一層所堆疊起來的肌理紋路，形成生命的沖積扇、肥沃月灣、和實踐的地質學。1970-80年代之交，正是我生命的軸心時期，此後路徑依賴地形塑之後生命的大方向：循著內在鼓聲前進的自我追尋、政治關懷為基底的知識實踐、知識背後的社會焦慮。並構造了我生命中交揉的兩個主軸：自我誕生的胎記（愛好文藝的、頹廢的、自我耽溺的）與成長的灼熱疼痛烙印（政治啟蒙、美麗島事件、與林宅血案，作為個人覺醒的重大創傷事件、啟動社會關懷與政治參與）。胎記是自我誕生的紀念；烙印卻是自我成長後獻身的誓言。

　　慘綠文青時的我，all gestures（專專姿勢）、「傢俬頭」一堆：抽煙斗、捲菸絲、喝 Gin Tony、寫詩（寫了不少望文生義的花名，卻從沒見過那些花，九層塔和九重葛不分，落霞與孤鶩齊飛）。想創作但又疏懶荒嬉，因不能直面創作帶來的焦慮與挑戰。腦袋裡想好了一堆想寫的文章篇名，記在一本隨身的筆記本中，但都沒有下（正）文。好友王智章常糗說，我第一本該出的書，就是寫滿標題的小冊子，整本書就是我未能寫出的文章篇名目錄。此外，文青還要有點神經質、歇斯底里、失眠。當然，最好也有點胃潰瘍、偏頭痛，這都是「文藝青年」該有的「行頭」、「配備」、和「氣質」。

　　我們喜歡夜晚和邊緣的生活，迷戀愁悶的播放藍調的小酒館，或煙霧瀰漫的地下室酒吧、放蕩的生活、和渴望英年早逝。打心底服膺，活得精彩，比活得久更重要。面對死亡，泰戈爾的說法最深得吾心：「是死亡為生命之幣烙上面值，如此方能用生命去購買真正有用的東西。」

　　在酒後午夜的台北街頭，穿著綠色美軍外套，邊走著，邊朗朗上口的，朗誦著瘂弦的詩句：「我等或將不致太輝煌亦未可知……」，腳下踩著的，則是成排停在路邊的車頂，一部跨過一部。穿著自己設計，繡上 Nihilist（虛無者；俄國無政府主義者）的 T-shirt 上衣，腳上踩著藍白夾腳拖。穿夾腳拖，是青春反叛的，溫和社會宣言。因為威權戒嚴體制的壓抑，個人的反抗不能以刺耳的標語之姿出現，只能把叛逆隱藏在矯情、波希米亞般的、泰然自若的面罩和偽裝之下。我們認為堅持叛逆、「耍酷」，可以保有部分的靈魂整體性，這提供我們一塊象徵性的領土，是 KMT 威權體制管轄不到的。

　　搖滾樂則是生活中重要的關鍵音符，把我們和父母、師長的世代隔開來。那時還沒有龐克和嘻哈，我們在黑人音樂和民謠音樂尋找真誠，以替代當時那些愛來愛去、風花雪月般的國語流行歌曲。

Woody Guthrie, "This Land is Your Land"; Pete Seeger, "We Shall
Overcome"; Joan Baez, "Where Have All the Flowers Gone"; Bob
Dylan, "Blowing in the Wind"。黑膠唱片嗶嗶剝剝的炒豆子聲，把你
帶回悠遠斑剝的記憶。Bob Dylan 那沙啞、疲倦的聲嗓，只能屬於
老靈魂的民謠詩人的吟唱，讓你激切地想傾吐透支了的青春反叛備
忘錄。我們也不喜歡好萊塢體面的安全主題電影，那種健康陽光片。
我們比較喜歡《畢業生》、《我倆沒有明天》、《虎豹小霸王》、
《計程車司機》、《黑夜追緝令》、《巴黎最後的探戈》，《發條
橘子》、《午夜牛郎》、《逍遙騎士》、《替天行道》。

我們嗜讀 Jack Kerouac「垮掉一代」的聖經 On the Road，幻想
著追隨他漂流過的美國最老的一號公路，一路從東岸紐約橫越廣袤
的中西部，到舊金山，並且在頭上插一朵花，宣告一種新的價值、
新的生活態度、以及愛與和平的新世紀的到來。一路上吃無數 apple
pie、ice cream，坐無數的順風車，睡無數的車站，搭訕無數女孩，
會過無數晃盪奔天涯的流浪者。我們夢想著，也有自己的一號公路，
一條彎彎曲曲的，自我啓蒙旅途。最重要的是，我們想離開令人窒
息的台灣。

而薩林傑的《麥田捕手》又是那麼恰切地擄獲了我們 rebel
without a cause 的徬徨、反叛的善感心靈。該書是「反英雄」經典形
象的代表作，主角 Holden 厭倦、痛恨成人世界的虛假醜惡，卻無力
改變現狀。於是，他只得選擇放縱、墮落、自暴自棄、以「虛僞」
和「撒謊」的方式，去反抗現實社會的「假模假式」，是一個孤獨
的桀傲不馴的，具有鮮明反抗性格的青年形象。作爲一個未成年人，
他只能以有限的能力（無視傳統、叛經離道的行爲舉止、言語談吐方
式）作爲「日常生活抵抗的隱蔽腳本」。

Holden 的心願是去麥田裡做一個忠實的守望者，終生守望著孩

子們不再受到「污染」，保護他們的純真無邪。Holden 痛惜純真童年的流逝，又拒絕進入虛假的成人世界。他勢必選擇流浪、走向邊緣、同時不放棄自己的使命：保護孩子，建立有益於孩子們健康成長的自由的精神家園。《麥田捕手》觸及了當時我們心靈中最脆弱的部位，使我們真正體會到自己的徬徨無助。Holden 替我們發出「嚎叫」，我們在吶喊，在反抗，只是大人們從未聽見而已。我們卻在Holden身上找到自己的影子，並隱隱刺痛著我們年輕善感的心靈。

青春，是一份不可思議的禮物、生命中唯一的奇蹟。她是如此之美，也如此、如此之短。青春，也是最昂貴的單程車票，因為她一去不回頭。

## 壓傷的蘆葦：美麗島事件

整體而言，我的1980年代是憤怒的、挫傷的、頹困的。我的1980年代，披覆著美麗島事件揮之不去的不可承受之重。

1980年代最後一個月發生的美麗島事件，令我激憤、哀傷，那似乎也是台灣1970年代結束前最後的激憤與哀傷，我也彷彿結束了一場顛簸疲憊的航行。要談台灣的1980年代，就非得從「美麗島事件」的挫敗講起。1980年的臺灣，政治氣氛是肅殺保守的，在前一年的美麗島事件、林義雄家的滅門血案之後，又發生了反對人士旅美學者陳文成，陳屍於台大校園，以及1989年在鄭南榕出殯日詹益樺的自焚事件。美麗島事件為1970年代寫下悲愴的句點，也為1980年代掀開了激動的序幕。

「美麗島事件」所積孕的是一股「反國家機器體制」的強大民間力量，是台灣社會自二二八以後歷經漫漫長夜，直到1970年代戰後新世代崛起，所長期累積孕育出來的一股涵蓋政治、文化、本土

以及其他面向的運動。它是戰後台灣反對力量最集中的一次反擊，爾後1980年代的所有反對運動都無法和其相埒。而1980年代的臺灣，正是在美麗島事件後全面大反省的騷動年代，無疑地必然會在台灣歷史中，留下里程碑的地位。

在我寓居的德惠街門外，牆上掛著引自聖經上的：「壓傷的蘆葦，祂不折斷，將殘的燈火，祂不吹滅，凡奉行公義的，終將得勝。」在那大逮捕的肅殺氛圍中，我只能將自己的憤怒，如此低調地呈現。「美麗島事件」後的生活主調，是徹徹底底的挫敗、茫然、無望、徹底的敗北，就像降青春的半旗。我和朋友們開始研究愛爾蘭共和軍、巴勒斯坦解放組織、都市游擊戰、和如何製造土製炸彈。

我們一群台大論壇社的憤青們，像踩著斷了軸的風火輪的哪吒。我們的「民主大業」之夢想共和國，一夕之間崩倒，只能枯索地站立在夢想的殘骸之上，只能踩著烈火青春過的灰燼過活。只能以充滿知識分子道德使命感的空洞、虛矯身段，蹈空地大談抱負理想。1970-80年代的政治介入，讓我認識到沒有一勞永逸的烏托邦。同時，1980年代的我們普遍感受到「文藝無用論」，與其寫那些有的沒的五四三文章，不如勇敢的上街頭，不是用筆，而是用身體站出來。不甘於停留在巴斯卡所說的，「人是會思想的蘆葦」。我們憤怒，想將革命的浪漫情懷，寫在歷史的宣紙上。在當年的社會運動中，我被鎮暴警察的消防水柱沖倒過好幾次，並多次站在第一線，夾在警察和憤怒的民眾中，自動地當起糾察隊員。政治氣氛如此險惡，那是一個國家可以隨時吞噬個人的時代，個人面對著強悍、專橫的威權體制，像瘦小的大衛仰望著巨人。

但1980年代也是理想主義風起雲湧的時代，是台灣掙脫舊枷鎖，翻開歷史新頁的時刻。政治、社會、經濟和文化等領域內的激變，在在使我們看到台灣圖像往複雜、詭譎的性格輻湊。1980年代

站在新舊典範替換的臨界點上。台灣1980年代的巨變，不只是政治強控制體的鬆動重組，還是社會文化價值的丕變。對我來說，1980年代是一個苦難與輝煌並存、希望與幻滅的殘酷年代、那是青春的暴動成長，也是凋零離亂。1980年，我自台大畢業，翻開那年泛黃的畢業紀念冊上，我的留言是：「我們以苦痛、眼淚、甚至全生命，去迎接未來美麗的新世界。」（多麼陳映真風啊！）

　　整個1980年代與1990年代之間，臺灣有一場精神叛變的發生。許多價值觀因為新事物的出現一瞬轉變，原本遵循的典範開始轉移、權力開始重組。1990年代的臺灣，則是告別的年代，告別1980年代以前我們所熟稔之舊世界的起點。1980年代最值得驕傲的就是民間力量的覺醒，凝聚成台灣最流行的《愛拼才會贏》這首流行曲，林強的《向前走》更是唱遍了大街小巷，反映了當時台灣曾經擁有的某種昂揚、樂觀、與集體自信心。1980年代的運動特色就是多元浪漫。沒有一個時代會像1980年代，如萬花筒般的混亂，光芒炫目。1980年代是激動澎湃的年代，舊的威權體制在崩潰當中，臺灣的民間社會卻還在尋找新的秩序。就如同馬克思在《共產黨宣言》所說的：「一切堅固的都煙消雲散了」。

## 德惠街・青春的好望角

　　1970-80年代的台灣，空氣中，醞釀著衝突和不安，但也飄蕩著一種美好的熱切。在這個多颱風的島嶼上，一場又一場的社會衝突，不斷地衝擊著她的歷史航道。Bob Dylan 的"The Times They are A-Changin"。我們俯仰其中，Children of Revolution，天地悠悠，人的存在，如滄海之一粟。我何其有幸，蒙命運之神的寵眷，得以在德惠街和一些朋友們，在困頓與顛躓中徬徨向前，一起成長。德惠

街是我生命中一個重要的歷史地標，在我的人生轉彎處，召喚著我
航向激進的希望烏托邦。

　　驀然回首，在德惠街的家，我一方面過著和朋友們高談闊論、
放酒高歌的波西米亞式的大學生活，寫詩，戀愛；一方面似乎是人
生的擦邊球般地，意外撞見政治(然後就一頭撞上去)，激情地捲入
黨外民主運動，衝撞威權體制。因緣際會，在大三時開始爲《美麗
島雜誌》寫稿，騷動年代的體制反叛，我被基進化爲不折不扣的an
angry young man。1970年代末的黨外運動讓我們活得很興頭，夢想
彷彿伸手可及。1970年代，曾經是夢想共和國的年代，we live for
politics，不像現在的從政者 live by politics。那時的政治參與，有著
素樸的理想、理直氣壯的正義感、和巨大真誠的感動，召喚著我們
前進。迄今，我始終認爲「黨外」不能直接化約地等同於民進黨。
我比較喜歡當「終身的黨外」，不加入任何政黨，還是比較懷念當
年「黨外」帶著草莽氣的江湖與時代。然而，相較於我們的老政治
犯前輩們，我常覺得我們這代四五年級生是非常幸運的。我們的政
治啓蒙、覺醒、轉向，剛好伴隨著台灣大環境的改變。政治氛圍的
改變，使得我們並沒有付出太大的代價，但對前行者的政治犯們來
說，卻付出了慘痛巨大的代價。

　　1970-80年代的德惠街是我們八方風雨、青春結義的水滸。對
於上世紀，1970-80年代之交的，那些困守在頹廢中，自我感傷、相
濡以沫的我們，一廂情願地把自己塑造成地下黨人般的左派人物。
我們在那裡相互取暖、依靠。在德惠街鋪著長毛地毯的客廳地板上
讀馬克思，沉醉在巴金翻譯、由帕米爾書店出版的舊俄安那其主義
者的著作中：《麵包與自由》、《一個反抗者的話》、《彼得克魯
泡特金自傳》、《法國大革命史》、高爾基《人間》等書。這些書
不僅成爲我們的夢想，也點燃了我們心中的火燄。我們聽李雙澤、

Bob Dylan、Joan Baez、 Beatles、Simon & Garfunkle、Leonard Cohen、
大量喝酒、但有時只是自我荒頹、閒閒百無聊奈地混著。理想在風
中飄蕩，現實上卻毫無著力之處。

我們一邊用酒精和夢支持著生活，一邊熱切又虛幻地追求著被
威權體制囚禁和問吊的理想。縱酒無度，儼然就是我們的「戰鬥姿
態」。我們有時像年輕的布爾雪維克黨人，有時像波特萊爾的浪蕩
子、班雅明筆下的閒逛者。那時，我們是憤怒的年輕人，至少我們
自己覺得，就算不是真正的革命者，也是要改變這個世界的人。現
在回想起來，還深深地眷戀著當時的叛逆、茫然，但那已是無可贖
回的過往。Bob Dylan 的 "My Back Pages"。Leonard Cohen 說的 "Poetry
is just the evidence of life. If your life is burning well, poetry is just the
ash."

德惠街，令我熱切懷舊的、青春的拜占庭。

德惠街是24小時不打烊的夜店，也是任何酒後無處可歸、來者
不拒的棲息所。德惠街彷彿就是1970-80年代的小餐館、街角咖啡
屋、激進書店、Jazz Bar、Woodstock、文化據點和研討政治的地下
黨部。

> 德惠街是青春首航的好望角
> 浪蕩子相互取暖的耶路撒冷
> 江湖弟兄朝聖的麥加
> 憤青放情菸酒，高談闊論的文化沙龍
> 浮游群落的棲息地
> 游牧民族的綠洲
> 政治異議者的流亡政府總部

永遠回不去的失樂園

波希米亞的首都，就是德惠街

黃崇憲，任教於東海大學社會學系。最近開授「趨勢社會學：酷美學與反文化」、「知識分子與社會實踐」、「小說與社會：從左翼到魔幻寫實」等課程。目前在構思自傳的社會學書寫之可能，暫名之為「自我社會誌」。

# （二）文藝與政治：
## 紀念吳耀忠

# 以文藝進行社會實踐

陳瑞樺

　　為了替畫家寫下生命故事，為了追溯台灣戰後現實主
義文藝的流變，為了理解台灣左翼精神的發展，由此展開
的一段追尋……

　　2012年2月到6月，「尋畫——現實主義畫家吳耀忠」系列展覽
在紫藤廬、宜蘭縣文化局、清華大學藝術中心、白屋陸續舉行，其
間共舉辦了五場座談會，總主題是「以文藝進行社會實踐」。第一
場座談會的主題是「從1970年代走來：文藝做為一種社會實踐的軌
跡」，由楊渡、徐璐、鍾喬、陳素香擔任與談人；第三場的主題是
「傾聽1980年代的風雷：在文藝與政治之間的社會實踐道路」，由
鍾喬、王智章、黃崇憲擔任與談人。這裡收錄的楊渡、徐璐、陳素
香、王智章的文章，正是他們四位就發言稿改寫而成的專文[1]。

---

1　鍾喬的文章〈也是革命者的鐵屋——在吳耀忠回顧展的連想〉刊
　　登於立報2012-4-12。參見http://www.lihpao.com/?action-viewnews-
　　itemid- 117144。黃崇憲在座談會中的報告，其中一部分轉化為刊載
　　於本期《思想》的專文。王智章的文章原本將刊載於《人間思想》
　　第二期，經陳光興主編慨允並徵得作者同意後轉由本輯刊出，於此
　　謹致謝忱。

## 以反思做為紀念

　　楊渡、徐璐、鍾喬、陳素香、王智章、黃崇憲都生於1950年代後半，在1970年代受到現實主義文藝的影響，並於1980年代初隨著個人機緣投身實踐。雖然機緣不同，但彼此間卻有著以現實主義文藝精神所貫通的內在聯繫，不同的生命軌跡也因此而有了交會。楊渡、徐璐、鍾喬、陳素香等人曾經共同參與了《大地生活》雜誌的發行、編輯、撰稿。《大地生活》雜誌在發行十期之後就因經濟難以為繼而結束，之後因為這個平台而聯繫起來的四個人各自尋找新的實踐場域。楊渡在中時報系擔任記者、主筆，將寫詩的筆轉而用於記錄海峽兩岸的社會變動，今日擔任中華文化總會秘書長，並創辦南方家園出版社，以出版傳播左翼人文；徐璐到《自立晚報》、中華電視台等媒體工作數年，而後在社區及部落的工作中聯繫回原初對於土地歸屬的嚮往與感動，與友人共同設立台灣好基金會推動在地文化與產業；鍾喬在參與《關懷》、《大地生活》、《人間》等雜誌的編輯之後，轉而在1990年代投身民眾戲劇，創辦差事劇團，一方面以做為藝術表現的戲劇進行現實批判，一方面以做為組織方法的戲劇進行民眾培力；陳素香離開報社後投入勞工運動，目前在台灣國際勞工協會(TIWA)繼續為勞工爭取權益，並發展出以紀錄片來訴說移工故事並讓移工自己訴說故事的文藝實踐；人稱麻子的王智章在1984年參與組織原權會後，於1986年與友人成立「綠色小組」，以攝影機在社會運動的現場拍下一部部影片，呈現被主流媒體所掩蓋的真相，並且在今日仍繼續以攝影專長，參與風災後的部落重建工作；黃崇憲則在台北德惠街住處創造了當時社運參與者聚會進行政治、社會批判的重要空間，並在經歷社運風潮之後，投身

社會學研究，成為今日的公共社會學家。正是在德惠街，崇憲和麻子、楊渡、徐璐、鍾喬、香香，以及許許多多的朋友在黨外的旗幟下聚會、飲酒、高談闊論、相互取暖。也是在那裡，崇憲認識了被徐璐帶過來的吳耀忠。

我們邀請這幾位當年吳耀忠先生眼中的「年輕朋友」，一起來回顧自己從1970年代以來的生命經歷，述說自己在成長過程中如何接觸了現實主義文藝，如何投入社會實踐，由此呈現與吳耀忠認識的因緣，進而反思文藝與社會實踐兩者關係在戰後台灣的流變。透過這樣的安排，希望能讓這場紀念不只停駐在一個帶著生命遺憾的歷史段落中，並且能夠轉化為實踐經驗的反思，呈現出生命及歷史延續的意義，既和吳耀忠所處的世代對話，也為來者提供思考問題及反省實踐的素材。

## 以文藝進行社會實踐

文藝如何變成社會實踐？這個問題可以從三方面來考察：個人的實踐歷程；不同時代條件下以文藝進行社會實踐的路徑、作用與限制；文藝創作與社會實踐的親和與緊張。

社會運動有其生命，會隨著歷史條件所提供的動能而萌發、興盛、常態化，乃至滅散為歷史的一個註腳。但回到個人的實踐歷程來考察，我們卻又發現，在運動轉化或結束的同時，參與運動的行動者也開始尋找新的社會實踐場域、探問另一種社會實踐的可能性。從個別運動來看，是沉寂了；但就個人的生命來看，卻是延續的。

延續，不只是個人生命實踐的軌跡，並且是在不同世代行動者之間的意義傳遞。就如同陳素香在文中寫道，年長之後回看，才明

白自己經歷的這一切並非偶然。在生命的緣遇及會聚中，我們所經歷的事，在心裡埋下了一顆種子，隨著歷史條件而開展出行動的方向、目標及動力。

　　然而個人生命軌跡不能不帶著時代的印記。1970年代後期的鄉土文學論戰將先前的現實主義文藝實踐，拓展為文藝與社會關係的討論；1979年的美麗島事件，刺激了更多青年投入社會及政治的批判。邁入1980年代，黨外雜誌前仆後繼地出版；文學（文字）與美術（影像）辯證地結合，表現為小劇場、民眾紀錄片等新的文化實踐。1980年代的台灣，風雷不在遠方，而在島嶼激揚迴盪。經歷了現實主義文藝洗禮的青年，在新的時代條件下投身不同的實踐場域。如果說在1970年代，文藝是青年在尋求社會實踐時，蜿蜒在眼前的少數可能道路，那麼到了1980年代，文藝已不足以表達青年的思想及情緒。另一方面，政治控制鬆動所開啓的條件，也讓直接的社會批判及衝撞變得可能，文藝場域的實踐轉而開展出政治場域的實踐，在1970年代開展的文學性公共領域，到了1980年代轉化為政治公共領域。

　　文藝實踐本身也經歷了多重的轉化。其一、由於文藝場域內在的創新要求，懷抱社會實踐旨趣的文藝工作者已無法滿足於只從寫實主義的傳統對社會現實進行反映、說明與批判。其二，如果說現實生活的內容本身，已經因為消費社會發展，而變成了一種超現實，那麼對於這種現實生活的感覺，以及在這種感覺的驅動下所做的文藝表達，就無法只局限在寫實主義的風格當中。其三、文藝表現本身因為新技術媒介的出現也有了不同的發展，例如紀錄片：它結合了影像、聲音、文字，相對於此前的文學跟藝術，它提供了一種更具整合性的藝文表現方式。其四、在新的時代條件下，文藝從過往做為社會實踐的少數可能路徑之一，轉變為開啓新的可能性的社會實踐路徑，用來開展透過其他實踐方式所不易觸及的層面。

文藝創作與社會實踐之間，不只存在著親和關係，同時也存在著緊張關係。一方面文藝表現受社會條件所影響，另一方面文藝創作又力圖超越現實條件的束縛。如果文藝創作的能量源自於內心的觸動，那麼這股能量同時指向了兩個方向：一方面由於情感認同，而試圖把對象所經歷的生命，所遭受的困頓、苦難與美好表現出來；在另一方面，文藝的創造精神引領文藝工作者追尋心靈上的自由，希望超越現實條件對於創作動力的束縛。情感認同與追尋自由這兩種力量的關係，時而結合、時而緊張。正因為藝術創作聯繫著這兩種動力，以文藝進行社會實踐才引發許多的討論與爭議。

藝文工作者並不必然都將自己的創作理解為一種社會實踐，然而一旦尋求將自己的文藝創作與社會實踐相聯繫，現實主義文藝便成為一種重要的參照。它的積極作用在成為文藝創作的思想資源，而非創作的規則與束縛。它提供一種能夠結合藝術心靈跟淑世理想、結合心靈自由和情感認同的可能性，也由此通往一條艱辛但美麗的路途。

陳瑞樺，清華大學社會學研究所助理教授。於2009-2012年間，與林麗雲、蘇淑芬共同組成工作團隊，環繞著吳耀忠進行一系列包含了調查、出版、畫展、演講、座談的文化研究／實作計畫，名為「尋畫」。

# 八〇九〇二千以及之前和之後[1]

陳素香

要回憶1980年代，覺得有一點害羞，因為當時的自己真的是很幼稚的小孩，任性、懵懂、傻裡傻氣地橫衝直撞。但是也或許因為單純熱情，而得到許多左翼前輩的提攜，致使往後三十年，自己的生命經驗與台灣左翼的現實和發展，息息相關。

就從畫家吳耀忠說起吧。我跟吳耀忠幾乎可以說是不相識，唯一一次跟他見面，大概就是跟《大地生活》雜誌社的同仁一起去淡水夜遊。那時候還是淡水的老車站，大家在河邊遊蕩之後，排排坐在火車站前的石階上，吳耀忠帶著醉意，領著我們唱國際歌、義勇軍進行曲。那年我剛從世新畢業，才20歲左右，根本無知於這樣舉動的危險性，只是對吳耀忠這種政治犯充滿了好奇心，也覺得很刺激，所以印象特別深刻。

就那麼一次，我見到吳耀忠，其他的時間幾乎沒有來往[2]，但是我卻擁有他的三張畫。如今回想，吳耀忠贈畫的心意，應該是在1980

---

1　本文純屬個人片段回憶與感想，必有不周延之處，敬請見諒。
2　對吳耀忠的記憶僅止於夜遊淡水那次，其他場合或許也見過他，但都沒有留下印象，我甚至忘了參加過他的喪禮；因為遺忘的很徹底，讓我思量許久。可參考《尋畫──現實主義畫家吳耀忠》一書中我寫的〈浪漫與遺忘──誌吳耀忠〉一文。

年那種浪漫的年代，才會發生這樣的事，今天大概不會再有了吧。

# 一、七○

在訴說和吳耀忠相遇的1980年代之前，我想說說在那之前的1970年代，自己和台灣社會經歷了什麼。既然我們將吳耀忠定位成台灣戰後現實主義的重要畫家，那麼就讓我們從文藝開始講起。在我成長的1970年代，台灣的文藝／文化界，大抵上是以源自歐美的現代主義為主流，凡是喜好文藝的青年，大概沒有人不讀余光中、楊牧、鄭愁予、白先勇、歐陽子、王文興……等等人的作品吧。電影也是，充斥著好萊塢的商業娛樂片。但是同時我們也讀陳映真、黃春明、王禎和，或者躲到已經式微的舊書店，翻找1930年代的文學禁書；整體來說，那個年代的文藝青年大抵都經歷過這樣的養成過程。直到1976年的鄉土文學論戰，像我這樣懵懂無知的雜食文藝青年才慢慢感知文藝的社會性，並透過文藝思想的論爭，探索著台灣社會的現實。可以這樣說，鄉土文學論戰對我的刺激和影響，是把我從一個膚淺幼稚的文藝青年，慢慢地轉變成具有社會關懷意識的「憤青」。

許多年後，有機會聽夏潮雜誌總編輯蘇慶黎談鄉土文學論戰背後的腥風血雨，才知道那是多麼驚險的一場文字獄，差一點就要人頭落地了[3]。即便對於背後的政治緊張氣氛一無所知，但是對當年的我而言，鄉土文學論戰仍是一場震撼教育，衝擊非常的大。當年校園民歌非常的流行，我們都很喜歡楊弦以余光中詩作譜曲的《鄉

---

3　根據蘇慶黎的說法，是當時《中華雜誌》的發行人胡秋原、《中共興亡史》作者鄭學稼出面說服蔣經國不要抓人，才免去牢獄之災。

愁》、《鄉愁四韻》、《迴旋曲》，也很喜歡余光中的詩集《蓮的
聯想》、《白玉苦瓜》等等；所以讀到陳鼓應三評余光中的文章，
真的把我嚇到了！竟然有人這樣批評余光中的詩？但是我也因為這
樣的衝擊困惑，開始去接觸當時的《夏潮》雜誌、黨外雜誌等等，
於是就跟當時一些社會思潮或反抗運動連上一些關係。

現在回想這些過程，其實是混亂無知卻莽撞熱血的，同時也被
當時台灣社會即將噴發的反抗力量牽引著。

1970年代末，仍是報禁、言論監控森嚴的年代，許多人對報紙
的言論很不信任，常會說「報紙只能拿來包便當」或「報紙要倒過
來看」，以此表達對報紙言論的不屑。在這種言論箝制、新聞檢查
的年代，很多敏感的政治事件，在報紙上通常是被淡化或封鎖的，
除非懂得從字裡行間看出一點門道，不然真的會不知道社會上發生
了什麼事，或者很容易就被片面的言論所引導。

我比較幸運的是，因為念的是新聞學校（世新），所以對新聞的
敏感度和接收管道比一般人多一點。當年美麗島事件，或更前一兩
年的中壢事件，媒體的報導都非常片面且負面，可是因為在新聞學
校裡，我們有些編輯採訪的老師都是第一線的記者，譬如耿榮水、
卜大中、李利國等任職於1970年代末相當較具自由主義色彩的《中
國時報》，他們在課堂上轉述的新聞現場不同於媒體呈現出來的事
象。這讓我對於社會真實的脈動產生了好奇。

1979年底的美麗島事件，對很多人產生巨大的影響，對我也是；
那是一個奇特的相遇和撞擊。美麗島事件發生當天，原本我正要跟
同學去採訪美麗島雜誌社；那時候因為要做編採科的畢業班刊，同
學們討論要做什麼專題，班上有位同學是張俊宏的姪子，來自政治
世家，他建議說：「我們來做黨外雜誌報導。」大家聽了之後覺得
很興奮，有挑戰禁忌的刺激感。我們就約了《美麗島》雜誌和《八

十年代》雜誌，要去採訪他們。正是12月10日那一天，我們約好拜
訪《美麗島》雜誌，結果事情發生了，當然就沒有採訪成。

　　隔了幾天，我們依約前往採訪《八十年代》的總編輯司馬文武。
那天應該是美麗島事件發生後的第三天或第四天吧。那個時候的《八
十年代》雜誌就在和平東路和新生南路口的一棟大樓；我們幾個穿
著世新制服的學生，下課後坐公車到和平東路口下車，嘻嘻哈哈的
過馬路，走進那棟大樓的中庭，當時都不知道那是多風聲鶴唳的時
刻，人家說「青瞑不驚槍（盲人不怕槍）」，真的是！我們就這樣天
真無邪地背著書包進了大樓，後來回想才知道，原來中庭裡佈滿了
情治人員，上樓出了玄關也是。

　　上樓之後我們按下電鈴，很久很久都沒有人開門。大家還罵張
俊宏的姪子，說「你是不是約錯了啊？搞什麼東西啊？」他說：「沒
有，我來之前才確認過的。」就再按一次，然後又是很久沒人來開
門。我們當時以為沒有人在，正想離開的時候，門忽然打開了，看
進去是一張長條型的會議桌。他們編輯部的人就圍著那張會議桌在
聽廣播；已經開始抓人了。就在門打開的刹那，所有人都回頭看我
們，所有的人。我看到那個轉身的動作，轉過來時每一個人驚慌的
眼神，那個經驗對我撞擊非常大，使我強烈地想知道究竟發生了什
麼事。

　　接著這個事情之後，隔年2月林義雄家發生滅門血案。因為前面
已經累積了很多對社會騷動不安的困惑，以及媒體呈現與個人認知
的差異，原來對社會的認識和價值觀都崩潰了。林義雄家血案發生
的時候，我無法克制自己的衝動，一個人下課之後坐車到國際學舍，
就是現在信義路、大安森林公園那裡，林義雄家就在對面的巷子裡。
那時候只是強烈地想要知道發生了什麼事情，就趕去現場。可是當
我走到那個巷口的時候，我沒有勇氣走進去，也沒有辦法走進去，

因為滿街都是軍警。我站在巷口觀望，無所適從的慌張。

　　這些慌張感就一直伴隨我到美麗島大審。美麗島大審因為國際的壓力，採取公開審判的方式，輿論沒有完全被封鎖。因為有前面《八十年代》和林家血案的經驗，所以我非常非常留意美麗島大審的新聞。但是新聞也是錯亂的，一方面媒體鋪天蓋地的說他們是暴民、叛亂分子，可是另一方面我對他們在大審過程中陳述的理念卻又感到認同。

　　所以1980年畢業的那個夏天，是完全的困頓和失措的；社會剛經歷了美麗島事件、審判、黨外陣營重挫後的創傷，而個人則是對社會現實充滿探索的欲望卻茫然無所適從。直到1981年夏天，我看到《大地生活》雜誌，主動和編輯部聯絡，才和反抗運動連上了線。

　　多年後，自己對於台灣左翼歷史稍微有些了解，發現這一路走來都不是偶然，而是很多前輩留下了歷史的線索或信號，在我們仍然無知的時候就默默牽引或影響著我們的方向。其中的信號之一是陳映真的小說，在讀陳映真小說的當時，並不知道台灣的左翼在那之前已被消滅殆盡了，但在陳映真的小說中，朦朧的受到一點左翼思想的啟蒙和召喚。我記得當年讀完陳映真的小說〈蘋果樹〉、〈喔，蘇珊娜〉，情緒非常的澎湃，激動地寫信給陳映真，應該是充滿幼稚的言語吧，陳映真並沒有回覆。但這都說明了陳映真小說對年輕時我的影響。因為對陳映真小說的喜好，自然而然也探究了他因之入獄的政治案件，所以也知道了畫家吳耀忠，而有後來的相遇和贈畫故事。

　　另一條線索則是台大哲學系事件之後，被世新校長成舍我收留的王曉波老師。我在世新念書的時候，基本上是處在放牛班學生的狀態，每學期都在被退學的邊緣，對課業也不怎麼有興趣，唯獨一堂課我聽得很入味的，就是王曉波老師的「哲學概論」。「哲學概

論」是課程名稱，但王老師不怎麼講哲學的，他講很多台灣的歷史，
講林少貓抗日、噍吧哖事件，講賴和、謝雪紅，講文化協會、農民
組合，講台灣共產黨等等[4]。王老師上課慷慨激昂，很難讓人睡覺，
聽著、聽著就漸漸聽出興趣來。我記得老師有一次講一位阿嬤到收
成後的蕃薯田，撿拾人家不要的蕃薯下腳，卻被地主踹倒的事情，
王老師的聲音充滿悲憤：「比狗不如地生活著」。到很後來，我才
知道那是王老師自己的生活經驗，他的母親章曼麗是共產黨員，於
1953年元宵節以「匪諜」罪名被槍斃，王老師由外婆撫養長大，在
那年代「匪諜」的家屬同受污名與壓迫，「比狗不如地生活著」正
是王老師對那段生活的真實感受。

　　還有許多無可考的連結線索，當時不知所以然，但其實都是有
原因的。譬如，在世新的某一年，來了一位年輕的音樂女老師，她
教我們唱李雙澤的《美麗島》、《少年中國》、《愚公移山》，還
有「鄉音四重唱」的一首歌《野菊花》，據說是向抗日作家楊逵[5]致
敬的歌曲：

　　野菊花喲野菊花　秋風裡開了一朵野菊花
　　野菊花喲野菊花　從來都沒有人會留心它
　　秋風是我菊花是她　秋風蕭蕭只為了鍛鍊它

---

4　因為聽過王老師講台灣共產黨，1981年遇到《夏潮》雜誌總編輯蘇
　　慶黎時，對她與她的父親台灣共產黨員蘇新的故事，特別感興趣。
　　蘇慶黎是影響我走上左翼運動道路重要的人。
5　因為那些歌曲而知道了抗日作家楊逵，1980年畢業前不久獨自環島
　　旅行，特地尋去台中東海花園，在楊逵的小屋住了兩天，成了當年
　　眾多朝聖青年之一；楊逵坐在屋前大鄧伯花棚下讀報的身影，令人
　　難忘。

畢業後在淡水街上亂晃，晃到文理書店，除了看到《大地生活》雜誌之外，也看到李雙澤的遺作《再見‧上國》，在淡江大學任教的書店老闆王津平老師，看我翻閱著李雙澤的書，二話不說的送我一本，還跟我講了李雙澤的事蹟。

就是很多這樣子的線索，在1980年之前，為我們鋪陳了即將到來的1980年代狂飆的社會底蘊。

## 二、八〇

那1980年代的狂飆，對我又具有怎樣的意義呢？

1980年代，因為和反抗運動連上了線，自然是整個身心全然地投入了。《大地生活》之後，我先後參與了復刊後的《夏潮》雜誌、《前進》週刊等黨外雜誌的編採工作，雖然是記者的角色，但是1980年代初，黨外雜誌記者大約是半個運動者，除了採訪報導，同時也身兼抗議活動的工作人員，幫忙策劃、文宣、打雜等等工作；選舉到了，也會轉換成助選員，幫忙黨外候選人競選。那段期間有幾個採訪工作讓我印象深刻，一個是二重疏洪道內洲後村迫遷戶的自力救濟抗爭；因為翡翠水庫興建完成，為避免水庫潰壩或任何意外發生而淹沒台北盆地，因而規劃了「二重疏洪道」，位於疏洪道內的洲後村被迫遷村。因為補償苛刻以及對於離農與祖先留下家園的不捨，引發洲後村民劇烈的抗爭。那時還是戒嚴時代，人民不可以集會結社，也不可以抗議遊行；但是洲後村民卻拉著白布條闖進行政院內，可見抗爭行動的激烈。洲後村民的自力救濟行動啟發了之後蔚為風潮的各式各樣的抗爭／自力救濟，就算戒嚴時期，人民還是勇敢地上街抗議了。而與洲後村抗爭相關聯的，還有住在翡翠水庫淹沒區老榮民的陳情活動，那些榮民退役之後在新店山區屯墾，好

不容易找到安身之處，不料翡翠水庫淹沒了他們的家園，政府又無安頓措施；他們的陳情，有別於一般的抗爭行動，他們捧著蔣經國的照片，一片忠心，希望小蔣能處理他們的難題。但是他們的陳情活動最終還是被鎮暴警察給鎮壓了，老榮民被驅離，小蔣的照片也破碎地被丟在街上。洲後村和老榮民的抗議行動，非由政治人物主導，也非政治性議題，卻留給我深刻的印象。老榮民捧著小蔣照片哭的畫面，讓我特別地心酸。

另一個印象深刻的採訪是發生於1984的三次煤礦災變。當時我在《前進》周刊擔任採訪記者，黨外雜誌不可能另外配置攝影記者，要自己採訪兼攝影。我自己也很喜歡攝影，整天背著NIKON FM2。6月20日海山煤礦發生災變，我立刻趕到現場，也拍了許多照片。但是那次拍回來的照片全部都是模糊的，焦距都沒有對準。災變現場讓我太難受了，無法克制地跟著流淚，淚眼模糊沒辦法對焦，所以拍回來的照片全部都是失焦的。

海山礦災之後，又連續發生了煤山煤礦及海山一坑礦災，三次災變總共死了將近300位礦工，而罹難礦工中原住民的比例非常的高，特別是海山煤礦罹難礦工中，原住民就占了一半，許多罹難礦工都來自同一個家族。我記得在礦災發生後的第二天晚上，一對年老的原住民夫妻坐在臨時搭設的停屍棚內，兩眼空洞地坐著，他們的三個孩子，二個剛被抬出來，白布蓋著，放在他們眼前，另一個還在坑內。

海山煤礦災變之後，那時擔任黨外編輯作家聯誼會會長的張富忠、總幹事范巽綠、少數民族委員會召集人胡德夫等人，決定辦一場演唱會「為山地而歌」，幫罹難的原住民礦工募款。胡德夫在演唱會上發表那首《為什麼》：

　　為什麼　這麼多的人

　　離開碧綠的田園　飄盪在都市的邊緣

　　為什麼　這麼多的人

　　湧進昏暗的礦坑　呼吸著汗水和污氣

　　轟然的巨響　堵住了所有的路

　　洶湧的瓦斯　充滿了整個阿美族的胸膛

　　為什麼啊為什麼

　　走不回自己踏出的路

　　找不到留在家鄉的門

　　這如同天問的吶喊和低吟，至今聽到都還是忍不住落淚。那三個礦災，我認為也是台灣原住民運動滿重要的事件，因為海山煤礦罹難者中原住民的比例那麼高，殘忍地揭露都市原住民勞工的狀況，原住民在台灣社會的處境，透過一個悲慘的新聞事件而浮上了檯面[6]。

　　除了舉辦「為山地而歌」演唱會，我們還另外做了一件事情，而那件事間接成為綠色小組使用影像記錄／傳播社會運動的濫觴。當年除了罹難的礦工之外，其實還有很多的礦工成了植物人，這對一個家庭來說，可能比死去還悲慘，但是當時社會的愛心捐款卻沒有分配給這些成為植物人的礦工家庭。我因為去採訪而得知這個狀況，覺得應該替他們爭取，於是聯合王智章(後來的綠色小組成員)、鄭文堂[7](現為導演，當時在傳播公司工作)去拍那些臥床的植物人礦

---

6　1980年代初，原住民的重大議題還包括離妓及遠洋漁工；都是沉重的討生存的方式，付出的代價都很慘重。

7　鄭文堂曾短暫加入「綠色小組」三個月，之後不久即被新潮流系吸納，後來雖然從事電影編導工作，但與民進黨關係深厚，2011年出

工。1984年攝影機不像現在這樣普及，幸好鄭文堂在傳播公司工作，偷借了攝影機出來，三人一起去瑞芳找到受災的家庭，拍了那些植物人礦工，然後透過黨外編聯會及於剛成立的「台灣勞工法律支援會」任職的汪立峽的協助，在立法院召開記者會，播放植物人礦工的影像，獲得很大的迴響，也幫植物人礦工家庭爭取到愛心捐款的分配。因為那個事件，我覺得記者其實可以做更多一點的事情。而王智章也因為這個使用影像的經驗，觸發了記錄社會運動及使用影像切入社運實踐的可能性，並在之後成立了「綠色小組」，為台灣社會留下了1980年代精彩的影像記錄。

台灣的1980年代無疑是精彩的。美麗島事件之後，黨外政治力量更加茁壯，國會全面改選、解除戒嚴、承認言論自由、組黨、人權等等訴求，不斷地衝撞國民黨威權體制，而民間各個領域的自力救濟／反抗運動也如野火蔓延，熱鬧翻騰，婦女的、環保的、農民的、原住民的……，幾乎每天都有群眾上街頭與鎮暴警察衝撞。在街頭，我是喜歡的；尤其我們一群來自黨外雜誌或非主流媒體的記者朋友，天天在街頭上相遇，成群結黨，白天與抗議的群眾一起衝撞警察，在衝鋒陷陣中攝影、記錄、報導，晚上則相約啤酒屋或路邊攤續攤，分享白天的英勇戰績，喝酒嬉鬧，燃燒熱情也浪費生命。那真是盡興的時光。

但是在不斷的抗議、遊行，威權體制逐漸崩解之際，有些現象卻也讓我漸生疲憊之心；其中之一就是無所不在的「政客」。在美麗島事件之前，參與黨外政治活動是有風險的，隨時要有坐牢的準備，但是到了1980年代中期，黨外政團已具有相當的政治實力與民意基礎，且聲勢日漸上漲，儼然是一個實力堅強的反對黨架式；許

(續)──────────────────

任綠色執政的宜蘭縣政府文化局局長。

多具有政治企圖心的人物，聚集靠攏，並以街頭做為現身及累積政治資本的舞台；他們占據遊行的宣傳車、成為街頭運動的頭人，以相同的言語、聲調、對國民黨的批判，帶領群眾在街頭衝撞，但實則他／她們並不關心群眾的訴求是否能夠實現。這種政客與群眾互動關係的欺騙性，乃至政客收割社會運動成果的行徑，早在1980年代中就已顯露了，至今仍是如此。

　　或許因為對這些政客現象的厭惡，加上延續數年喧嘩嬉鬧、情感困頓與浪費生命的生活，而漸漸有了虛浮的感覺。1986年9月28日民進黨組黨，身邊許多從黨外時代一路打拼的朋友都陸續成為黨員，但是我卻漸行漸遠，儘管台灣社會正翻天覆地的變化著，我卻在1987年5月解嚴前夕，離開台灣前往英國。

　　這次離開，使我錯過了解嚴後自主工運萌芽、工黨組黨／分裂，以及勞動黨組黨的歷史。這不知道是幸或不幸？因為隔開了那段勞動階級集結、挫敗的經驗，到90年代初我成為全職的工運組織者時，對我產生了一些影響[8]。

　　1990年代初，我為什麼會成為全職的工運組織者呢？這中間有一些轉折和巧合，但似乎也是「非如此不可」的抉擇。

　　1988年秋天，當我花盡盤纏，準備結束在歐洲遊盪的日子返回台灣之前，原來是暗下決心不再參與社會運動的。1989年初我回到媒體當記者，進了報禁開放後新成立的《首都早報》，主跑勞工運動的線。《首都早報》的發行人康寧祥，當年被視為黨外溫和穩健

---

8　如果工黨籌組當時我在台灣，依當時參與運動的人際網絡，以及對蘇慶黎的特別情感，我必然會成為夏潮系一員而投入工黨的籌組，最後也應該會成為勞動黨黨員。因為錯過了那段歷史，我在1990年代投入工運實踐時，反而因為這段隔開的距離，而淡出了左統派的人際關係。

派，新生代對他的作為很不以為然，當然也是為了奪權壯大自己，曾經發起「批康」運動。但是《首都早報》在當年的社會氛圍下，還是被視為具有進步性的媒體。1990年5月李登輝任命郝柏村出任行政院長，輿情譁然，《首都早報》在頭版刊登大大的一個「幹」字，堪稱創舉。可惜《首都早報》是短命的媒體，發行一年多就關門了。

　　如果《首都早報》沒有關門，或許我就會如此這般地過著新聞記者的生涯，雖有滿腹牢騷，但也苟且地混著；但是它關門了，我的生涯也大大的轉了彎。或者，我終究還是會走到這裡吧？今年2月4日在紫藤廬參加吳耀忠畫展座談會時，與會的鍾喬講了一個民眾劇場演員與民眾的故事，劇場演員拿著道具槍枝鼓舞民眾起來革命：「流血吧！讓我們流血吧！」民眾受了鼓舞，當晚發了真的槍枝準備革命去，他們也把槍枝發給演員，演員尷尬萬分，說「那是演戲，我拿的是道具」。我經驗過類似的尷尬，身為勞工運動的記者，整天報導也鼓舞工人抗爭，但實際上自己並不在他們裡面，我的位置／角色都讓自己保持在安全的距離之外。砲火掃不到你，流血的都是工人自己。

　　對於記者角色自覺尷尬，最明顯的一次應該是1989年5月採訪新竹遠東化纖工會罷工事件時。遠化工會罷工是解嚴後台灣自主工運歷史中，最為慘烈的一場罷工，從資方及新竹縣政府阻撓工會召開會員大會開始(我永遠記得工會向縣政府報備召開會員大會時，縣政府回覆「似不宜召開」的公文，真是太經典了)，到資方管理幹部組成糾察隊阻擋工會會員參加大會，三名工會幹部羅美文、徐正焜、曾國煤被無預警解雇而激化抗爭，全國自主工會大會師，遠化工廠電動鐵門被勞工搖斷，警察聽命資方調度駐守工廠，罷工投票，以及最後大批軍警鎮暴車部署整個廠區，風聲鶴唳，憲兵的白鋼盔在夜間的廠區閃閃發光，鐵靴齊步踏在地面的聲響，使四周的人都屏

氣噤聲，益發感受到肅殺之氣的安靜，連一根針掉落都聽得見的安靜。

十幾天的過程，幾個專跑勞工線的記者日夜守在罷工現場，跟工人一樣經歷著情緒的起起伏伏，搖旗吶喊，時悲時喜，不管情感上或事實上，都已超越了記者角色的界線。

後來工會組織被瓦解、罷工失敗了，5月24日資方宣佈復工。那天早上下著雨，資方管理幹部在打卡室門口列隊歡迎工人回來上班，被解雇的工會幹部羅美文在宣傳車上用麥克風聲嘶力竭的喊著：「如果我們投降了，以後資本家會更壓榨我們，我們會更沒有尊嚴……」，可是工人頭低低的穿過管理幹部的人牆，進入打卡室打卡上工。那一刻我完全無能為力，也深刻感受到我並無法和勞工們一起分擔在罷工失敗後即將面對的冷酷異境。

不只是遠化罷工的現場，還有許多勞工抗爭的場合，我都隱約感覺到自身無能為力、無法分擔的難堪和尷尬。

差不多同一個階段，有另一件事對我產生很大的影響：參加政治犯林書揚帶領的《資本論》讀書會。林書揚是被國民黨關得最久的政治犯，從1950年5月到1984年12月，總共坐牢34年又7個月。1990年勞動黨組成之後，林書揚在勞動人權協會開了《資本論》讀書會，當時好多青年學生、社運分子、記者都來參加了；一來《資本論》剛在台灣解禁出版不久，正新鮮熱度，二來老左派政治犯要開講，大家都想來一睹林桑的風采。林桑真的是老派知識分子，溫文儒雅，講話語調很慢，上課的時候要很認真地、耐心地聽，不然很快就會被緩慢的語調催眠了。事實上也真的很多人都睡著了。

但是熬過剛開始時緩慢的氣氛，慢慢聽入味了，你會感受到林桑講解《資本論》時的熱情，聽到最後，會有種被他的魔力吸引的感覺，而你原來困惑的、對社會現象不解難懂的，在跟林書揚讀《資

本論》的時候，似乎都慢慢得到了解答。我記得曾經跟朋友描述參
加林桑讀書會的經驗，我說從林桑身上，我比較理解爲什麼會說「信
仰是一種力量和武器」。雖然那堂課並沒有開很久，但是我覺得上
了那些課，給了我很大的力量，是跟後來堅持走的路有關的。

# 三、九〇

　　1991年我在工運人士鄭村棋的邀約下，加入他和夏林清主持的
一個專門訓練工運組織者的「工作室」，成爲全職的工運組織者。
許多一起走過1980年代街頭狂飆的朋友，每每回顧台灣社會運動的
歷史，經常會說「到了1990年代，沒有社會運動，街頭沉寂了」；
這種說法我大大地不以爲然，對我來說，我的黃金十年社運高峰，
正是1990年代的十年。

　　然而1990年代社運的發展與80年代的街頭狂飆，當然很不同；
從1980年代延續至1990年代，新的政治形勢，存在著複雜的反抗歷
史的情感依附，政治收編或抵抗收編，也許是評斷1990年代社運的
一個重要向度。

　　1991年4月8日我開始到鄭村棋和夏林清主持的工作室工作，那
時「工作室」的位置在仁愛路和新生南路口一棟四層樓公寓的頂樓
違建內，不到20坪的空間，連張像樣的辦公桌都沒有，但那裡儼然
是我們的革命基地，1990年代許多工運的戰役都是在這裡密謀計畫
出來的。

　　我成爲全職的工運組織者後，使用「女工團結生產線」(簡稱「女
線」)總幹事的名號行走江湖，「女工團結生產線」的名字是舒詩偉
想的，他說「生產線」有兩個意思，一個是工廠勞動的生產線，另
一個是勞動力再生產的生產線，意在突顯婦女運動的階級差異及勞

工運動的性別議題。

　　1991年的自主工運形式大抵分為兩個陣營，親民進黨或說民進黨外圍組織的「台灣勞工運動支援會」(1992年改名「台灣勞工陣線」)及統派色彩濃厚的勞動黨／勞權會系統。「女線」成立之初，只是一個很小的組織，在兩大工運系統的夾縫中，扮演著陪襯的角色。但是「女線」背後的「工作室」積極訓練組織者，並下放到基層工會擔任會務人員，名義上受僱於工會，實際上卻是擔任工會組織者的任務，在基層工會漸漸累積影響力。

　　我記得當時鄭村棋經常對擔任工會會務人員的成員說，「讓你們去當工會的小妹，給工人泡茶、倒菸灰，體會受雇者的處境，磨掉知識分子的習氣，這是自我改造的機會，搞工運要先通過自我改造這一關。」這項考驗確實是嚴苛的，有些人過不了關，中途離去，而沒有離開的，至今也都搞了二十年，還沒放棄。

　　我到「女線」之後，面臨的第一場工運戰役是「嘉隆女工關廠抗爭」。那場抗爭是對我做為全職工運組織者的啟蒙教育，我在其中狼狽不堪，但又學到非常多的抗爭經驗，也初次體會工運路線的差異性。

　　嘉隆是一家計件的成衣工廠，老闆朱英龍身兼台大機械系教授，除了嘉隆成衣廠外，還有位於深坑的台新染整廠，在印尼也有大規模的投資。1992年朱英龍打算把嘉隆成衣廠遷往越南，於是有計畫性的準備關廠。1992年4、5月間，當時民進黨的縣長尤清聘任勞工律師郭吉仁擔任台北縣勞工局局長、工運人士鄭村棋擔任「台北縣勞工教育中心」主任，加上調查局出身、政治企圖心旺盛的勞資爭議科科長李文良(後來追隨謝長廷出任高雄市政府建設局局長、自來水公司董事長，現為民進黨籍高雄市議員)，台北縣勞工局儼然成為工運的重要平台；他們率先設立「勞工輔佐人」櫃檯，將

當時各勞工團體的工作人員組織起來輪值，協助處理勞工申訴案件。我就是在櫃檯遇到嘉隆女工代表來申訴工廠可能要關廠。我們隨即到板橋四川路與女工開會，並決定以組織工會的方式，將女工動員／團結起來，準備因應即將到來的關廠抗爭。嘉隆女工工會於1992年6月4日成立，6月17日資方就宣布終止所有勞工的勞動契約。那是我籌組的第一個工會，只存活了14天。

雖然嘉隆女工工會一開始是由女線積極協助，但是當時自主工聯的工會幹部劉庸等人，及後來台灣勞工陣線祕書長簡錫堦領導的男性組織者團隊（包括後來成為民進黨政治人物的李文忠、賴勁麟、李建昌、劉進興等人）都全面介入參與抗爭，並取得抗爭的主導權；「女線」的成員一方面要組織女工，另一方面又要極力對抗劉庸、簡錫堦等「男性組織者」的優勢影響力，但因工運抗爭的經驗及能力均不足，「女線」在那場抗爭中，挫折很深。

因為與不同的工運團體貼近作戰，有些關於運動路線的差異性，也在過程中顯現出來；而這個差異與1990年代兩大工運團體「台灣勞工陣線」與「工委會」的運動路線及組織對象的差異，可以說是相似的。我舉兩點來說明：

一是可以稱之為**工運方法論**的：如何透過組織或抗爭的過程，培力並改變既有的權力關係？以工廠工人來說，在生產線上，老闆或生產線主管（通常是男性），是權力的擁有者；那麼如何有意識的翻轉這個權力關係，或者繼續沿用或鞏固這個權力關係，便成了組織者重要的工作方法和行動抉擇。譬如說，工會選擇工人代表的時候，如果不是組織者有意識的強調「工會組織不同於資方管理組織，工人代表要跟原來的資方管理幹部有區別」，並強力運作，通常還是會選出管理系統裡的主管級、男性、精英分子當工人代表。要翻轉既有的權力關係並非容易，首先要挑戰既有的價值觀，「男性為

主的」、「有能力的」、「有權勢的」；工人的組織要不同於這些
價值觀。於是「女線」不只是在勞資關係中鼓勵工人出來抗爭，也
在工人自己的組織中，實踐新的價值觀：女工自己站出來，不要倚
靠男性領導；去精英化，培力弱勢基層女工；相信工人團結的力量
才是致勝的關鍵，而不是寄望政治人物解決問題等等。

　　但是這些都是吃力不討好的，實踐新的價值觀也意味著女工或
基層勞工必須更強壯、更站上決策位置承擔責任、更擺脫原來勞資
關係中的權力關係。但這是理想的發展，需要在抗爭的過程中不斷
地受挑戰、對峙和歷練。而嘉隆女工抗爭的過程，我們顯然是失敗
了。當「女線」的成員在分析完抗爭形式後，要求女工們自己做決
策而使她們陷入焦慮和掙扎之際，有些男性組織者以英雄姿態出
現，對著女工說：「這個交給我就好了」，女工們隨即大大鬆了口
氣，立刻黏過去，重回「男性領導，女性追隨」的權力關係，這每
每讓「女線」成員氣結，而女工面對我們的要求也備感壓力。但是
絕大部分男性組織者對這個現象卻是故意忽略或完全無感，甚至有
意識地使用性別優勢，在成群女工中輕易地左右決策和方向。

　　另一個差異我暫且稱之為**工運目的論**：搞工運的目的到底是什
麼？是搞業績似地解決個案，或是在過程中企圖改變原來「人的關
係」？這說起來很抽象，我試著用嘉隆女工抗爭的例子來解釋。嘉
隆關廠時，朱英龍打算以底薪計算資遣費，女工抗爭的訴求非常簡
單：「依勞基法規定，以平均工資計算資遣費，及追討五年加班費」
（照理說這根本不用抗爭，勞工局依法行政即可達到，但台灣的情況
就是這樣，勞工必須花很大力氣才能爭取到勞基法保障的最低標準
的勞動條件）。

　　嘉隆薪資是計件制的，基本底薪一樣，其他按件計酬；所以年
輕的、手腳快的、原來部門單價高的女工，其平均工資與底薪的差

距較大、加班費較多，若用底薪計算資遣費，她們的損失較大。另外年紀較大的、手腳較慢的、曾受工傷或正在懷孕中的女工，其底薪與平均工資差距甚微、加班費也少，若抗爭訴求為「依平均工資計算資遣費」，這些廠內較弱勢的女工其實並沒有太大的利益。換句話說，大家集體抗爭，付出的代價和努力是一樣的，但是平均工資高的、加班費多的女工可以獲得數十萬元的「利益」，平均工資低的、加班費少的女工可能只有一兩萬元而已。

　　所以「女線」試圖與女工們討論，提出一個較複雜但公平一點的訴求方案：除平均工資之外，年資與年齡較高的女工給予基數的補償(當時有具體的方案，以平均工資乘以1.2、1.3基數之類的)、曾受工傷者資遣費應以退休金方式計算、懷孕女工應補償至生產時及產假期間工資等等。「女線」並試圖鼓勵這些弱勢女工表達自己的意見。在抗爭還未進入決戰時刻，弱勢女工的訴求仍被討論著，但越到後面，抗爭白熱化之後，以年輕、較高薪女工組成的核心幹部，完全拋卻了弱勢女工的訴求，簡錫堦領導的團隊也以能快速解決的方案優先，把弱勢女工的利益犧牲了。

　　我記得談判會議一直開到晚上12點，朱英龍終於同意「以平均工資計算資遣費」，主持會議的勞工局長郭吉仁急於作成結論，「女線」代表提出弱勢女工的方案時，他十分不耐煩地打斷，並威脅若要堅持其他訴求(含加班費)，當天的協調會就破局；那些平均工資高的女工代表以及簡錫堦也未支持弱勢女工的訴求，當協調會結束，年輕的女工代表抱著朱英龍老闆哭成一團時[9]，幾個歐巴桑女工

---

9　那是嘉隆女工抗爭非常經典的一幕，1992年7月14日下午2點至午夜12點多馬拉松談判終於達成協議時，朱英龍起身擁抱談判代表的幾位年輕女工，並說「你們是我的女兒啊！」數名年輕女工抱著朱英龍痛哭。至今我仍難解讀經歷艱辛抗爭的女工，抱著朱英龍哭時，

氣憤的說「那我們得到什麼？」後來嘉隆女工第二階段爭取加班費抗爭時，弱勢女工幾乎都沒有參與了。

「以平均工資計算資遣費」的訴求，當然是簡單清楚且相對比較容易達到的，但是它忽略女工內部的差異性，而且這樣的訴求吻合原來就優勢的女工的利益，卻沒顧及弱勢女工的利益。「女線」在過程中一直提醒決策者，不能忽略弱勢女工的訴求，但這個抗爭終究還是把弱勢女工的利益犧牲了。

嘉隆女工抗爭在1990年代初，是「台灣勞工陣線」視為典範的抗爭事件，它確實是激烈精采的，女工們堅持抗爭的勇氣最終逼朱教授老闆出面解決；但在女工內部，為了讓事件快速的解決，優勢／弱勢女工的差異並未被處理；抗爭的領導／決策核心，包含女工代表、勞工陣線的組織者、工運律師轉任的勞工局長，大概都沒有考慮到女工內部的公平與正義，也是應該被堅持的。

這是我從嘉隆女工抗爭中學習到的寶貴經驗，也是第一次貼身看見勞工運動「內部」的操作，受用無窮；所謂「內行看門道，外行看熱鬧」，這才稍微看見門道了。後來的一、二十年，除了對抗資本主義對勞動者的剝削，勞動階級內部的公平與正義，也是我所參與的工運中，非常重要與堅持的實踐課題。

1990年代仍然有各式各樣的社會運動，環保反核、原住民、婦女、教改、性別／同志、勞工等等，每個領域的運動各有相關議題和進程，但是它和80年代因長期壓制而爆發的草莽性不同，我只就我參與較深的勞工運動部份做些描述。

1980年代勞工運動始於工會自主化，透過工會改選改造閹雞工會，或是籌組新工會。改造之後的自主工會，開始在勞資關係中要

(續)————————————
　　到底是什麼樣的感情？

求合理的利潤分配，及落實1984年實施的勞動基準法。那時工會抗爭的兩大訴求爲爭取年終獎金及追討五年加班費，而資方對應的策略則以解僱工會幹部方式打壓工會；在1987至1990年間，至少有二百名以上的工會幹部被資方以各種理由解僱或調職，及至1990年5月當時爲自主工運指標性工會的遠東化纖工會，被國家機器與資本家集團聯手鎮壓之後，自主工會運動呈現低迷潰敗的狀態。

因此，當我成爲全職的工運組織者後，有別於以前記者角色總是看到工人抗爭的高潮時刻，如今大部分時間都得面對工會日常組織運作的困難；工人奔波於勞動現場與家庭之間，幾乎已耗去所有時間和精力，參與工會活動實屬奢侈，加上台灣勞工運動斷層已久，許多工會組織／教育的方法，都需從頭摸索，慢慢累積經驗。在1990年代的前幾年，鄭村棋、夏林清訓練的工運組織者們大抵就是蹲在基層工會裡，陪著工人慘淡經營被打壓之後奄奄一息的工會組織。

直到1992年6月基隆客運工會罷工事件，才使低迷的勞工運動再度捲動風潮，並一路串連擴大，最後形成了以民營企業工會爲組織對象的「工人立法行動委員會」（簡稱「工委會」），之後年年舉辦「秋鬥」遊行，是1990年代最具代表性的工運傳統。

由於基客工會罷工是遠化罷工後，終於又成功地動員組織的罷工事件，因而受到工運界高度關注。除此之外，基客工會罷工還有兩個重要的意義；一是罷工所有的程序完全遵守《勞資爭議處理法》，但最後證明《勞資爭議處理法》根本無法處理勞資爭議事件，只是讓守法的工人被行政體制整死而已；二是基客工會罷工考驗了聘用工運人士郭吉仁爲勞工局長的民進黨地方政府，在勞資衝突時是否有魄力依法行政，做守法勞工的後盾，後來也證明，這是虛妄的期待。郭吉仁局長在基客罷工事件中，態度曖昧閃爍，不敢表明立場，最後將罷工案交付仲裁，曠日費時，卻又未徹底執行仲裁，

拖死工會。在1980年代的黨外時代或民進黨初期,社會運動抗爭的對象皆指向統治者國民黨,因而與政治反對力量的民進黨形成聯盟,並以為民進黨必然是跟社會運動同一陣線的,但是基客工會罷工揭露了民進黨與勞工的「假面聯盟」,而自主工運內部除早先籌組的工黨/勞動黨之外,原來親近民進黨的工人幹部也開始出現對民進黨的質疑。

於是從基客罷工一路捲動、串聯、結盟,最後由基客工會、女工團結生產線、自主工聯、中正機場工會聯誼會、台灣倉儲運輸業工會聯合會、大眾傳播業工會聯合會等單位擔任執行委員的「工委會」,漸漸形成不依附政黨、不統不獨的工運派系,有別於民進黨新潮流系外圍組織的「台灣勞工陣線」及統派親中的「勞動黨」。

我於1992年起,因擔任「女工團結生產線」總幹事職務,而工委會秘書處又設於「女線」,因而除1995年7月至1998年底南調高雄之外,直到2001年止,實際上都擔任著工委會秘書處的主要工作。

工委會組織的成形,肇因於基客工會罷工捲動的風潮,1992年夏天,為聲援被延宕不決的仲裁案拖死的基客工會,全國自主工運各路人馬在苗栗獅頭山舉辦「勞工守法該死夏令營」,並在夏令營中決議,延續1988年「二法一案勞工大遊行」[10]的歷史,選定11月12日(1112)舉辦「三法一案大遊行」[11];那時台灣勞工陣線、勞動黨都是工委會的執行單位,共同籌備那年的大遊行,那是唯一一次

---

10 「二法一案」是指工會法、勞資爭議處理法,一案則為「苗栗客運工會」罷工案。自主工運始於1987年解嚴前後,剛開始國家機器與資本家面對工人蜂擁而起的抗爭,措手不及,但經過一年多的因應,政府準備修改工會法及勞資爭議處理法,規範及限制工會組織及爭議行為;同時強力鎮壓苗客工會罷工。

11 「三法一案」則是增加了勞動基準法,一案為「基客工會」罷工。

「1112」[12]秋鬥遊行由三大工運派系共襄盛舉的一次，隔年台灣勞工陣線、勞動黨相繼退出工委會執行單位，1990年代三大工運派系於焉確立，並展開激烈的競爭與鬥爭。

競爭表現爲三大派系在面對各勞工議題時的戰鬥力，看誰對議題反應快速，看誰的戰略別出心裁，看誰動員的人數多等等，從勞動三法修法、全民健保抗爭、反關廠、反失業、失業保險、工人參政、縮短工時等等重大勞工政策，三大派系互相纏鬥，輪番上陣，使得1990年代的街頭，勞工運動成爲最活躍的主角。

而鬥爭，大部分時候是指關於政治立場的，或說是關於「到底要把勞工運動帶到哪裡去？」的爭辯和戰略的差異。勞動黨反美反帝，左派立場堅定，但是政治上主張統一，對於中國改革開放後的走資化，以及統一與台灣勞動階級的關係，他們已發展一套論述，也影響了一批工人幹部，但是在台灣本土化政治勢力當道的年代，影響範圍與勢力發展都受到限制。

而台灣勞工陣線則承接自主工運普遍不滿當權者國民黨的情緒，輕易地轉化爲對民進黨的支持和期待，並將工運耕耘的力量無條件的讓民進黨接收。民進黨的小資產階級屬性在1990年代初尚未完全曝露，許多反國民黨的勞工都對民進黨寄予厚望，而「支持民進黨的台灣勞工陣線」越是賣力搞工運，越使勞工看不透／破民進黨在階級立場上的欺騙性。過去勞工陣線所發動的抗議、陳情、遊行活動，幾乎沒有例外的，都是以民進黨(特別是新潮流系的)政治人物作秀、收割落幕。

那麼，「民進黨到底是不是勞工可以指望的政黨？」，這是1990

---

12  11月12日爲國父孫中山誕辰紀念日，以前爲國定假日，因此每年「秋鬥」都固定在這一天，有時我們會以「1112」代稱每年的秋鬥遊行。

年代工運界重要的辯論和鬥爭焦點，也是路線的重大歧異所在。勞
工陣線作為民進黨新潮流系的外圍組織，用來拓展新潮流在勞工基
層的實力、累積政治資源，其組織者與民進黨的關係自不在話下[13]，
但是對於追隨勞工陣線的勞工、學生、年輕運動者，他們又怎麼理
解民進黨與勞工運動的關係呢？一個典型的說法和策略是：「民進
黨不夠好，勞工應該集體加入民進黨，進去改造它」。包括曾茂興（基
層勞工出身的工運人士，曾為扁政府時代的國策顧問）、簡錫堦（勞
工陣線最資深的祕書長）都曾在工運聚會場合，公開這種說法；年輕
的勞工運動者如邱毓斌、丁勇言等人，也曾採取這個策略，他們一
度進入勞工陣線，企圖內部奪權，但很快被新潮流清除；1995年8
月他們在離開「勞工陣線」時，發表《紅燈左轉——工運的路線與
實踐》小冊子表明心跡，及闡述對勞工運動的看法。之後，「紅燈
左轉」的核心分子轉效勞於面臨民營化的中華電信、台灣石油等國
營事業工會，2000年前後積極介入籌組以國營企業為主導的全國產
業總工會，但全國產業總工會成立之後，仍被勞工陣線所屬的勢力
取得主導權，「紅燈」的人馬不久後又離開「全產總」。至今他們
與民進黨的關係仍維持著曖昧，若不是政治上的投機，那麼則可能
跟很多勞工一樣，因為國民黨更爛，所以選擇支持相對起來比較不
爛的民進黨，總歸一句，就是沒有看破民進黨、放棄民進黨[14]。

---

13 台灣勞工陣線的組織者或培植的工會幹部，先後擔任民進黨公職人
員者包括組織者李文忠、賴勁麟、李建昌、周威佑、鄭文燦、簡錫
堦、劉進興、郭國文、曾曉玲；工會幹部包括蘇芳章、方來進、黃
清賢、盧天麟、王幼玲等人。

14 「紅燈」核心成員之一的丁勇言於2008年時，曾擔任總統候選人謝
長廷總部勞工部門的幕僚，周嵩祿則擔任民進黨立委管碧玲的助
理。

　　以鄭村棋為實質領導的工委會，則試圖在運動中讓勞工認識民進黨在階級立場上的欺騙性，並一再指出勞工陣線的存在，恰是遮蔽勞工看清事實的主要障礙，因此在工運中始終與勞工陣線涇渭分明。

　　工委會組織的群眾多為中小型民營企業的工會，與勞工陣線經營的大型國營企業工會也大相逕庭。國營企業工會人數多，工人勞動條件佳、工作有保障，有些工會的年度預算就可高達上億元；而民營企業工會人數少則數十人，多則上千人，勞動條件與管理制度皆嚴苛，私人企業雇主也不在乎鴨霸解雇工人的違法行為，工會年度預算有的才一、二十萬。這些種種，都反映國營企業工會與民營企業工會的處境是十分不同的。這裡也牽涉到我前面提到過的「勞工階級內部的公平與正義」的問題，工運分子、國營企業工會的幹部們若是不面對勞工階級內部強弱勢的顯著差異，在運動實踐過程中有意識地面對差異，並試圖建立勞工階級內部的公平與正義，那麼這樣的勞工運動何來進步性？根據我的理解，在我參與工運的二十年間，勞工陣線及國營工會和具領導地位的工會頭人們，在這方面的努力幾乎是零。

　　或許，這是我無法認同勞工陣線的主要原因吧。

　　工委會的組織者們自認為左翼分子，因此在具體的工運行動中，必須實踐左翼的精神；所以在群眾經營上，我們選擇投注最大的心力在弱勢勞工身上，職災勞工、女性勞工、外籍勞工、性工作者等，以及協助資源缺乏的中小型民營企業工會，而這個選擇當然使我們的路走得更加辛苦，面對的挑戰也更加艱難；甚至在1990年代末進入千禧年之際，因為產業外移造成產業空洞化，原先就已體質脆弱的民營企業工會，更因事業單位縮小在台灣的規模或是全部出走，而跟著瓦解。

　　另一方面，在政治立場上，工委會反對勞工運動被政黨收編，成為政黨的附庸，並認為勞工應形成自己的政治主體，雖然現階段貿然組黨難以竟功，但長期而言勞工終究需要組成自己的政黨；而在1990年代藍綠政黨政治已具雛型，民進黨勢力日漸擴張之際，如何使自主工運裡的勞工擺脫對民進黨的情結與依賴，並抵抗民進黨在運動上的收編與收割，是工委會自1990年代以來很清楚的政治目標。面對現實政治中的各政黨的關係，工委會曾提出「等距外交，等比結盟」的政策，並宣稱「有奶便是娘」，意思是說看哪個政黨端出的牛肉比較好，勞工就依牛肉比例與之結盟。不過在台灣的政治生態中，並沒有哪個政黨願意在勞工政策上真正端出什麼牛肉，所以工委會對各政黨的「等比結盟」似乎也沒有發生過，頂多就是對少數候選人表達過肯定和推薦；因此每到選舉，工委會經常提出選制改革的要求，包括選票上增列「以上皆非」的選項，鼓勵勞工投「具有積極意義的廢票」。但是每次藍綠對決、選情緊繃時，投廢票的主張就被含淚投藍或投綠的群眾拉扯責難。超越藍綠，何其困難！

## 四、二千

　　藍綠兩黨唯一對勞工政策競相端出牛肉的一次，是2000年首次政黨輪替後，關於縮短工時的政策。兩千年之前，民進黨執政的縣市地方政府，曾在執政的行政範圍內實驗「週休二日」政策，社會上漸漸有縮短工時與週休二日的呼聲；2000年總統選舉前，工委會舉辦「春鬥」遊行，主題即為「縮短工時」，那年遊行還分別邀請五組總統候選人簽署政治支票，支持工人縮短工時的訴求。我記得除了國民黨連戰／蕭萬長那組沒有簽署之外，其他組都簽署了。陳

水扁簽署時還附加兩階段縮短工時的條件，即第一階段先由每週48小時縮短爲44小時，第二階段再縮短至40小時。

陳水扁就任總統之後，美麗島受刑人及人權運動者陳菊出任勞委會主委，上任不久，即對勞工釋放兩大利多，一是讓全國產業總工會立案合法化，一是修改勞基法縮短正常工時至每週44小時。當朝新政，極欲展開新氣象，而執政五十年突然變成在野黨的老K，似乎醒悟在野處境，突然激進地拉攏起勞工來，相對應於民進黨政府提出的44工時，國民黨立院黨團提出「兩週84小時」的訴求，與扁政府的「牛肉」車拼！

這是一個很有趣的局面，對於長期反對國民黨，對民進黨抱持期待的勞工，這下子到底該支持誰的方案？國民黨的方案比較好，那支持國民黨嗎？還是要求民進黨提出更好的方案？結果都不是；當時新任的勞委會主委陳菊在得知國民黨的「兩週84工時」之後，連夜找了全國總工會理事長林惠官（親民黨不分區立委）、剛剛合法立案的全國產業總工會理事長黃清賢（曾任民進黨不分區國代）密謀協商，達成支持扁政府的44工時方案，並於隔天共同發表新聞稿，聲稱這是「勞政協商」的新典範。新聞一出來，除了參與密謀的綠營工運人士外，群情嘩然，紛紛指責兩大總工會出賣工人。我記得黃清賢在後來的一次會議中辯稱，因爲與縮短工時相關的修法是「放寬彈性工時限制」及「開放女工夜間工作」，他說陳菊表示若是支持兩週84小時，那麼將放寬彈性工時限制及開放女工夜間工作；若支持44工時方案，則不會放寬彈性工時限制及開放女工夜間工作，而國營工會工人不贊成放寬彈性工時等等，所以選擇支持扁政府的44工時。這真是一派胡言！

陳菊確實這樣威脅工人：如果支持國民黨的「兩週84工時」方案，就開放彈性工時及女工夜間工作限制。陳菊做爲勞委會新科主

委，為了怕縮短工時的功績被國民黨搶了去，竟講出這麼混蛋的話來，任何一個具有自主工運意識的勞工都可輕易的辯駁她；但是全國產業總工會的理事長黃清賢，卻以此理由支持扁政府的「44工時」，實在荒謬！但說穿了，這不過就是扁政府上台之後，綠營工運力量忽然角色錯亂，由反國民黨政府的角色，變成民進黨政府政策的護航者。

由於兩大總工會理事長聯手出賣勞工利益，所以後來「84工時」的抗爭，基本上是由勞動黨、工委會、自主工聯等少數激進工運分子帶頭抗爭的，兩大總工會不甘不願的跟著。特別是匯聚十幾年自主工運力量而收大成的全國產業總工會，才剛成立就因「84工時」之戰，成為另一個執政黨的御用工會。而人權主委陳菊、成為執政黨的民進黨，在縮短工時戰役中，所在意的核心並非勞工的利益，而是政黨之間的競爭和權謀關係。

曾為運動激進分子，但因民進黨上台而忽然角色尷尬或投機起來的人士甚多，應不只發生在工運界，其他婦運、環運、農運、原住民運動等應該也都是這樣。在84工時抗爭中，有一件插曲非常生動的闡明了這種「忽然角色尷尬或投機起來」的現象。工運人士曾茂興因為帶領聯福製衣關廠工人臥軌抗爭，被判刑十個月，於2000年9月23日入監服刑。陳水扁上台之後，綠營工運人士積極運作阿扁特赦曾茂興，阿扁於2000年12月10日國際人權日特赦他，剛巧那天「84工時聯盟」要舉辦大遊行，若曾茂興出獄後前來相挺，於他或爭取84工時運動都具有特別的意義；曾茂興亦允諾前來。但是一直到遊行結束，曾茂興皆未現身，後來桃勤工會常務理事毛振飛傳話來，說因為桃勤工會幫曾茂興接風，曾茂興喝醉了，無法前往。聽聞曾茂興缺席84工時遊行的理由，眾人皆莞爾，以曾茂興這種熟知政治「眉角」的老江湖，他當然知道去與不去的意義，而他用喝醉

酒爲理由不去參加遊行，真是高明的招數，表態但完全不落痕跡。
不久之後，陳水扁聘任曾茂興擔任國策顧問。

2000年的84工時抗爭，可以說是1990年代工運延續的最後一次
高潮，緊接著民進黨執政八年，原來綠營的工運分子紛紛成爲勞委
會的高官或各種委員會的委員，變成國家機器裡的「行政官員」[15]，
有時還回過頭來調侃仍在街頭抗爭的工運分子(曾爲工委會核心成
員的吳永毅說，有一次他帶勞工至勞委會抗議，遇到時任勞委會職
訓局主秘的前勞工陣線主席王幼玲，王對他說：「來抗議啊！讓我
看看台灣工運有多強大！」)。而1990年代最強大的工運組織台灣勞
工陣線也宣稱完成階段性任務，由群眾運動性的工運團體轉型成研
究勞工政策的智庫，2000年政黨輪替之後，工運(其他領域的社運也
是)面對的政治形勢丕變，抗爭的主要對象，也由國民黨轉爲曾經結
盟作戰過的「自主工運人士」；而這些「自主工運人士」又深知勞
工運動的種種抗爭伎倆，對於勞工的抗爭行動更加心知肚明地無所
畏懼，態度比國民黨時代的官僚更加傲慢無禮。舉例來說，陳菊擔
任勞委會主委將近五年，我們前往抗議的次數應不下百次吧，但陳
菊及那些自主工運人士，從未出面討論／協調／處理抗爭勞工的相
關問題[16]。

---

15  包括主委陳菊(曾爲勞陣評委)、副主委賴勁麟(曾爲勞陣工作人
    員)、主任秘書賀端藩(曾爲勞工陣線前身「台灣勞工法律支援會」
    工作人員)、職訓局局長郭吉仁(勞陣評委)、職訓局主任秘書王幼
    玲(曾爲勞陣主席)等等。其他仍有多人不知其職位，如劉進興、白
    正憲(曾爲勞陣主席)、唐雲騰(第一個「台灣勞工法律支援會」的
    工作人員)。

16  陳菊自2000年5月阿扁就任總統之後擔任勞委會主委，到2005年8月
    發生於高雄的泰國勞工暴動(抗暴)事件後辭職，前後五年多。我唯
    一一次在勞委會見到她則與勞工事務完全無關。2005年6月21日爲

　　每次想到這些事情，都有悲憤之情，對那些人感到不齒不屑；同時對於勞工難以擺脫對政黨的依賴，老是被政客玩弄於股掌之間，感到悲哀，又復對自身參與的工運無能達到「形成勞工政治主體」的目標，感到挫敗。

　　2000年政黨輪替，民進黨從街頭運動起家，1980年代中改走選舉路線，1990年代透過選舉逐步擴張執政地盤，2000年終於一舉拿下統治權。而過去與社運假面結盟的民進黨，在成為執政黨之後，其反社運的保守性漸漸顯露出來，原來挺綠的社運力量，也在領導頭人被吸納進新政府後，迅速消失沉寂，直到2008年政黨再度輪替之後，才又「重穿草鞋」，聲稱回歸社運。所以，2000年是社會運動關鍵的新紀元，部份因執政而消亡，部分因覺悟而蛻變重生。

　　除了政治局勢的劇變，2000年前後也是台灣產業出走、產業空洞化最明顯的幾年，大概從1996、1997年起，關廠抗爭成為工運的主要議題，包括屏東矢崎電子、台南東洋針織、桃園聯福製衣、福昌紡織、台北縣東菱電子等等大型關廠案件，數千名中高齡勞工聯合抗議「前進大陸，債留台灣」的惡質資本家，追討被積欠的工資、資遣費、退休金等。關廠抗爭大概是所有勞工抗爭中最為激烈持久的，因為工作權已經喪失，老闆跑了，棺材本沒了，勞工已無退路，只能拼命抗爭；臥軌、占領廠房、夜宿、絕食等等激烈手段，逼使

（續）—————————
　　了拍攝已過世的蘇慶黎紀錄片，我透過黨外時代的朋友張富忠聯繫，與她約在勞委會主委辦公室訪問。她當然知道我是工運分子，也經常來勞委會抗議，但是她完全切割對待，好像我另一個身分不存在；那次訪談之後，陳菊說她會整理一些與蘇慶黎合照的照片給我，所以我們約好要做二次訪問。但是不久高捷泰勞事件發生了，陳菊辭職，我具名批評她趁機落跑南下高雄準備選市長。張富忠看到我的發言之後打電話給我說：「你自己去約她了，不要再叫我幫你約了！」，第二次訪談因此沒有下文了。

政府不得不做亡羊補牢的措施，於1999年底開辦了失業保險。

產業出走、空洞化，也意味著台灣產業工人組織的凋零瓦解。1990年代初、中期，工委會舉辦秋鬥遊行時約有130家左右的鬥陣工會，但到2000年後，剩下不到50家，一半以上都已關廠外移了。因此，以民營企業工會為主要組織對象的「工委會」，實際上也陷入了組織發展的困境，力量逐漸消退。

而我於1991年加入的工運組織者團體「工作室」，經過十幾年人仰馬翻的戰鬥，特別是1997年9月至2000年的公娼抗爭，整體操到兵疲馬燬；或許是由於外部運動發展的困境與內部工作負荷、工作關係、工作方向的差異和擠壓，「工作室」於2001年3月發生內部人事衝突事件[17]。我於該事件後，決定離開我所歸屬的運動組織。

## 五、以影像實作做為社運實踐的出口

離開「工作室」是我運動生涯的重大創傷，我曾如此形容當時自己的狀態：「好像玻璃掉到地上，全都碎了」，因此一度下定決心遠離運動，在41歲的時候，自我放逐似地在三芝海邊賣冰，後來又開有機商店賣山藥，商店倒閉之後，失業了一段時間，像遊魂般地過日子。直到2002年底，在報上看到「全景傳播基金會」舉辦的「用攝影機說故事：紀錄片攝製研習營」，一時興起報了名，也很幸運被錄取了。研習營從2003年2月至7月，那是一段非常快樂的學習過程，而我也在學習影像製作的過程中，重溫了未成為組織運動者之前文藝青年的電影嗜好，而且不只是觀賞電影而已，還可以有

---

17  關於該次事件，可參考吳永毅的博士論文《運動在他方——一個工運知識分子的自傳》。

自己的「電影夢」；這真的讓人太興奮了。

　　學拍紀錄片讓我從運動生涯的創傷中走出來，後來很多人問我為什麼從工運第一線撤退，躲到攝影機後面去？我都以開玩笑的方式說：「因為紀錄片救了我」。這是真的，如果不是拍片的新鮮有趣，以及激發創造力的迷人吸引力，我如何轉移內心已然喪失信仰的虛無感和離開「工作室」後的糾結情緒？從這個意義上來說，那年教我拍片的全景老師們及同梯次的「第十縱隊」學員，都是令我「重生」的貴人。

　　學拍紀錄片本來純屬個人樂趣，而且是逃逸於工運生涯後的出口，但我畢竟是搞過運動的人，當我學會這個工具／媒材之後，滿腦子轉著的點子還是如何使用影像或攝影機來搞運動！

　　2003年10月，台北市政府勞工局勞工教育中心有一個都會勞工生活之類的紀錄片招標案。當時全景的研習營剛結業，正在拍片興頭上，於是找了一向很支持工運的導演林靖傑合作提案，並且得標了。那次合作，我們拍了一對建造高鐵的原住民兄弟、台北101大樓施工電梯操作員女工，以及正面臨抗爭的環亞飯店工會，後來片子只採用了前面兩組素材，剪成《台北幾米》一片，環亞工會的素材後來則被整合進郭明珠導演的《環亞罷工90小時》紀錄片。但是與林靖傑合作拍攝《台北幾米》的過程，對我們雙方卻是個大災難，原來期待跨界(影像與工運)合作、聯手出擊的美好願望，卻因工作方法、工作關係磨合不易，成了失敗的合作經驗；而這個失敗的經驗，讓我覺悟到工運中的文化／文藝性生產，恐怕很難假手他人，還是必須「從運動內部生長出來」。

　　與林靖傑合作拍《台北幾米》時，我剛到TIWA(台灣國際勞工協會)工作。2003年8月「工作室」原負責移工運動的組織者龔尤倩計劃前往義大利留學，某次相遇詢問工作室誰來接她的移工組織工

作，她沮喪的說：「沒有人願意來」！從1990年代初勞工界普遍仍
充滿反移工的情緒時，「工作室」即調派人手經營移工議題，從未
中斷，包括李易昆、柯逸民、林三台、龔尤倩等四人都曾投入相關
工作，如果因為龔尤倩出國而放棄移工組織的經營，未免可惜；純
是出於義氣，我答應龔尤倩在她出國期間暫時幫她頂一下，於是自
2003年9月起，我開始到 TIWA 工作，原只打算工作到龔尤倩回來
接回去，但龔尤倩於2006年回國之後，先受聘於教會團體，後來因
種種條件和發展考慮，一直未回到 TIWA 工作，我遂留任 TIWA 至
今。

　　林靖傑是很優秀的影像工作者，當我們獲得標案後，他準備全
心投入拍攝工作，但是當時我是完全菜鳥的執行製作，連執行製作
的工作是什麼都搞不清楚，還一邊忙著籌備台灣第一次移工遊行，
之後又發生馮滬祥性侵菲傭的案件，簡直焦頭爛額，而林靖傑預定
的拍片進度也因為我的工作狀態頻頻延誤，導致許多工作關係的緊
張。我記得當時衝突點之一是：「社會運動者的自我中心」，林靖
傑認為在這組合作關係裡，他全心準備著拍片，而運動者卻忙東忙
西，耽擱拍片進度，浪費他的時間。我完全可以理解他的抱怨，也
承認關係中的不平等；但是就我的立場，我不可能放掉遊行籌備工
作及處理緊急移工案件，而去專心拍紀錄片。

　　因為這個合作關係的挫折，讓我思考了勞工運動的文化／文藝
生產方式，究竟該如何？過去常見的模式多為文化／文藝工作者，
以「他者」的角色，記錄、再現、詮釋勞工或勞工運動，不論是影
像工作者、文字工作者或是研究學者等等都是。1992年嘉隆女工抗
爭時，紀錄片工作者李孟哲、羅興偕聯手拍攝的《朱教授老闆的暑
假作業》，是影像工作者深度記錄勞工運動的一個典範，當時李孟
哲幾乎每天都跟嘉隆女工混在一起，他甚至讓女工把攝影機帶進宿

舍，讓她們自拍了宿舍生活。後來的影像工作者記錄勞工運動大抵沒有超越這個方式。但這個方式仍然是「旁觀他人的運動」，記錄者仍是以旁觀者的角色，記錄／呈現／詮釋著勞工或勞工運動。

在思索這個問題的過程中，有兩個論點讓我找到文化性工作與運動關係的定位；一個是台南藝術大學音像記錄所創所所長井迎瑞提出的「兩個身分」，他曾期許音像所的學生拍片時應該有兩個身分，第一個身分為「某個領域的行動者」，第二個身分才是「記錄那個領域的記錄者」；換句話說，井迎瑞認為運動者與記錄者應該不是分立的關係。

第二個論點是「黑手那卡西工人樂團」已實踐多年的「讓弱勢者自己發聲」。「黑手那卡西」與「日日春」的公娼阿姨協同創作的《幸福》一曲，膾炙人口，感動無數人。讓弱勢者發聲意味著主客異位，音樂人、影像記錄者、文字工作者、甚至是研究者退居第二線，讓原來被記錄／拍攝／研究的對象站上主體的位置，自我呈現。

關於這兩個論點的實踐經驗，我以 TIWA 製作的《八東病房》、《T婆工廠》及「勞動轟拍影像工作坊系列」、《凝視驛鄉—移工攝影集》作些說明。

2003年我到 TIWA 工作前不久，發生了國策顧問劉俠（筆名「杏林子」）因外傭精神恍惚而懷疑有地震，慌亂中欲將劉俠抱離病房，卻不幸將劉俠摔死的不幸事件，該起悲劇引起移工維權團體及教會組織關切家庭內勞工（幫傭及監護工）因過度勞動、沒有休假而致身心健康受損的潛在危機，因而聯合推動訂定保障家庭內勞工勞動條件與休假權益的《家事服務法》。這個法案基本上是為將近20萬的女性移工而訂定的，雖然幫傭／看護的行業由來已久，但是在台灣，「家庭」成為具有現代意義僱傭關係的職場，應是1992年開放個別

家庭聘僱外籍幫傭和外籍監護工之後。而個別家庭勞動職場的特殊
性，如與雇主同住，24小時生活在僱傭的權力關係中，又如工作與
休息時間難以區隔，隨時都在待命狀態等等；使得家庭內勞工的勞
動條件與身心健康，都缺乏制度性的規範和保障。

但是推動《家事服務法》卻阻力重重[18]，聘僱移工的僱主擔心
成本增加或移工休假將使受照顧者乏人照顧，影響受照顧者權益；
而一般社會大眾對於家庭內勞工在台灣扮演長期照顧提供者的意義
和重要性，或者不了解，或者漠不關心，因而推動《家事服務法》
立法的工作，很難引起重視和共鳴。當時任職於TIWA的黃惠偵常
陪同菲律賓勞工組織KASAPI前往訪視在各大醫院養護病房的菲律
賓籍看護工，派發傳單或送小禮物，並和她們建立了信任關係；於
是我們決定以在仁愛醫院八東病房擔任看護的外籍移工為藍本，拍
攝一部「能讓台灣社會看見移工對需要長期照顧家庭的貢獻」的紀
錄影片。

《八東病房》於2006年完成之後，我們透過學校、社區、工會、
NGO等管道傳播，希望觀眾藉由紀錄片能看見家庭內移工具體的勞
動內容和對台灣社會的貢獻；同時能同理於勞動者應該擁有基本的
休假權益。《八東病房》DVD的封面上寫一句話：「生老病死，親
疏遠近……，一部為爭取家庭內勞工權益而拍的紀錄片」，可以這

---

18 原本我們預期最大的阻力會來自仲介，但出乎預料之外的，最大阻
力卻來自「殘障聯盟」、「老人福利推動聯盟」等社會福利團體。
由於這些團體的會員是聘僱移工的主要雇主，她們擔心《家事服務
法》若通過，將會增加聘僱成本，且移工休假也會使受照顧者沒有
人照顧。殘盟的理事長王榮璋為民進黨籍立委，他帶頭反對《家事
服務法》立法，並到處陳情；幫《家事服務法》提案的身障立委沈
中雄受到巨大的壓力，法案完全無法動彈。爭取訂定《家事服務法》
已經第九年了，阻力不減。

樣說，《八東病房》是在推動《家事服務法》立法運動過程中所生產的，由移工運動團體／組織者策劃拍攝，它有很清楚的目的，為運動需要而存在。

與《八東病房》相反，《T婆工廠》的製作拍攝則完全在意料之外，它是上帝送給組織者的禮物。2004年底，位於三重市的飛盟國際股份有限公司的125名菲律賓籍勞工透過教會向 TIWA 申訴，表示她們已經三個月沒拿到薪水，公司可能要倒閉了，很擔心會被遣返。移工在台的問題很多，各式各樣都有，但通常個別而零碎化，很難受到重視；飛盟國際是移工難得集體抗爭的案子，我剛好手邊有一台攝影機[19]，就想幫這個集體抗爭留下一些影像。但是拍著拍著，鏡頭裡不斷出現雙雙對對的同志伴侶，溫馨甜蜜，於是這個記錄意外發展成愛的故事。當時參與訪談的中研院民族所美籍人類學者司黛蕊眼光敏銳，她說：「這個T婆工廠太值得記錄了。」除了愛情故事的浪漫有趣，《T婆工廠》講述的是跨國移工的處境，特別是控訴台灣移工政策的非人權狀況。台灣移工制度之所以稱之為「奴工制度」，主要在於兩個部份，一是私人仲介制度的超高額剝削，一是不得自由選擇／轉換雇主的設計，因為這兩個因素的交相作用，常使移工陷入非人權的境遇；但是什麼是「不得自由選擇／轉換雇主」？如何造成非人權狀態？未深入了解移工政策的人很難理解。

我們邊協助移工抗爭邊拍影片，並預知了這些 TT 婆婆將因不得自由選擇／轉換雇主的制度，而被迫分開；於是 TIWA 的組織者們意識到《T婆工廠》的故事，正好可以讓一般人明瞭「不得自由

---

19　那台攝影機是與林靖傑合作拍攝《台北幾米》時買的，那次合作雖然不愉快，但是我很感謝因那個案子而增添了器材。

選擇／轉換雇主」實際上如何作用在個別移工身上，而顯現其非人
權的制度設計。後來在許多放映場合的映後座談，我都會問觀眾之
前是否知道移工不能自由選擇／轉換雇主？看完影片之後會不會覺
得這個制度是非人權的？答案讓我覺得《T婆工廠》真是拍對了。
它讓許多從來不理解移工制度的人，透過影片清晰的感受到這個制
度的不合理。而這個效果也是 TIWA 製作影片的企圖。

　　《八東病房》及《T婆工廠》，以及前 TIWA 組織者顧玉玲書
寫的《我們——移動與勞動的生命故事》，都是在運動脈絡與企圖
拓展運動影響的目的下而進行的文藝實踐。

　　另一個讓我找到文化性工作與運動關係定位的論點則是「文藝
做為一種運動實踐的方法」，也就是如黑手那卡西實踐多年的「讓
弱勢者自己發聲」，並在過程中進行組織與培力；甚至組織者也在
過程中深化認識，更能探觸勞工複雜的生活面貌及勞動體制對個別
勞工生命的滲透與烙印。

　　以基隆港為組織基地的「台灣倉儲運輸業工會聯合會」（簡稱「倉
運聯」），是工委會自1992年起即投注心力，派組織者蹲點組織起來
的工會聯合會；1990年代「倉運聯」是一支實力堅強的工運力量，
每年「秋鬥」遊行，倉運聯提供的聯結車陣頭，為秋鬥增添了草莽
生猛的氣勢。然而2000年前後，隨著台灣產業空洞化、進出口衰退，
以及碼頭民營化等諸多因素的影響，倉運聯工會也跟著式微，人數
由全盛時期的4000多人減少到500多人，一些經歷工運歷練的幹部焦
急憂慮卻苦無出路，但都頑強的撐著。

　　在我負責工委會秘書處的那些年，倉運聯是重要的戰友，我們
一起經歷了許多抗爭、罷工、遊行，累積了深厚的革命情誼。而倉
運聯的那些貨櫃車司機們，也是我所認識的工人中，最為瀟灑漂丿
的，每每與他們喝酒唱卡拉 OK，都會著迷於他們的魅力風采，當

我動念拍勞工紀錄片時，倉運聯那些戰友成了我的第一選擇。2005
年初，我以菜鳥紀錄片工作者的身分，進入倉運聯的拍攝田野，並
持續進行了半年多的拍攝工作，而那半年裡，拍最多的卻是無數次
的會議、討論，坐困愁城；氣氛悶到躲在攝影機後面都感到窒息。
而他／她們十幾個人（含組織工作者）明明有精采豐富的生命與運動
經驗，我要如何呈現出來呢？且以我當時邊在 TIWA 工作邊拍片的
條件，這麼龐大的拍攝工作實在無法負擔。某日與他們會後閒聊時，
突發奇想，「如果我把攝影機交給你們，讓你們自己拍呢？」不料
這個發想獲得熱烈的回應。於是在這個想法下，我規劃了「工人影
像實驗工作坊」的訓練課程，並獲得倉運聯大會的支持，成為工會
正式的專案計畫。

　　2005年夏天，我募集了所有人脈資源，包括全景紀錄片班的同
梯學員張志成、李佳音，「工作室」的郭明珠、張競中、何燕堂、
賴香伶，TIWA 同事黃惠偵，工傷協會張雅婷、吳志剛（他們兩人曾
與井迎瑞老師進行 RCA 職業病工人的記錄），以及從網路招募來的
新竹影博館的陳怡君，熱血青年王棋豐、伍心瑜，台南藝術大學學
生李金佩、台大學生王郁涵等人，組成教學團隊，並以一對一的方
式陪伴十個勞工朋友展開影像的學習之旅。這是一個非常有意思的
過程，我在2006年的工作筆記中寫了一段話：

　　……這個過程充滿樂趣、驚奇和發現，不僅在學員／助教／老
　　師之間，形成了多元互動的學習空間，攝影機更是一個神奇的
　　媒介，讓平日難以探索的生命經驗、私密情感，都透過影像拍
　　攝和討論，互相看見和貼近；有時笑聲連連，有時心有戚戚。
　　而經過八個月的努力，結果遠遠超出原先的期待和想像！「工
　　人影像實驗工作坊」的結訓作品，豐富多樣，雖然技巧粗糙，

> 但是內容辛辣刺激，溫柔有之，悲傷有之，幽默有之，痛苦有之；簡短的影片開啟了人們進入每位勞動者真實的生活領域與隱藏包裹的心靈秘密！這一次，她／他們不是「被說」的客體，而是成為說故事的主人，用影像自我呈現。

倉運聯的工人影像實驗工作坊結業之後，我們舉辦了「轟影展」。取名「轟」，意指「很多車」，因爲學員是貨櫃車司機和工會組織者，另一層涵義是「HOME VIDEO」的諧音，意指人人都可以拍；後來我們則以「勞動轟拍」概稱這個影像行動。

「轟影展」共有九部短片，包括張通賢《車牛ㄟ一天》、王秋月《長虹橋的那一邊》、黃翼萬《妹妹》、郭發財《海興》、古史德明《吾妻阿玲》、周雪莉《尪》、黃仁德《一個朋友》、楊明俊《緣份》、郭明珠《三代不同堂》。每部片都有拍攝者獨特表達的涵義，譬如黃翼萬的《妹妹》拍的是一隻貓，他對「妹妹」極爲溫柔，出門進門都呼喚擁抱牠；拍攝期間，學員看片討論，大夥總是取笑他，「一個大個兒男人老是抱著小貓玩」；爲什麼他對「妹妹」那麼有感情？他說因爲勞動型態的關係，每次回家都遇不到小孩，久而久之，家庭關係很疏離，經過整天疲累的勞動，回到家只有「妹妹」會迎接他。這樣的題材，完全出乎我的意料之外，但是它又那麼深刻的反映了一個勞動者寂寞的心靈，以及勞動體制對他的家庭關係的破壞力，其力道滲透生命的每一個面向[20]。

我們當然也使用這些影像，展開很多的社會對話，並發行「轟影展」的DVD，「轟拍」導演們也受邀到校園、社團、工會，甚至

20 有關「倉運聯」歷史與勞動轟拍的過程，我曾剪輯成《轟拍港都》紀錄片，該片版權屬於公共電視台。

到國外草根團體放片，分享學習的經驗。從個人層面來說，「轟拍」的學員因為完成影片，因而轉換原來「工會幹部」的角色，成為「工人導演」，進而能從不同的角度和位置，展開社會的對話；這個經驗應該具有正面的意義。而就倉運聯工會組織而言，「勞動轟拍」的學習過程，使得鬱悶愁苦的工會幹部，獲得暫時的活力和出口，並在學習過程中，交融了更多的生命情境，得以互相支撐渡過工會必然崩解的命運。

　　由於「轟影展」的成功經驗，鼓勵我們再接再厲，2007年在工傷協會舉辦「工殤轟拍」，完成六部短片，2010年在TIWA舉辦「移工轟拍」，也完成六部短片。三個梯次的轟拍，因為參與對象的不同，學習過程的氛圍有明顯的差異；「倉運聯」的司機們儘管前景堪慮，但他們仍能苦中作樂，而「工殤轟拍」的學員則為職災亡者的家屬，或本身就是職災受害者，其欲述說的故事，均蒙上一層死亡或遭受勞動體制極刑的暗影，致使討論十分晦暗緩慢，前後經過兩年才完成。

　　「移工轟拍」的經驗又不一樣，它的挑戰是「誤解、認識和穿越」。「移工轟拍」的學員包含菲律賓勞工、印尼勞工、台灣勞工，光如何上課就是一大考驗，台語、國語、印尼語、英語、Tagalo，層層轉譯，學員與學員的溝通，更是雞同鴨講。但是「雞同鴨講」本身就是造成移工與台灣社會格格不入的具體現象，也是台灣人對移工諸多誤解／排斥的原因之一。中國時報工會出身的本地學員甘冠智，以「雞同鴨講」為主題，拍攝自己與菲律賓學員BOYAT，如何在語言不通的情況下展開友誼，完成短片《竹篙鬥菜刀》（即台語的「雞同鴨講」說法），這是一個行動研究式的拍攝手法，而老甘和BOYAT在拍片過程中完成了彼此藩籬的穿越。

　　《妹妹》的導演黃翼萬繼續參加了第三梯的「移工轟拍」，這

次他將鏡頭轉回宜蘭鄉下，拍攝失智症的母親及她的印尼籍看護工安妮，片名《回家》；他自述自己是出外打拼的遊子，每兩個星期固定回宜蘭鄉下探望年邁的母親，並協助安妮採買日常用品。影片一開始很平常，安妮幫失智的母親刷牙洗臉，一起坐車去市場買菜及日用品，之後回家，安妮準備午餐，母親像孩子似的吵著要吃麻花捲，然後是遠景拍攝的一幕：母親、遊子、安妮三人靜靜的吃午餐；導演旁白說：「一樣是三個人吃午餐，只是安妮取代了父親，成為照顧母親的人。」這一幕融合了導演多層次的情感流動，有離鄉遊子無法侍奉母親的遺憾，對已逝父親的懷想，以及對同為離鄉遊子安妮的不捨和感謝。

國際大導演侯孝賢參與了前兩次「勞動轟拍」的成果放映會，他曾說拍電影本來就是在處理自己的感情，而勞動轟拍的影片呈現了勞動者生命中豐富的情感經驗，非常精采。

除了「勞動轟拍系列」之外，2007年TIWA也連續舉辦了兩個梯次的「攝影工作坊」，讓移工使用簡單的傻瓜相機拍攝及觀察台灣社會，並經由工作坊的作品討論，讓拍攝者的主體意識逐漸浮現，深化其對自身處境的理解，且更敏感於一些現象背後的意涵。譬如一位學員拍了一張房門口喇叭鎖上插著鑰匙的照片，圖說寫著：「這是通往我睡房的門，我也在房間裡幫雇主燙衣服摺衣服。注意到在門鎖上的鑰匙嗎？一直是掛在那裡的。」簡單的照片說明家庭作為雇傭關係的勞動場域，其權力關係與移工家務勞動者的處境，完全反映了在台20萬家務移工於雇主家中缺乏隱私權的現狀。

我們對待移工的方式相當程度反映了我們看世界的方法，同樣是外國籍的勞工，我們不會對來自第一世界先進國家的人民採取明顯歧視的政策，諸如排除國籍法的適用、在台居留年限限制、不得自由轉換雇主等等；但是為什麼對來自東南亞經濟較為落後國家的

勞工，我們卻以國家法律之名，毫無顧忌地施行歧視性政策？在移工攝影工作坊的討論中，一位學員說：「台灣人的世界地圖沒有東南亞」，她拍一張掛滿萬國旗的雙城街觀光夜市照片：

記得有一次一個朋友跟我說，

如果我可以在這片旗海裡找到一面菲律賓國旗，他就給我100塊台幣。

噢，我當然知道我是不可能找得到的。

透過移工的雙眼，我們也看見自己的樣子。後來這個攝影工作坊的照片集結成《凝視驛鄉——VOYAGE 15840》一書，獲得廣泛的迴響，著名的攝影評論大師約翰・柏格（《看的方法》作者），透過台灣影像評論者郭力昕寄贈，而看到該攝影集，他回給郭力昕的信上說，他已很久沒有看到這麼動人的作品。

## 六、打群架的美學

2007年8月在「黑手那卡西」舉辦的一個勞工文化論壇，我以「一個打群架的美學路線的小小實驗」，總結「勞動轟拍」、「移工攝影工作坊」的文藝實踐經驗，我概括地提出四個想法：

### 一、美學不是客觀存在的東西：

「工人自拍」為什麼值得實驗？除了拍攝者與被拍攝者／詮釋者與被詮釋者的權力關係被顛覆之外，我覺得還有另一個當時沒那麼清楚意識到的慾望，就是對於現有主流美學觀點的反叛——「誰說那樣才是美？」，而且美學的內涵不是只有形式，內容也是很重

要的構成元素。美並不是客觀存在的東西，觀看者的客觀位置會決定美的主觀感受。換句話說，觀看者覺得一件作品美不美、好不好、感不感人，其實是和自己的經驗、情感和價值取向相關的。若從社會運動／工人運動的例子來解釋，參與工人運動、認同工人運動、或是在這運動中的社群，必然能夠理解黑手那卡西的美學實踐的意義，以及它不同於主流音樂的美學意涵。

同樣的，「勞動轟拍」及「移工攝影工作坊」的作品也必須在這樣的脈絡下被觀看，所謂「美學」這東西，是創作者／作品／觀看者這三者之間關係的總和。而它同時反映的是社會力量的對比。所以不同時代有不同的美學標準。

## 二、個別作品在集體中才形成意義：

「勞動轟拍」、「移工攝影工作坊」還讓我深刻體會到另一件事情：非精英式的創作／作品，必須透過集體表現的方式才能讓作品的意義得到彰顯。偉大的藝術家以個別人／個別作品就能完成美學的形式跟內容，成為意義完整的藝術表述。但是勞動轟拍或移工攝影作品並不是這樣的，這些作品個別來看，並無驚人之處，甚至可以說很普通、很平凡，但是集合起來看，卻能堆疊出清晰、完整的意義，並能自成一個統一的美學形式。這種以集體方式才能彰顯作品意義的美學形式，即為「打群架的美學路線」。

因為勞動者很難有足夠的學習資源，讓自己成為武藝高強之人，單打獨鬥肯定無法和文化精英的美學表現競逐。所以我們要的美學就不可能是那種由出類拔萃的精英藝術家透過個人表演所展現的高強武藝，而是透過平凡個體的創作共同堆疊出整體的意義。

我自己很喜歡「打群架的美學路線」這個說法，因為它同時呼應了我所認為的勞工運動的根本精神，弱勢者經由集體才能彰顯其

存在，才能形成階級，而後產生力量。

## 三、集體創作作為一種組織方法：

　　這個部分，仍回到「文藝實踐」的目的是什麼？從工人運動的角度來說，當然是希望透過學習、培力、凝聚的種種過程，起到組織群眾的目的。倉運聯因為基隆港港口自由化、台北港開港在即，以及整個貨櫃運輸業的迅速變化，面臨著組織萎縮停滯的困境，絕大多數工會幹部陷在自身勞動條件下降、會員流失、工作權危機等等壓力下，各自承擔著未知的命運；開會討論之際，通常也只是坐困愁城、沉重難解。轟拍小組的影像實驗好像一個逃逸的窗口，讓這些身陷困局的工人幹部，暫時轉移壓力，進入一個全新的學習經驗。而這個學習經驗，以及每個人透過拍攝影片所表述的故事，不論是工作／情感／家庭／生活等等，在攝影機前真實的袒露平常難以互相碰觸的內心私密。這是一個有趣的發現和互相看見。根據倉運聯的總幹事王秋月的觀察，因為透過轟拍的學習過程及影片內容，彼此之間有了更立體的互相認識和生命交流，而不僅僅是工會／工作的面向而已。她認為這對倉運聯核心幹部的內聚力與情感認同是很有幫助的。

## 四、文化／教育實踐的場域，創造社會對話的空間／媒介

　　不只是「勞動轟拍」或「移工影像工作坊」，包括《八東病房》及《T婆工廠》，在每場放映或展覽之後，都會直接與觀眾進行面對面的討論。而工人導演或移工攝影者們，放映／展覽著自己的作品，並努力的與觀眾交流；影片作為一個媒介，讓他／她們站上一個清晰的位置，與不同的社會位置的人展開對話，也讓觀看者有機會認識勞動關係如何滲透到勞動者生活的每個面向，並在生命中形

成烙印。

　　她／他們經由自拍的影片／照片，與勞工或他者，分享交流及
自我表述。而在過程中，也讓勞工／移工的處境和議題，得以拓展
到社會不同的角落，並影響觀看者對這些議題的認識。

　　本文從與現實主義畫家吳耀忠相遇的1980年代寫起，意外的寫
成置身台灣社會運動三十餘年的片段經驗。受到左翼精神召喚的畫
家吳耀忠，其留下的勞動階級與庶民生活的身影，是台灣社會寶貴
的資產，更是工人文化的重要遺產。「工人文化」是什麼？我認為
就是一個不同於資產階級的世界觀，不同的看世界的方法，不同的
價值取向；勞動階級唯有發展出不同於資產階級的世界觀、價值觀，
才能抵擋無所不在的資本主義消費社會與物質需求的滲透，才能建
立階級的主體性和認同。從1990年代起，不論是攝影、繪畫、文字
書寫、音樂、影像的種種嘗試，都是試圖建立工人階級的文化與不
同的世界觀。但是，我們努力的成果很微薄。作為曾經受到吳耀忠
贈畫鼓勵的後輩，頗感汗顏。唯一覺得無愧與安慰的是，經過三十
餘年，我仍然走在當年他走過的理想實踐道路上。

　　陳素香，曾任職於數個平面媒體。1991年投入勞工運動，曾任女
工團結生產線總幹事、工人立法行動委員會秘書長、台灣國際勞工
協會理事長；現為台灣國際勞工協會政策研究員。2003年參與紀錄
片培訓，學習運用影像媒介紀錄及組訓工人，策劃「工人影像實驗
工作坊」，與工人合作完成「勞動轟拍」系列作品。個人影像作品：
《女兒家書》、《轟拍港都》、《T婆工廠》。

# 綠色小組的社會實踐：
## 為懷念吳耀忠而作

王智章

　　想起吳耀忠，眼前浮現的是一個面貌模糊眼神渙散的中年男人，這種身影在我的生命中不曾缺席過。從小，周遭的親友鄰居中多的是這種空洞、恍惚的眼神，而我自己有很長的一段時間也是溺在酒精裡的。於是，當我想起吳耀忠時，是痛、是悲、更是憐惜。

　　我應該是從《大地生活》雜誌的朋友認識吳耀忠的，記憶中和吳耀忠相處的時候並不多，每次見面總是他醉而我也茫了，當時還有哪些人在場？談了些什麼？甚至在什麼地方我都忘了。兩年前林麗雲問我要吳耀忠告別式的影片，當時我苦苦思索是誰和我帶了兩瓶酒到板橋還是萬華去找吳耀忠的？我完全記不得是和誰一起去的，這時身旁的黃崇憲正好談起這段往事，我這才驚覺我透支的青春早已不堪回首，年少的記憶攪和著酒精糊爛一團，甚至下意識地從記憶中刪除。

　　1970年代不知哪來的那麼多苦悶。我在花蓮中學就讀的那幾年，整天東晃西晃地看什麼都不順眼，要我乖乖地坐在教室裡聽課更是不可能。我每天抱著吉他在花中旁的 T 字堤海邊唱歌、游泳，似懂非懂地看著赫塞、卡繆、齊克果、尼采的書，我就是在海邊「撿到」休學流浪來花蓮的黃崇憲。後來我和崇憲認識了孟祥森（孟東籬），於是我們常在老孟家混，老孟也由著我們胡鬧，任由我們拐騙

他的錢去喝酒而不說破，老孟在生活與言談之中，把我年少的叛逆帶入生命實踐的可能。我隱隱地感覺我是一定要做些什麼的，至於是什麼我並不知道。當時梁祥美（孟師母）就說，麻子這麼強的生命力，學校是關不住他的。

高中畢業後拒絕聯考的我在花蓮、台北之間流浪。那時候，許多的「禁書」在朋友之間祕密地傳閱著。不過，我們還是唱著不痛不癢的校園民歌，也在畫廊努力看現代派抽象畫。

今年年初，我遇到一個老朋友，他說這輩子看到的第一本畫冊是崇憲帶來花蓮的，那時候他正準備考美術系。這就是1970年代偏遠花蓮的孩子，單純又無知。而我比起花蓮的「土孩子」，更早地接觸到外面的世界。還在花中的時候，有時悶得很，我就會從蘇花公路搭便車到台北混個幾天，當時還沒有北迴鐵路，偶爾也會隨意地在蘇花公路裡的部落晃蕩，那時候我就已經練就了流浪的好本事。

回想起來，在我年少流浪的日子裡，或許也比同儕的文藝青年多了些歷練吧。當我讀到陳映真的小說〈將軍族〉時，我想起的是一個在西門町天橋上玩些小把戲賣膏藥的退伍老兵，後來我們還成為「街友」。我到過他「家」，那是一塊長木板隔在一棟樓房樓梯間半空中的陰暗狹小空間，就一個塌塌米大小，只能鑽進去睡覺，連坐起來都有困難。同時我也想起在武昌街戲院門口挑著擔子賣茶葉蛋的老兵。而當我看到梁正居的一幅扛甘蔗的工人的照片時，我也立刻想到那些在甘蔗園裡汗流浹背工作的原住民受刑人，那可真的是粗重辛苦的勞動。當兵前我曾經短暫地在花蓮糖廠當五分車的助手，每天奔馳在廣闊無垠的蔗園拉甘蔗回糖廠，那些原住民，是糖廠從花蓮監獄「借調」出來做粗活的，當時我就疑問著為什麼都是原住民呢？而我也不只一次地和阿能（排灣族盲詩人莫那能）一樣地在台北車站前的天橋上被介紹所的小弟「攔截」，那時候的我一

看就知道是鄉下來的。我也曾經在台北近郊的工廠，看著故鄉的小時玩伴們整日轟隆轟隆地做不銹鋼湯匙，晚上我和他們擠在烤箱般的閣樓餵蚊子，隔天一早我就離開了。這些經歷讓我有機會去思考。雖然那時接觸到一些左翼的書，但根本也不知道什麼社會主義或現實主義的，但也或許是這樣，所以當我一接觸到《夏潮》和黨外運動時，就心甘情願地一頭栽進去幹得很起勁。

有時我會想，像我這般和所謂「體制」強烈互不相容的人，念了兩所高中被留校察看算是勉強畢業，當兵是在管訓班理個大光頭有驚無險地退伍。如果我沒有撿到崇憲，沒有遇到老孟，我的人生必然會不一樣，但會是什麼樣的人生呢？

1978年8月的《雄獅美術》第九十期，陳映真專訪吳耀忠，吳耀忠說了一段話，他說：「畫在一切藝術中，怕是最具有私有財產的性質。用框子一框，掛在堂皇的客廳中，成為財產，且有投機性的市場。繪畫的民眾化首先必須打破它在需求上的稀少性。」然後吳耀忠接著說：「封面設計使我實現了一部分願望。」吳耀忠把繪畫當作是他社會實踐的過程。當時鄉土文學論戰正熱，王拓、楊青矗、陳鼓應等人接著投入那年年底的中央民代選舉，台灣藝文界突然地熱鬧起來。那時候「春之藝廊」剛剛開幕，吳耀忠擔任經理，積極地策畫畫展和講座。對於把繪畫當作是社會實踐的他，在面對朋友和同志邁開大步向前走時，他是不是會感到焦慮呢？我認為把繪畫作為實踐的一種媒介，比起詩歌、戲劇或文學，它的作用力相對緩慢，是更需要時間發酵沉澱的。我會這麼想是因為繪畫於我個人來說，根本沒有吳耀忠的那種認識。

當時我住在德惠街黃崇憲的房子，有一天我找吳耀忠過來喝酒。我記得他一踏進屋內看到凌亂地擺在牆角的畫，調皮地學孫悟空抬手遮眉，瞇著眼看我的一幅自畫像，它不過是上了底色有個大

概輪廓，連五官都沒有的初稿。我們對望笑笑，喝酒，有沒有談到
有關繪畫創作的話題我忘了，不過對當時的我們而言，似乎也沒什
麼好說的吧。那時候的我會想念他但卻又矛盾地不太敢找他，酒鬼
怕酒鬼吧。那段日子我也喝得凶，我似乎是害怕看到以後的自己吧。
那時的吳耀忠已經離開「春之藝廊」，應該還幫雜誌和書畫封面，
但面對創作卻好像跨不出他的第一步。而我開始十分忙碌地投入黨
外和社會運動，沒多久就把畫布和顏料再度丟到更隱密的角落裡去
了。

　　那是1980年代初，鍾喬和我跟著蘇慶黎編《生活與環境》與《夏
潮》，也是在那時認識了陳映真、王津平、王曉波等人，當時我除
了閱讀書籍、也默默地聽著他們的談話，很自然地慢慢地把對弱勢
的關懷當成了自己不容懷疑的責任。1984年張富忠當編聯會（黨外編
輯作家聯誼會）會長時，設了許多委員會，我十分投入在少數民族委
員會的推動上。後來在1984年底，「原住民」三個字被大聲喊了出
來，「台灣原住民權利促進會」在國民黨的恫嚇和百般阻擾下正式
成立了。

　　那時候黨外周刊相當多，大概都維持在五、六本以上，我通常
會在兩本周刊做美編，每個星期通宵熬夜兩個晚上，換取基本的生
活費。其他的時間我就在編聯會、《關懷》雜誌和許許多多剛成立
的NGO當義工，台權會（台灣人權促進會）、勞支會（台灣勞工法律
支援會）、原權會（台灣原住民權利促進會）等等的會刊我都義務去幫
忙編輯。當時雖然忙碌，生活也很拮据，但卻衝勁十足，還常常背
著相機四處記錄。當時的黨外雜誌、社運團體的會訊還有選舉時的
傳單等等文宣品不能說不多，而且國民黨越禁就跑出來越多、越禁
就賣得越好，但是不論如何，在傳播的量與面都是不夠的。而我對
傳播方式的思考檢討，也是促成後來我會扛起攝影機和成立綠色小

組的原始動機。

　　1984年是台灣煤礦業最黑暗不幸的一年，三起巨大的災變先後發生。先是6月20日台北土城的海山煤礦發生74人不幸罹難的事故；二十天後的7月10日，瑞芳鎮的煤山煤礦災變更奪走了103條人命，22人輕重傷；年底12月5日三峽海山一坑也發生災變，93人死亡。

　　當時煤山災變的傷者，嚴重的成為植物人，可能一輩子都將躺在床上，病情輕一點的也因吸了太多一氧化碳中毒而失去記憶，需要長期的照顧。當時的媒體習慣了當傳聲筒，記者對受傷礦工的病況不過打個電話到醫院詢問，並不會進到醫院探訪。他們習慣如此、不認為有需要。我和陳素香幫《前進》雜誌做報導時來到醫院，才知道這些人不但得不到照顧，更被醫院視為占床的病人，想盡快地將他們趕出去。採訪的文章和照片都在《前進週刊》登出來了，但是，受傷礦工失憶後的空洞眼神和家屬無助的控訴一直在我心裡翻攪。我知道光是黨外雜誌的報導顯然是不夠的，應該要為他們多做點什麼，最直接的就是讓受害者自己和社會對話，但是受傷礦工的現況並沒法站出來。我和阿香商量後，覺得有必要進醫院拍一支錄影帶，然後開記者會把事實真相呈現出來。我們克服種種的困難潛入醫院拍了一部短片，記者會時有些記者看到躺在醫院的植物人礦工畫面時不禁哭了出來。這次的嘗試帶給我很大的鼓舞，我開始不斷的思考要怎麼更有效的把「運動」傳播出去。

　　翻開綠色小組拍攝的影片目錄，儼然就是1980年代解嚴前後反對運動的大事紀，1,800支錄影帶，3,000小時的影像紀錄，其中包括了農運、工運、學運、生態環保、反核、原住民、婦女運動和許許多多的政治議題活動，比如國會全面改選、519取消戒嚴、平反228、新國家運動等等，也有老兵返鄉運動、無住屋運動、司法改革等等的社會議題。影片中社運、民進黨的活動占了相當的篇幅，但工黨

和勞動黨的成立也沒有缺席。這些種種運動除了以座談、演講的形式訴說理念，爭取群眾的認同，更多是以遊行的方式號召民眾的參與。我們記錄的場景遍布島嶼各地，還有離島的蘭嶼。當時沸沸騰騰的改革運動，就像花火般地綻放在島嶼的天空，在那個風起雲湧的時代，綠色小組適時的出現應該也就不難理解了。

1984年煤山礦災受傷礦工的紀錄片帶給我很大的鼓舞，我覺得運動的傳播除了傳單、雜誌，應該要更多元地利用各種媒介。當時，攝影機還是屬於比較專業的工具，價錢相對的也昂貴，我只能編輯幻燈片用說故事的方式在集會場合放映。一直到1985年底，Panasonic推出了一台Home-video，它比起當時專業的攝影機，在價格和操作的方便性都較適合做街頭的紀錄，我開始扛著它記錄社運和黨外活動。

最初當我拿起攝影機在街頭拍攝時，群眾的反應大多是害怕、閃躲；少數人可能會用包包去擋鏡頭來抵擋，但大部分都選擇閃躲。因為在那樣的年代他選擇站在街頭，必然面對一番掙扎：「我站出來對不對？我會不會被抓？」等等。後來，社會運動慢慢成形，拍攝的影像也開始被呈現、觀看後，群眾面對鏡頭的態度才有所轉變。

在當時的戒嚴體制下，國民黨政權長期剝奪憲法賦予人民的各項權利──包括組黨和辦報。報紙不是政府和國民黨辦的，就是支持國民黨的資本家辦的，人民不准辦新的報紙，而現有的三家電視台當中，台視屬於政府行政系統、中視是國民黨黨營的、華視則屬於軍方，大眾傳播媒體完全受政府控制。1986年9月，台灣第一個反對黨「民主進步黨」成立，接著是年底的中央民代選舉。我希望能用影像記錄歷史性的第一次黨對黨的選舉，於是透過朋友的介紹，很快的就找來李三沖和傅島，似乎他們就在那兒等著我去召喚，我們一拍即合，一切好像宿命地水到渠成。1986年10月，台灣第一個

運動性的錄影團體綠色小組成立了。

那次選舉，我們影印了許多經典的報導攝影照片，貼滿蔡式淵的競選總部牆壁，還租了當時尚少見的大螢幕放映影片，總部看來頗有戰鬥氣息，然後我們盡量地記錄大台北地區的競選活動。在那一次選舉中，中正機場發生了大規模的群眾示威流血事件，三家電視台全面抹黑這個事件，指控民進黨是暴力團體，民進黨的支持者是暴力分子，對民進黨的選情相當不利。而綠色小組拍攝的《中正機場事件》則適時揭穿電視台的謊言。這一卷錄影帶不斷地在各地的群眾大會和競選總部播放，第一次活生生地讓台灣人民看到官方的電視台如何扭曲事實，效果相當震撼。民進黨因爲這一卷錄影帶增加了不少選票，綠色小組也因而受到民眾的信賴與歡迎。

選舉結束了，1987年1月號的《人間》雜誌十五期，在封面上印著「民眾的電視台——ENG[1]對大眾媒體的反叛」的標題，內文則以「當人民要掌握他們的媒體」報導綠色小組，「小眾傳播」開始被拿來討論。不過這時的我們卻面臨要不要繼續拍下去的困境，沒有了選舉飯，馬上就斷炊，這是很現實的尷尬處境。但是，各種民間的自力救濟風起雲湧，台灣的街頭幾乎每天都有群眾在示威遊行，我們沒有理由停下來，我們決定給自己半年的時間衝看看。於是，我們招募80位訂戶，每月500元支持綠色小組繼續拍片，綠色每個月要給一部紀錄片，爲期半年。頭一個響應的是《人間》的王菲林，兩、三天就交出十幾個名單。而我們也就靠這「八十壯士」撐過了第一關。

---

1　Electronic News Gathering（ENG），輕便的電視新聞攝影機，出現於1970年代中期。在ENG出現之前，電視新聞的拍攝製作設備昂貴且笨重，採用的是電影式設備，而ENG攜帶方便，價格便宜。

　　綠色小組1987年的工作帶目錄從編號0108開始，1月16日的《吳耀忠告別式》編號0127，短短的半個月內，綠色拍了二十支錄影帶，工作量相當大。我想，當我開始忙著黨外編聯會的事務後就很少和吳耀忠碰面了吧，而他去世前正是綠色小組剛成立忙著記錄選舉的時候，更沒聯絡了。那麼，我們最後一次的乾杯是在那裡呢？我不記得了，吳耀忠呢？記得嗎？

　　我還記得告別式後回台北的車上，我和陳映真坐在一起，談話中他告訴我，大意是說不能光是拍，也要寫。這話，我記得牢，只是我們光是拍就已經人仰馬翻了。那時的台灣社會在戒嚴體制下被長期壓抑的不滿情緒已經十分高漲，就像一鍋即將煮開的水，1986年9月林正杰的街頭狂飆和年底的選舉有如一根柴火，迅速的把整鍋的水沸騰了起來。而1987這一年，民間自力救濟就多達1300多次。

　　綠色小組除了街頭遊行的紀錄外，我們更願意把有限的時間投入民間田野的採訪報導上面。當時的《人間》雖然是苦撐著，但已經辦得有聲有色，頗得社會的肯定。由於理念相近，綠色小組常有機會和《人間》的朋友結伴一起工作。我們在手持「怨」字標語反杜邦的鹿港街頭；在新竹李長榮化工廠門前，水源里民埋鍋造飯長期抗爭的棚架內；在後勁五輕廠飄著惡臭黑霧的煙囪下；在蘭嶼島上刮風飄雨的核廢料貯存場門口；還有在罷工圍廠的遠東化纖廠門口；在遠東紡織女工整齊有力的口號歌聲中……，我們一起記錄了台灣人民用卑微的身軀挺身出來捍衛尊嚴、保護家園的歷史。

　　我更記得1987年搶救鄒族青年湯英伸的事件，湯英伸就和許許多多的原住民青年一樣，離開了青翠山林的部落來到貪婪無情的台北，他日夜不停地在洗衣店裡付出青春賣力工作著，但是卻得不到應有的報酬，連身分證也被老闆扣押而不得自由，後來在一次和老闆的爭執衝突下失手殺了人。當時，陳映真大力奔走，寫文章、辦

座談，疾呼槍下留人，希望能給湯英伸一個反省贖罪的機會，綠色
小組也參與其中，在《人間》雜誌社聽候調度。5月15日深夜，我和
邱晨、李文吉陪著湯英伸妹妹捧著冰冷的骨灰罈回到滂沱大雨的阿
里山，親友們默默地站在屋簷下迎著湯英伸回家。辦完喪事後，回
到台北的工作室，我不禁嚎啕大哭。

　　天啊，我不知道從半夜就守在看守所外的傅島是怎麼捱到天亮
的。一直到今天，二十五年後，我才有勇氣去看傅島拍的影片，高
牆聳立的台北看守所，黎明漸漸天光起來的靜謐中，突然地傳來痛
徹心扉的槍聲。

　　三沖在介紹綠色小組的一篇文字中這麼寫著：

> 綠色小組，它給自己三項使命。第一，記錄，記錄台灣的社會
> 運動。到目前為止，它拍攝的影片大約有3,000小時。第二，傳
> 播，也就是以錄影帶傳達社會運動的訊息。到目前為止，剪輯
> 完成並曾公開放映的影片約有120卷。第三，戰鬥，和官方的電
> 視台進行戰鬥，特別是在發生重大事件，運動遭到電視台嚴重
> 扭曲打擊的時候。它最終的心願是希望人民擁有自己的電視
> 台，因此剛成立的時候，它便把自己定位為民間的媒體。

　　1989到1990年間，三沖有整整一年在高雄後勁，除了長時間的
記錄外，他和後勁的鄉親一起參與反五輕運動的策畫和宣傳，還在
當地訓練了一位徒弟。綠色小組不僅是運動的記錄者，還是參與者，
因此，綠色小組和各種社運團體都有良好而密切的關係，也一直很
受草根性的運動團體歡迎。我們跟一般主流的大眾媒體有很清楚地
區分，我們在街頭上是被肯定的，既是自己人，也是被保護的對象，
完全不同於群眾對於主流媒體的批評態度。也因此綠色小組的存在

一直意味著一件事情，政府壟斷電視媒體，電視台歪曲事實，人民
不相信電視台。

那時候，綠色小組拍的錄影帶不定期的發行，然後透過反對運
動的演講會場傳播銷售，而綠色小組的經費則完全靠發行錄影帶來
支持。遇到重大事故則立即製作事件的新聞快報，送到各地反對黨
人的據點播放，並與運動團體聯合辦演講會，在會中放映影片，讓
民眾了解事情的真相。

1988年的520遊行爆發激烈的街頭衝突，政府逮捕了一百多位農
民和學生，並利用電視台全面扭曲醜化農運團體，對參與的農民極
盡恐嚇。綠色小組拍攝的《520事件》再度揭穿政府與電視台的謊言，
極力為農民平反。由於這支錄影帶發行量很大，顛覆性很強，所以
政府機關一度要查扣影片的拷貝，綠色小組則發動群眾，成功地阻
擋了官方的查扣行動。

那時，同一個晚上可能有好幾場聲援520的演講會在不同的地方
開講，而跟著演講會跑的「民主攤販」當然是帶著《520事件》到最
大場、人潮最多的會場販賣，他們畢竟是生意人。但是電視報導是
深入到農村角落去的，因此，綠色小組「僱請」一位攤販專跑偏鄉
農地，用大螢幕放映《520事件》，告訴農民事件的真相。我們總是
想盡辦法去爭取各種可能的傳播管道。

當時的街頭運動，小劇場也已經參與進來。他們製作大型的布
偶走在遊行隊伍中，甚至即興地在街道上表演，把遊行搞成像一場
熱熱鬧鬧的廟會遶街活動。還有1990年學運時的小蜜蜂行動，學生
兩人一組，騎著機車追逐公車，用噴漆把他們的訴求「反郝」噴在
公車車身上，公車成了學運的活動廣告。這種非常的創意和直接的
衝撞，更是另類的傳播表現方式。

我們跟隨著街頭勇敢群眾的腳步向前邁進，我們並沒有忘記綠

色小組成立的初衷，那就是打破國民黨的媒體壟斷，爭取更大的傳播空間，讓人民擁有自己的電視台。

1987年7月，國民黨宣布解嚴，並開放報禁，但是對於電台、電視台一律以「沒有多餘頻道」爲理由拒絕開放，反對黨雖然極力爭取，但卻苦無有力的辯解。1989又來到選舉年，綠色小組試圖把台灣各地拍社會運動的個人組織起來，成立「ENG聯盟」，可惜沒有成功。隨著年底選舉的接近，抗議國民黨壟斷媒體，要求開放頻道的訴求越來越高，有些民進黨的候選人更信誓旦旦地說要在選舉時成立電視台，要大家拭目以待。其實綠色小組不動聲色祕密籌畫已久，年底選舉時我們就要戳破國民黨「沒有多餘頻道」的謊言。

那是一個下著綿綿冬雨的夜晚，南台灣長長的海灘黑黝黝的，我和幾個不相識的漁民不敢稍歇地、賣力地把一箱箱的宜興茶壺從搶灘的舢舨上扛到沙灘盡頭的工寮，然後找出箱子裡藏著的「電視台」連夜送回台北。我們找民進黨一起來播放這「沒有的多餘頻道」。

還記得1989年11月30日下午，投票日前三天，尤清競選台北縣長的板橋總部，我們把一台電視機搬到廣場中央，當「綠色電視台」開播記者會實況轉播的第一個畫面出現，許多人繞著電視機東瞧西看，確定沒有「連線」時，每個人臉上洋溢著不可置信的笑容和感動。開播後，總部的電話線一下子就被占滿了，都是打進來興奮地告知收視成功的民眾。10分鐘後，停電（國民黨的「奧步」），還好總部有自備發電機並不影響訊號發射。

藏不住興奮的人群中，信誼掌鏡，三沖導播，傅島調度，我望著在「綠色電視台」門口站崗的義工，心中有著無限感慨。

我於是在總部附近街道繞了一圈，由於停電，電器行乾脆把裝電池的小電視擺在店門口讓鄰居和路人觀賞，我從人群縫隙中瞥見電視機裡面的信介仙（當時的民進黨黨主席黃信介）笑得合不攏嘴。

是啊,是大快人心啊。

「綠色電視台」以簡陋的器材,成功地發射電視訊號,雖然發射的範圍很小,只有2-4公里半徑,播放也只三天,但造成相當大的影響,因為這是台灣人民第一次突破國民黨對電視頻道的封鎖,象徵意義十分重大。

1980年代解嚴前後是台灣社運狂飆的年代,熱鬧的街頭充滿著無限的能量,群眾行列中洋溢著種種的驚喜,原來以為不切實際的理想,似乎看到了一點點曙光。雖然「人民擁有自己的電視台」最終還是烏托邦的美好想像,但是我們投入青春熱情,與台灣人民在街頭創造歷史,豐富了綠色小組每個成員的生命,我從來不後悔自己的付出。

現在,可以套句老話說,美好的一仗,我們已經打過。


乾杯

吳大哥

你知道嗎

告別式的相片你穿著潔白整齊有點好笑

牆壁上朋友寫給你的輓聯掛得滿滿的

我唸大陳的給你聽

耀忠阿兄千古

少時訂交　共讀新書　慷慨同繫兩千日天獄　笑談猶惜同鄉學友心

老來死別　獨吟故牘　悲涼孤對千萬里祖國　吞聲何堪兄弟同志情

　　　　　　　　　　　　　　　　　　　陳映真泣輓

吳耀忠走了二十五年了,

二十五年白了多少的少年頭啊?

懷念他的同時,我的腦海中不斷的湧現綠色小組的畫面……

把自己化為火鳥,從容地撲向總統府前蛇籠的阿樺　詹益樺
在中正機場示威隊伍中指揮若定唱著望你早歸的椪柑　江鵬堅
堅持著徒步到中正機場迎接同志,義氣感人的老縣長　余登發
笑容可掬像鄰家老伯的信介仙　黃信介
站在宣傳車上高喊:「還.我.土.地」的泰雅勇士多奧　黃修榮
還有,主持工黨會議仍然菸不離手、手不離菸的蘇姊　蘇慶黎
當然,忘不了你,保護森林遊行中扮演檜木的老孟　孟祥森

願你們安息。

王智章,1956年出生於花蓮鄉下。1986年籌組「綠色小組」以輕便攝影機紀錄台灣解嚴前後的政治、社會運動,並透過地下發行錄影帶,一般稱之「小眾媒體」。

# 霧中的浮光：吳耀忠

楊 渡

隨著時間的飄移，吳耀忠之於我底記憶，竟愈加的淡色起來了。

彷彿霧中的凝視，我們正在被愈來愈濃的霧隔開，形影更加模糊起來。彷彿只剩下遙遠的聲音，我們隔著白茫茫的空氣，看不見彼此的身影，只有風中，殘留著你虛弱的聲音。

時間的霧，已經帶著你，走入我漸漸遺忘的地方……。

而一旦記憶都消逝，我們就永遠不復存在了。

為了苦於無法遺忘，我曾寫下長長的詩，寫下漫漫的散文，追憶那些過去的故事，以便自己可以放心，放心的遺忘。

如今，那遺忘真的來臨了。

歲月，已帶著你，漸漸走入霧中。

（想起吳耀忠，不免傷感，寫起散文。後來林麗雲來電，表示希望在紫藤廬的座談中，可以少談吳耀忠，多談一談自己人生中的實踐，這可能是更大的難題。何況個人的生命史，只對個人有特別的意義。後來反省到我們同一個時代的人，經歷了同樣的成長歷程，有一些共同的生命經驗，自己的實踐與反省，或者可以供做參考，於是做了這樣初步的記錄文字。）

　　1970年代的開頭，對我而言，是家道中落的開始。14歲那一年，母親因為票據法而被通緝。她只是一個農婦，一個不懂得生意的人，但父親所開的支票無法支付後，就轉由母親承擔。那些年，不僅是我母親，後來聽母親說，許多獄中的女性，都是因為男人的票據法而坐牢。

　　1970年3月，媽媽已經被通緝，但她以為父親與地方警察局關係很好，不必逃亡。直到有一天，警察在傍晚來敲門，她知道是來抓人的，趕緊從後門逃出去，躲在黑漆漆的水田中間。因為怕被警察看見，而水田中的稻子還未長得夠長，她怕壓倒成一片人形的稻子太明顯，於是她側著身子把自己埋入泥土裡，藏在稻子中間。警察離開之後，我去水田間呼喚她的名字，她才從田土裡爬出來，一身都是汙泥。

　　那時候是3月，天氣很冷，她全身發抖，要我回家拿來她的衣服，她就在寒冷的灌溉水溝中，洗淨污泥，拿著小小的布巾包袱，獨自走向更暗更黑的另一邊，從另一條路逃亡。她只有交待我：好好讀書，不要做一個讓人瞧不起的人，要堅強起來，好好照顧弟弟妹妹。

　　從那一刻開始，我開始強迫自己長大。我未曾再流過眼淚。無論多麼孤獨憂傷，無論人世的離合悲歡，甚至是吳耀忠的過世，我都用一種壓抑的方式，把感情隱藏起來。吳耀忠過世的那一個月，我連朋友邀約喝酒都不敢去，怕自己無法控制，會大哭起來。

　　母親逃亡那一年，我14歲，弟弟小學五年級，妹妹一個是幼稚園大班，一個小班，家裡只有祖母，照顧我們。祖母是一個很傳統的女性，她一生遵守男尊女卑的台灣人規矩，從不上飯桌與我們一同吃飯。母親離開後的第二天早晨，她煮好早飯，叫我起床上學，站在旁邊看著我吃完早飯，出門去上學。那一刻，我知道自己已經成為這個家裡要負起責任的男人了。

　　我不能不想想家人的未來。因為負債，家裡常常有討債的人惡言相向，把自己的父母罵得豬狗不如。我也曾在傍晚回家時，看見家裡的桌椅冰箱等所有傢俱都貼滿封條，家要被查封拍賣了。當時，我不能不想的是，如果家裡被查封，我們無處可住，要去那裡？祖母老了，誰來奉養？弟妹還小，誰來照顧？我當然只有休學，去做工。

　　那時的自己，格外珍惜上課讀書的時光。因為我不知道什麼時候會結束這種好日子。在那時，由於現實的困頓，我在心中幻想著這世界，如果有一個貧民收容所，一個貧民學校，一間貧民醫院，該有多好。或許，我就不會流落街頭了。那就是我14歲的烏托邦。那是一個1970年代台灣少年所能做的唯一幻想吧。

　　隔年，母親被逮捕入獄，父親賣了祖產，把債務先還了一部分。等到母親出獄，開始掌理公司財務，父親的事業才穩定下來。

　　但我卻終其一生，都受到這關鍵性時刻的影響，懷抱著貧民收容所、貧民學校、貧民醫院的夢想。我終究在高中時代的閱讀中，找到了陳映真的小說《將軍族》，其中所寫的家道中落的青年，那懷抱著安那其主義夢想的蒼白的〈我的弟弟康雄〉，彷彿是自己的寫照。而那一本書的封面油畫，有著慘綠色的憂悒，卻又認真修補鞋子的少年，就是出自於吳耀忠的手。

　　循著陳映真，於是找上了克魯泡特金，從他的優美文字再走向無政府主義，而後走入了社會主義。那時，一個「各盡所能，各取所需」，為貧民而建構的烏托邦世界，深深吸引了我。我好像找到少年時代在追尋的知音般的喜悅，讀了克魯泡特金，我彷彿走入流浪的北國。現在回想，我有點覺得，克魯泡特金和無政府主義對我一生的影響，可能遠遠超出自己的想像。

　　我的大學時代，也就是1970年代後期，就是閱讀著這樣的帶有

左翼色彩的書，寫著詩而度過的。這彷彿也是大學時代許多朋友的寫照，我們在重慶南路的地下書城裡，買盧卡奇、馬庫色的書，暗暗的閱讀，帶著一種練武林秘笈的樂趣。

美麗島事件則是一個轉捩點。高中時我們已經閱讀了大量的《自由中國》舊雜誌，也看了殷海光、李敖的禁書，胸中充滿叛逆的思想。等到美麗島事件發生，我看著大審的不公不義，非常不滿。又受到無政府主義思想的影響，覺得如果改革無望，那就走上暗殺之路吧。於是寫了長詩《刺客吟》，描寫荊軻與高漸離的故事，歌頌人生可以像一把飛出去的劍，絕對、鮮明、俐落、乾淨，射向不義政權的心臟。

這一首詩得到時報文學獎，我於是認識了詩人施善繼，是他帶著我去三峽探望隱居做畫的吳耀忠，也去認識了陳映真。

也因為這一首詩，《時報週刊》找我寫了一篇古劍的報導，覺得我文筆還不錯，於是要我去寫一篇礦工子女的故事。我去瑞芳、九份看了，發現不是他們企劃的方向，於是我依照自己所見，寫成報導文學〈礦坑裡的黑靈魂〉投給了《大地生活》雜誌。投了稿子，我準備上研究所，不料那一年的市議員選舉，就有台中一中的老朋友來找我們去幫忙助選，我們分批去給林正杰、謝長廷、藍妙齡等人助選。助選讓我首次有機會觀察政治運動的變化。那就是中產階級的興起。那時進出競選總部的支持者，有許多是做生意的三十來歲的中小企業主、中產階級，他們悄悄來，默默出錢出力。這一批人的出現標誌著社會結構的改變。這也是為什麼《自由中國》被鎮壓逮捕後，即陷入無聲，而美麗島事件後，黨外運動反而成長的結構性原因。

選完後，因為合作陳文成紀念集的編輯，《深耕》的主編林世煜希望我去那裡上班，《時報週刊》也要我去上班，但我卻選擇了

薪水最低（薪水大約只有四分之一吧），但有報導文學性質的刊物《大地生活》雜誌。文學仍是自己的最愛。

當時的黨外雜誌有三本，一本《深耕》，林世煜主編；一本《八十年代》，司馬文武主編；一本《大地生活》，汪立峽主編，後來他去職，我主編了大約三、四期。徐璐當時擔任發行人，除了編務之外，她負起最辛苦的工作，籌募資金。當時的黨外年輕人常常在一起喝酒聚餐。

這是黨外運動初起，黨外雜誌大盛的時代。1981年選舉中，以「黨外新生代」崛起的正、長、扁，只是一個現象。基底的原因仍是社會結構改變了。一個高度控制的黨國威權體制，正在面臨挑戰。黨外雜誌帶來思想的啓蒙，則打破舊有的禁忌，挑戰威權體制的正當性。其實當時的黨外雜誌有許多撰稿者是體制裡的記者，他們悄悄寫稿，讓不能見光的報導，透過黨外雜誌出來。

1982年，有一位高雄市選出的立委蘇秋鎮先生在立法院質詢政府爲什麼仍關押著二二八時代的老政治犯，已經關了三十幾年了？警備總部在答詢中，完全否認有此事。後來一位客家籍的老政治犯，也是我們雜誌的長期作者徐代德先生告訴我，其實事情是真實的，如果我有興趣，他可以安排我去採訪一位關了二十八年的政治犯，他們在獄中長期相處，非常了解情況。於是我採訪了盧兆麟先生，他詳細的列出三十年政治犯的名單，說明每個人因何案入獄，現在身體情況等。有了這份名單，我再去台中採訪一位老政治犯的媽媽，她天天在老家等待，那一年被抓去才剛剛高中畢業的孩子，現在已經白髮蒼蒼，卻還未歸來。

雜誌出版後雖然被查禁，我們也因爲財務困難，宣告停刊。但蘇秋鎮拿著「三十年政治犯」的名單在立法院質詢，逼得警備總部不得不面對這個事實。這一年春節前，蔣經國終於開始特赦第一批

政治犯。

　　人生機緣真是奇妙。因為這一篇報導而歸來的老政治犯（他們稱為「老同學」），有一場悄悄的聚會，把我找了去，表示感謝之意。但我更感動於他們一生奉獻於社會改造的理想，即使入獄三十幾年後，仍未改其志。這讓我真正看到一種「人的生命該如何活著」的恆久的典範。

　　也正是在這一次的聚會中，他們問我在做什麼事。我說雜誌停刊後繼續讀研究所，寫作為生。他們於是為我介紹李明儒先生，當時《美洲中國時報》的副總編輯，他願意為我介紹去報社學習如何處理新聞。就這樣，我終於進入此生中待得最長的工作——新聞。

　　一邊在報社工作，一邊我並未放棄文學，所以1983年，陳映真先生與尉天驄老師在討論《文季》復刊時，也一併支持我們做一本批判性比較強的詩刊，以期在文學上標舉出不同的風向。尤其自唐文標批判現代詩以來，未曾有一本詩刊標舉現實主義，現實主義風格的詩，大部分都是發表在黨外雜誌。於是我們籌劃了《春風詩刊》。它出了四期，分別是「獄中詩」、「山地人詩抄」、「海外詩抄」和「崛起的詩群」。其中有三期被查禁了。這其中，「山地人詩抄」是值得一提的。因為當時還未有「原住民」的名字，而這一本則首度介紹了原住民的文學創作。

　　1984年，《美洲中國時報》停刊後，我有一度離開中國時報，和朋友王智璋、鄭文堂合組一個傳播公司，想做紀錄片。這當然是一個無法實現的夢想，我們賺不了錢，最後收了起來。後來王智璋就用這些拍攝器材，去記錄當時的黨外運動，尤其1986年社會運動崛起時，他籌組綠色小組，拍了反杜邦、機場事件等，自己發行紀錄片，突破新聞封鎖。

　　1985年秋天，我覺得如此遊蕩下去不是辦法，乃決定回到報社

工作。當時我在報社碰到一個老朋友——胡鴻仁。他是王拓第一次
競選時的幹部，也是黨外的長期支持者，他剛剛從美國回來，負責
《時報雜誌》。他知道我編了許多帶有「革命性質」的雜誌詩刊，
充滿叛逆，就問我：你有沒有想過，你現在要幹的，是改革還是革
命？

　　我一時語塞。他說：

　　「如果你要幹的是革命，所有現狀，包括經濟制度、政治制度、
社會現狀都要打破，一切重來。就像俄國革命，中國革命。但台灣
能不能這樣？台灣社會是否有這種條件？就需要想清楚。這需要社
會分析，不是說革命就革命的。但如果你要改革，一切就得有耐心，
從各方面加以改革。這是兩條路。你有想清楚自己要走什麼路嗎？」

　　這一席話，把我從烏托邦社會主義的夢想中喚醒，拉回現實。
我於是決定重新凝視台灣社會的真實面貌，它的社會性質、社會發
展階段、主要矛盾與次要矛盾、社會的階級構成等，都要重新認識。

　　我不是社會科學訓練出身的人，而當時也沒有所謂台灣社會分
析的書，只有張俊宏等人的《台灣社會力的分析》，於是我一切靠
自己。先做理論分析的資料閱讀，尤其是利用時報資料室的方便，
找有關農業、勞工、漁業、原住民等的研究，做初步認知，等到有
新聞事件發生，就前去實地採訪。

　　1986年前後，正是台灣社會運動開始的時候，從環保的反杜邦
運動，到鼓動新竹反李長榮化工，再去恆春組織了台灣第一次的反
核運動，大約那是我的社會運動參與年代，也是大量閱讀分析的研
究時光。後來我寫成《民間的力量》與《強控制解體》兩本書。

　　這些社會運動的現場採訪，讓我了解這些來自不同層面的社會
運動，並沒有要推翻整個體制與社會現狀的企圖；他們要的是基本
的人權。例如勞工要集會結社權；農民要停止進口外國農產品，保

護農業；搶救雛妓是爲了幫助弱勢的原住民女孩子；學生運動要爭
校園民主。這些都沒有要推翻體制，而是一種現代歐美民主社會的
基本要求而已。所以我不以爲當時風起雲湧的社會運動是一種「社
會革命」的開端，而是視之爲「資本主義社會的補課」。如果歐美
資本主義不僅是一種經濟制度，而是包含議會民主、多元文化、社
會福利等的總體社會結構，那麼台灣的「現代化」是不完整的。它
有20世紀完全自由的經濟活動、全球貿易，但文化上是受控制的言
論自由（報紙還未開放），而未改選的國會，以及未實施的憲政，卻
彷彿還處於19世紀的英國。至於社會福利，更是遠遠落後於20世紀
的國家。而經濟基礎既然已經轉變，就該帶來政治與社會變革。因
此民主運動、社會運動的要求，基本上不是要推翻體制，而是一個
正常的現代民主國家。

　　這是解嚴前後，我對台灣社會的分析。台灣社會的研究結束了，
我開始思考影響台灣命運的外部環境。此時正好蔣經國開放兩岸探
親，我了解影響台灣命運最重大的力量，將是中國大陸，於是開始
去大陸採訪。

　　除了大陸官方所允許的採訪以外，我用了大量的時間到處聽民
間的故事。我想用了解台灣社會的方式，從民間社會去觀察大陸。

　　但大陸真的太大了，社會制度太龐雜，我一時難以理解。尤其
是1989年六四事件時，我在現場採訪，目睹一個未曾被了解的北京
與中國，那是底層起來怒吼的中國，而不是媒體上的中國或者民運
分子口中的中國，因此我花了更多時間，在大陸流浪採訪。那真是
有趣極了。

　　直到1995年，有機會休息一年，才寫完第一本分析中國大陸發
展趨勢的書《大逆轉——世紀末透視中國》。我的觀點是：中國的
發展不會按照西方有過的任何模式，包括左派右派。因爲中國的規

模太大，超出舊有的分析模式。我們想用依賴理論、國際分工理論、或者其它模式去套，都有困難。講一句大白話：有哪一個國家能夠讓13億人去依賴？

中國大陸的問題，只能從現代化過程中所該注意的現實問題著手，一步步去解決問題。例如都市化的農民戶口、流動人口的社會安全、城市規劃、社會安全、兒童教育問題等等。

這大約是我底實踐。大體就是我用了記者的身份，賺取生活所需，合法去流浪，去探討自己所感到興趣的課題，解決自己思想上的困惑，如此而已。

至於後來參與國民黨，其實是一個偶然。2007年，馬英九從市長卸任，想改變國民黨的文化，所以想找一個不一樣的人，去改變他即將主政的國民黨，於是我這個向來是反國民黨的人被他邀請，他也希望我可以為國民黨建立新時代的論述。可惜他在黨部共事時間只有一個多月，就被起訴而離開。他要我幫他留守一陣子，所以我勉強待到10月，就走人了。他選上總統以後，我表明無意於政治，只對文化工作有興趣。我把台大新聞研究所對資深記者的訪談——《黑夜中尋找星星》那一本書中，有關我的訪談給他看，他就明白了我的想法。自此，告別了政治的活動。

我看政治看累了，對權力也無興趣，我只是一個喜歡自己去流浪、去寫作的人，不喜歡被管，或者管人，這些都得負實際責任的。以前每次參與社會運動都只是幫忙，即使曾參與多深，如與李棟樑結拜兄弟，我也是完事就走人。所以我還是回歸文化工作，回歸自由之身。

如今回顧，我終於了解，其實自己只是那個想了解14歲那一年發生什麼事的孩子，雖然做了許多顛倒夢想，也流浪過許多地方，但是似乎還沒有真正明白過來。我們走過的時代，發生過的事，即

中國人歷史中現代化的進程，尤其台灣的現代化、民主化過程，是
五千年歷史未曾有過的，因此有必要從自己的角度，再好好的反省
思考。我希望以後有機會，透過寫作，讓自己把故事再看一次，好
好想清楚這人生到底是怎麼一回事。

　　楊渡，詩人，作家，曾任《中國時報》副總主筆，《中時晚報》
總主筆，輔仁大學講師。現任中華文化總會秘書長。出版過詩集《南
方》、《刺客的歌》，報導文學《民間的力量》、《強控制解體》、
《天安門紀事》、《簡吉——農民運動史詩》、《紅雲——嚴秀峰
傳》等。

# 鄉土的養分

徐　璐

　　會在年輕的時候認識吳耀忠、辦雜誌這些事情，楊渡、鍾喬大概都比較有跡可循，我算比較「意外」。我出身在很窮的家庭，但母親已打算標會、借錢讓我出國唸書。我原本會像那個年代多數「正常」的大學生一樣，渴望出國，然後結婚生子，在國外定居等。那時的我，並沒有什麼「社會使命感」。

　　雖然當時我的社會意識還幾近空白，不過，從小我的性格中有一種很強的正義感和對過度不合理事物的叛逆。譬如，有一位鄰居搬進臨時宿舍時，他們家有一位侏儒小朋友，有些孩子會欺負他，我當時是「孩子王」，把他當弟弟，幾乎一下課或假日，我都帶著他。我也不准任何的孩子對他不好，後來大家都玩在一起。另外，就是高中時，因為我三年都當班長，有一位老師對我們學生很不尊重，常出言不遜，以奇怪的理由嘲笑我們，我就和全班同學一起用「集體沉默式的罷課」來表達抗議，好像持續了快一週，或更久，最後，那位老師終於向我們道歉。

　　「髮禁」那時是全台灣都有的，我在高三時，因為學校越管越嚴，我就開始刻意把頭髮「打薄」。學校的教官、校長對我一直都很好，本來我是要在畢業典禮上代表全校學生致詞(或領獎)，頭髮一打薄後，校長看到我，輕輕的「哎」了一下，代表領獎致詞的學

生當然也就換人了。

　　另外，就是對「土地」的感覺。我的父母是從大陸身無分文來
到台灣的，我們家是違章建築。當我大學一年級，頭一次有機會到
同學鄉下的家時，我看到同學作農的父母穿著雨靴在田裏工作，他
們的房子雖然也很破舊，但是，房子和土地是相連的，生活也是！
這種家與土地、生活與土地相連，那種有「歸屬感」、「有根」的
感覺，給了我很大的嚮往，後來也一直影響著我。

　　上面講的從正義感到土地這些事，可能多多少少在我心裏產生
了一些什麼，只是我自己不知道。直到我在淡江大學英文系的導師
王津平，先是在課堂上談了一些社會關懷的事。那時，不知道他是
不是覺得我「孺子可教」──我是指在社會關懷這部分──，他也
開始引導我參加了當時一些文化人和年輕人的討論，什麼都談，談
資本主義、馬克思主義、現代主義、社會主義，談勞工、加工區工
廠的女工、農民、原住民、社會底層的小人物。我也因此而認識了
陳映真大哥、黃春明、蘇慶黎、尉天驄、王禎和、蔣勳、李元貞……
好多好多人，最後當然就認識了吳耀忠。

　　他們最常談的多半是對現代主義、資本主義的批判，也有對某
種類型文學的憤怒，後來加上所謂的鄉土文學論戰。那時談鄉土又
分為兩種，一種比較具有政治意識形態的，另一種像黃春明、王禎
和，他們的鄉土比較是建立在人民和土地上面。至於陳映真、吳耀
忠他們，懷抱的雖然是一個祖國的情懷，但是在中華民族主義之外，
他們的文章、小說及藝術創作裡面，有一個左派的理念是不能被忘
懷的。因為王津平老師，我開始接觸了這些東西，看到沒接觸過的、
沒想過的人與事，自己當時還真像是一個外星人。可是，我又很受
這些文學、觀念的吸引，而且其中一些想法和自己從小到青春期所
經歷的一些事，又好像不是完全脫節。我對「社會」、對「土地」

的感覺、感情，也在這個時期一點一滴地被灌漑了出來。

後來，更直接地，就是發生在淡江校園的，李雙澤的「唱自己的歌」，李雙澤的救人溺斃事件，使淡江校園充滿了文化的、反省的、社會的討論。

王津平老師在我大四快畢業的時候說要辦書展，全國巡迴的書展。我們就「下鄉」去了好多縣市，在學校大禮堂內辦書展，晚上就睡在大禮堂的地上，拿個報紙或牛皮紙一鋪，就睡了，像「遊民」。那時我並不清楚王津平老師要辦巡迴書展的用意，這次在尋畫展紫藤廬座談會上，才聽王津平老師說，這個書展的目的是要對抗救國團那種只讓大學生玩遊戲，卻不關心社會而辦的。

後來畢業的時候，發生了一件真正改變了我的生命的事：就是辦雜誌。畢業之後，我決定不出國了。然後就很單純地想說「來做點什麼對社會有意義的事吧」，我們那時候英語系的三個同學，一個叫何碧珍、一個叫張俊傑，我們三個談啊談的，後來就說「那來辦雜誌吧」，真是好大的膽子啊！後來有鍾喬、素香，還有特別是楊渡的加入。我們十期的月刊辦了兩年，因為一沒錢就停刊，停刊後不知道哪裡來了捐款就又復刊，就這樣延續了兩年。

因為《大地生活》，我們請吳耀忠幫我們畫封面，因此認識了吳耀忠大哥。他充滿人道主義的素描，和我們辦雜誌的理念很接近。除此之外，他的畫很容易讓人產生共鳴，不論在社會層面或美學層面都是如此。有一天，楊渡、鍾喬、黃勝豊，我們一起去三峽吳耀忠家。我看到了一個和我認知上有著落差的人。那個時候不管是陳映真、黃春明、尉天驄老師、蘇慶黎、蔣勳，都是充滿能量、精力充沛，我就常覺得王津平好像是不用睡覺的。但在吳耀忠那裡，我看到一個人，這個人其實已經沉溺在海底了，他旁邊有一條繩子，而這個人就是不肯去拉。要說是頹廢也好，心靈上的自我放棄或自

我放逐也好，這是那時我所看到的吳耀忠。

　　但是，吳大哥很疼愛我們這些年輕人，我們一起唱「素蘭要出嫁」，然後手搭肩、圍成圓圈跳舞，後來吳耀忠還跟我們去 Disco 跳舞，那個時候中泰賓館剛開了一個在當時很時髦的 Disco，我們一群人去跳阿哥哥。吳耀忠和我們一起玩耍、一起唱歌、跳舞、高談闊論，他把我們當成忘年之交！和我們在一起的時候，他是一個充滿熱情、能量的大哥。

　　但是後來，我們更常看到的是用酒精麻痺了自己的吳大哥，現在回想起來，那是他生命的最後六年，他的肝早已被酒精折磨到不堪。所以，多數的時候，他的臉都是一種蒼白和絕望。

　　我一直以為是政治牢獄這件事讓他生命有了陰影，因而讓他徹底失望。但是我們慢慢發現並不是。後來我們看到陳映真大哥寫過關於他的部分，包括鍾喬寫的，其實是他對自己本來所執著的左派理想未能實現的失望乃至於絕望。他出獄之後，台灣已經發展到錢淹腳目了，已經進入到一個資本主義大家一致向「錢」看的狀況，錢與物質大輪子轉，轉到很多的社會公平、社會正義，很多左派的對於土地、對於底層社會、對於勞工、農民的理想，都在大輪子的轉動下，不見了。當時台灣社會的主流價值，對於左派的理想和價值觀，可說是「視而不見」或說是漠視的。

　　當麗雲邀我寫文章，還有尋畫小組第一次找到我，我聽到吳耀忠的時候，聲音就哽咽了，那哽咽是，我一回想起吳耀忠，浮現的就是他的臉，那喝了酒、喝醉的臉，從那張臉就真的看到，看到一個人的生命可以那麼的絕望。我哽咽的另一原因，也是回想起在那個年代，他與那一群人以生命所堅持的一種理想、一種信念，在他活著的最後幾年，是以那樣無情的面貌，呈現在他眼前。他的「自我放逐」，自我往水底沈溺的種種，我也在這個重新回憶和反思的

過程中恍然明白！

　　吳耀忠他們所處的是台灣社會的一個「大年代」，許多能量在被壓抑了近二、三十年後，就像一座隨時就要爆發的火山。當年為了社會主義去坐牢的陳映真、吳耀忠，還有從不停止宣揚理念的王津平、李元貞、蘇慶黎等人，在當時，他們看來都像是唐吉訶德。但是對於關心社會、關懷勞動階級、社會正義等這一些信念和價值，現在再回頭看，他們其實產生很大的影響，慢慢地隨著台灣社會的變遷、隨著一代又一代的傳承，在不同的角落開花。

　　從我們這些當年透過《大地生活》雜誌曾和吳耀忠成為忘年之交，也深受他背後某種理念影響的年輕人（現在都是中年人），可以辨識其中一些歷史走過的痕跡。

　　要討論以文藝做為社會實踐，得看那個時代的社會土壤是什麼。吳耀忠，包括很多很多那個年代的藝術創作者或文化人，在那樣一個自由、人權受到壓迫和威脅的年代，無法做一個視若無睹的旁觀者，而在忍了很久，最後忍無可忍之後，把原來純粹的藝術、文學創作加上了社會或政治意識，作為他們社會實踐的一部分。這樣的例子，古今中外都可以見到。已逝的捷克前總統哈維爾，從詩人變成總統。為數不少的諾貝爾文學獎得主，將對於種族歧視、政治社會議題的關心，融入他們的作品之中，甚至實際參與了許多社會運動。

　　在威權政治體制下，1980年代的台灣社會逐漸以政治改革為主流運動。在1970年代摸索的一切理想、使命，談久了，大家開始覺得如果威權政治不改革、民主政治不發展的話，很多理想和使命都會成為空談。所以1980年代整個台灣社會是以政治改革為主戰場，因而有當時的黨外運動。我自己是進入當時還是「黨外」的政論雜誌《八十年代》，然後到《新新聞》，再到《自立晚報》，居然就

變成了政治記者！那個年代很多報社的政治記者，也是寫詩、寫小
說的「文青」，我覺得很多都是那個時代下的一種「社會實踐」。我
相信，如果你要問我們所有人心中那顆文藝的種子，曾在年輕的時
候啟發了我們的那顆文藝種子在不在？我想多數人的答案應該是
「還在！」。

　　我們在1980年代投入政治改革時，雖然還有一絲絲風聲鶴唳，
但已經不像1970年代那些人，是真正受到生命威脅的。比如說我們
到印刷廠去的時候，警總和警察就全部都會來，就圍著你。然後我
們還得用暗號，電話中說：「漁船要開了」，什麼「漁夫要來了」，
類似這種暗號。但是到後來其實已變成一個遊戲，警總的人「依法
行政」，但私下的協議是，你就兩千本或幾千本給我們查封，之後
再繼續去印，大家都可以交代。

　　但是，當政治改革成為台灣社會的「主流運動」時，當對抗威
權體制成了唯一的目標時，雖然社會的議題在每場選舉中都會被帶
到，文化、文學、藝術的東西，在一些雜誌的內容中也不缺席，但
是，在「政治」旗幟被高高舉起的情況下，比較社會、人文、藝術
的價值，自然而然地就被放在第二、甚至第三、第四⋯⋯的順位上。
還好當時台灣的文化界、藝術界⋯⋯，在關心社會之外，他們也都
很堅定的守在自己的崗位上，在鎂光燈及掌聲不多的情況下，默默
地耕耘，並在十年、二十年後以風起雲湧的姿態出現，帶給了台灣
社會最大的滋潤和養份。

　　我不是民進黨員，也從來不參加任何政治組織，所以民進黨一
成立，我就像一些還沒忘記內心那顆「文藝」種子的人，各自再去
找自己的土壤。像鍾喬去了《人間》，楊渡回到文化的領域，我就
去了《自立晚報》，也去了電子媒體。因為那個時候媒體剛剛起來，
覺得說它應該有什麼影響力。在《自立晚報》是有的。可是當我離

開《自立晚報》，後來去了電子媒體，就發現那個媒體在黨政軍壟斷很久了之後，與社會、人文藝術幾近脫節，到後來走向較商業、娛樂……的發展，很難發揮我原本期待的「社會關懷」或對「人文藝術」的影響。所以我在2004年決定離開媒體，我的生涯規劃也從此跟媒體畫上了句點。

從2004年之後過去這八年來，我回到了那個最初在我心裡面發芽的種子的原點，我去基金會，回去繼續做社區的、部落的事情。所以很多認識我比較久的老朋友會說：「喔，你又回到原點了。」好像回到在做《大地生活》的那樣一個東西。

我最後的一點小結論就是，我覺得1970、80年代，吳耀忠、陳映真、黃春明、王禎和、尉天聰、王津平，還有許許多多的人，是他們的耕耘奠定了台灣一個關心社會的「大種子」，這個「大種子」持續在各個角落發芽，特別是在1999年的九二一大地震之後，整個社區都看到了一些力量冒出來，長期關懷社區、社會的人也都腳踏實地的進入了社區，在土地上扎根。

三十年前，我們在《大地生活》談社區，談到某些社會正義的時候，在那時我們的理解其實是比較表象的，整個農民、整個勞動階級圖像是清晰的，但落實到實踐的時候，相對而言，是比較概念性。但是當現在重新回去，以關懷社會和實際的扎根去實踐時，就一點都不抽象，都非常具體，你會看到完全不同的面貌，以及一些慢慢進步的發展。

我自己對台灣社會從概念變成實踐，在1980年代初期，除了跟王津平下鄉、書展之外，那時候也受到許多報導文學的影響。我曾經就一個人環島，坐客運、坐火車，到全台灣的許多鄉下，去農村、工廠，去生活、去感受、去寫筆記，甚至攝影（可惜攝影技術不好！）。我在屏東的一棵榕樹下，就碰到已經過世的孟東籬，跟他那時候的

愛人，我們就坐在大樹下旁邊吃櫛瓜，那時候農夫就在旁邊賣，我們就吃這樣的東西。

今天我們應該要很謝謝從1960、70年代一路走過來的所有前輩，我們比較幸運的是，他們已經把土壤一再翻土、灌溉，這些土壤的養分，讓我們甚至更年輕的一代有可以發揮的空間。我想說聲謝謝，謝謝這些前輩、長輩，謝謝我的老師王津平！

徐璐，曾任《自立晚報》副總編輯、華視總經理、中華電信基金會執行長，現為台灣好基金會執行長。著作有：《歷史性‧大陸行》、《北京最後採訪》、《台灣海峽的水慢慢的流》、《暗夜倖存者》。

思想
評論

# 日本釣魚台「國有化」騷動的深層

劉　檸

　　2012年9月11日，日本野田（佳彥）內閣在內閣會議上，通過了將尖閣諸島（日方對釣魚台的稱謂）「國有化」的決議。至此，折騰了大半年之久的釣魚台「所有權歸屬」問題，便以這種為日方單方面操作的「非法、無效」（中國國家主席胡錦濤語）的形式，畫下了句號。然而不承想，句號竟成了一齣大戲的序幕——這恐怕是中日兩國都始料未及的：9月15日開始的一週，在中國內地五十多個城市，爆發了一場聲勢浩大的反日運動，規模空前。激憤的人群打著「還我釣魚台」、「抵制日貨」等反日標語和毛像，朝日本使領館內投擲雞蛋、飲料瓶，襲擊日系車輛和車主，焚毀日資公司和店鋪……影響所及，不僅邦交正常化四十週年慶典等兩國政府計畫中的一系列紀念活動被迫中止，輿論對峙、文化反制（如涉日圖書下架、新書禁止出版，影視作品從相關視頻網站遁形等）日益升級，已嚴重波及兩國經貿，致中日關係大幅後退，甚至有「歸零」的風險。

　　如此結果，當然不是中日兩國的願望，其巨大代價，更是中日關係難以承受之重。那麼，日本何以會在四十週年的節骨眼上，甘冒天下之大不韙，不惜鋌而走險，點燃釣魚台「國有化」的導火索呢？在筆者看來，日本之所以走這一著險棋，並非偶然，而是由一系列遠因、近因綜合發酵的結果。其中，既有日本「內急」的因素，

也有作爲「外因」的中方的刺激，二者相輔相成，互爲因果。

　　先談遠因。日本做爲島國，對海洋有先天的依賴。一方面，大海是一道天然屏障，使島國得以偏安於東海之一隅，遠離大陸的兵燹戰禍。「神風」的傳說，既是民族記憶，也是文化基因；另一方面，近代開國以來，海洋又爲國家資本主義的崛起提供了資源的保障：能源和原材料的進口，工業製成品的出口，均有賴於海上交通航道。因此，明治維新以降，日本所有對外的強烈主張，包括歷次對外戰爭，無一不是在捍衛「通商國家」權益的名義下展開的。典型者，便是山縣有朋的所謂「生命線」與「利益線」說。可以說，日本的海權意識是與生俱來的，而不單純是近代啓蒙的結果。

　　同樣，出於這種基因，日本對大陸鄰國海權意識的覺醒極爲警惕。甲午一戰，日雖然大獲全勝，信心大增，卻也強化了維護海上霸主地位的心理負擔，看待外部世界的心胸變得更狹窄。由於歷史原因，日本一向極其重視臺灣。在它看來，台海只要維持目前現狀（即大陸對臺灣不具有「實效控制」），中國便無法真正成爲海洋國家，而21世紀是「海洋世紀」，一個缺乏出洋口的大陸國家便不足以對日本構成威懾。因此，長期以來，日本並沒有那麼焦慮，或者說心裡其實比較踏實。

　　而與此同時，中國的海權意識卻在猛醒。這不僅僅是源於近代以來備受列強凌辱的「傷不起」的近代史；過去三十五年的改革開放，也使中國加入全球化的進程，並深受其益，從一個前工業化國家，迅速轉型爲「世界工廠」，對能源、資源及國際市場的依賴已成爲不可逆的現實需要，且與日俱增。在這種情況下，中國人的視界越過大陸的界線而望向海洋是必然的。遠的不談，1980年代末以降，受《河殤》洗腦的兩代人已負笈重洋，學成歸來，成爲擁有舉足輕重的話語權的知識精英或權力精英，所謂摒棄「黃土地文明」、

擁抱「藍色文明」的說教，已不僅是主觀訴求，借用日文的表達，更成了某種訴諸「皮膚感覺」的東西，直接而生猛。諸如突破第一島鏈，確保通向太平洋的出洋口，從而在21世紀成為「海洋強國」的思維，早已突破精英話語的框架，成為政、軍、財三界的共識。這一點，從過去十年來主流商業媒體對海權問題的關注度和「遼寧艦」從引進、改造，到實現零的突破上亦可見一斑。

　　尤其是1990年代中後期以來，隨著經濟高度增長，對國際市場和進口能源的依賴加劇，對受制於內陸資源不足的可持續性發展的擔憂日益強烈。鑒於因人均耕地有限而面臨的糧食安全問題（人均耕地面積僅為世界平均值的1/4），因「世界工廠」的能耗劇增而面臨的能源安全問題（1990年代中期成為純石油進口國，不到二十年間進口依存度達到2010年的55.6%，已接近60%-65%的警戒線），及因環境破壞和對地下水資源的過度開發而面臨的水資源安全問題（人均淡水資源量為世界平均值的1/4，北京等大城市則僅為世界平均值的1/13）的三重危機的大背景，中國近年來確立了「向海洋要糧食，向海洋要能源，向海洋要資源」的戰略方針，對海洋的開發利用明顯提速。以海上石油開發為例，1970年代末，才開始與相關海外石油公司合作勘探儲量，1982年制定了《中華人民共和國對外合作開採海洋石油資源條例》，並成立了中國海洋石油總公司（中海油），正式致力於油氣開發，增長卻相當快：1990年生產量達100萬噸，1996年達1000萬噸，2010年超過5000萬噸，實現了「海上大慶」（即海上石油產量與大慶油田相當）的戰略目標。至2010年，石油增產量的八成，是靠海上石油實現的。其中，雖然釣魚台所處的東海海域的開發量只占很小的一部分，但卻引發了日本極大的擔憂和警惕。2008年，在關於釣魚台周邊海域幾個油氣田的合作開發的談判中，日方一再表示，因中方的「開發」活動，「中間線」（雖然中方並不承認

所謂「中間線」原則)以東(即日本一側)的油氣資源不無被中方「吸
過去」的危險,在專業人士中間傳為笑談。

回過頭來看,應該承認,中國的經濟崛起及在海洋開發戰略上
的高調推進,確實刺激了日本。但日方在不同的時期,卻呈現出不
同的反應。譬如,1992年,中國頒布了《中華人民共和國領海及毗
連區法》,明確對臺灣及其包括釣魚台在內的附屬各島和澎湖列島、
東沙群島、西沙群島、中沙群島、南沙群島的主權。對此,日本僅
以書面照會的形式表示「抗議」,卻並未作出過激的反應。與此同
時,反而率先解凍了對華貸款,海部俊樹首相訪華,開1989年後西
方政府首腦訪華之先河,力促中國「復歸」國際社會。應該說,在
彼時中日兩國當政者的心中,尚存在並珍視對釣魚台的「擱置」共
識。甚至在中日關係空前惡化的小泉(純一郎)政權時期,雖然圍繞
靖國參拜問題和歷史問題,兩國嚴重對立,雙方媒體展開了曠日持
久的口水戰,但在釣魚台問題上的共識卻並未被顛覆。

急轉直下是在2010年。那一年,中國繼北京奧運之後,成功舉
辦上海世博,在世界金融危機中扮演了「救市主」的角色,中日兩
國經濟大國地位也歷史性地易手——中國取代日本成為世界「老
二」。9月,一艘中國漁船在釣魚台周邊水域與日本海上保安廳(海
保)巡邏艇發生衝撞,船長詹其雄遭逮捕,並被日本那霸地方法院以
「妨礙執行公務」的罪名起訴,遂引發中方強烈反彈,迅速升級為
外交事件。中國外交部要求日方無條件放人,並道歉、賠償;日方
則堅持以所謂「國內法」嚴肅處置的立場,誓將詹姓船長付諸司法
程序,送檢、審判。後在中方強大的外交壓力下,由執政民主黨大
老小澤一郎出面,說服首相菅直人顧全大局、息事寧人。又由中央
政府出頭,對沖繩縣地方政府和那霸地方法院施壓。17天後,詹其
雄獲釋,乘中國政府的包機回國。

　　一時間，日本列島被一片悲情的海洋淹沒：雙方船隻在經過短時間的追逃、對峙後，中國漁船掉頭猛撞「海保」巡邏艇的視頻畫面被反復播放；赴任未久的首任「民間大使」丹羽宇一郎，在北京被中國副外長、外長連續五次深夜緊急召見、表達抗議等細節被放大；作爲三權分立的民主國家，一向引爲標榜的司法獨立在外壓之下呈露破綻，行政干預司法的「恥部」在中方的眼皮底下畢露無遺；不僅如此，詹船長前腳獲釋回國，對日稀土禁運等報復性措施接踵而至……羞憤難當的日本，造了一個新詞來洩憤──「暴力中國」：難道這就是那個日本曾長年提供巨額經援，在其遭遇困難時，爲其無私輸血，力助其復歸國際社會的、曾幾何時「中日友好」不離口的大陸鄰國嗎？是可忍，孰不可忍！

　　對日本來說，撞船事件是一個拐點。至此，曾長期爲中國所奉行的「韜光養晦」的低姿態外交政策成爲過去式，代之以「有所作爲」的強硬姿態──中日關係從此進入「後2010」時代。日本最著名的意見領袖之一、《朝日新聞》主筆船橋洋一在2010年10月6日的報紙上，以〈致中國友人的一封信〉的形式如此寫道：「不承想，中國超越日本、成爲世界第二經濟大國的那個秋天祝捷的禮炮，竟然是對日禁運……」作爲一路見證了鄰國三十餘年改革開放歷程的左翼知識人，他自然而然地把這種報復性措施與「韜光養晦」政策的「揚棄」聯繫在一起，並不無遺憾地指出：「……無論通貨、貿易、海洋，對於曾給中國帶來巨大實惠的對外開放的國際合作體制，中國爲什麼不(與國際社會)一道爲呵護、培育它而付出更大的努力呢？」在文章的最後，他斷言道：「如果中國的這種做派繼續下去的話，我們將不得不抱有這樣的心理準備：那就是──除了與其長期鬥爭外，別無選擇。」

　　事實上，船橋的文章，成了兩國關係「後2010」時代的宣言書。

緊接著，2010年底，日內閣會議通過了《新防衛大綱》。作為民主黨政權下出臺的第一部「大綱」，與2004年出臺的前一個版本相比，大大強化了西南諸島的防禦力量（包括增派駐軍、增設潛水艇、提高日美聯合軍演頻度等），並提出了旨在周邊事態惡化的狀況下，可與同盟國（即美國）密切配合，以靈活應對非常事態的「動態防衛力」（Dynamic Defense）的全新概念，其針對性十分露骨。對此，中方自然看在眼裡，在強化反制措施的同時，基本形成了對所謂「日本新軍國主義化」的共識。

今年1月17日，《人民日報》首次將釣魚台列為「核心國家利益」區域，著實讓日本大吃一驚。在日本政治精英看來，中方所謂的「核心國家利益」，是一個極其嚴重的定位，此前只用於臺灣、西藏和新疆。把釣魚台「核心國家利益」化，表明了中方在該問題上不妥協的強硬立場，給日本以沉重一擊的同時，客觀上也為右翼鷹派保守勢力提供了一個在該問題上趁機製造事端的藉口。後來的事態證明，從石原慎太郎的（東京）「都有化」，到野田內閣的「國有化」，應該承認，日方的「借力回球」也確實取得了一定的實效。而從二人在石原運作「都有化」之初便開始接觸，野田早在今年5月，便在首相官邸召集高官對「國有化」問題做出過詳細指示的背景來看，似乎亦不能排除二者從起初就合演一齣「雙簧」的可能（一種猜測，並無確證——聊備一說）。

再談近因。先說結論：即使上述遠因統統成立，且無一不充分發揮作用，釣魚台問題也斷無非得在邦交正常化四十週年的節骨眼上「發酵」的道理（包括兩年前的撞船事件，可以說都蘊含著其他的可能性，可卻偏偏導致了最壞的結局）。之所以導致這種令人遺憾的局面，除了兩國關係中官方主導的「頂層結構」過於肥大，而民間交流的「低層結構」嚴重不足、基礎脆弱的先天不足之外，在筆者

看來，還有一個主要原因，那就是民主黨政權的執政經驗不足，對此前長期執政的自民黨的外交傳統、思路和資源未及充分消化、吸收，而急於貫徹自己的外交路線和主張，結果不免捉襟見肘。

著名學者大前研一在比較民主、自民兩黨在釣魚台問題上的應對時注意到，自民黨的操作體現出一定的政策靈活性。說白了，就是面向國內輿論和中方的「兩張皮」：對內，雖然它也從未明確承認過主權爭端，但面向中方時，卻比較照顧對方的立場和「面子」，大體恪守了「默認」的底線。而民主黨則尚未學會這種狡獪的「政治智慧」，給人以比較「嫩」的印象。

其次是民主黨政權鑒於過去自民黨時期官僚集團過於強勢，力主以「政治主導」取代「官僚主導」，即由選舉上臺的政治家(閣僚)說了算，而在身分上屬於公務員的官僚靠邊站。在外交口，則表現為外相直接指揮「民間大使」，被稱為「中國幫」(China School)的、長期從事對華外交的職業外交官集團受到整肅，被邊緣化，以至於外交官階層的能力和智慧未能得到充分發揮，這也被認為是民主黨政權對華外交失敗的一個重要因素。今年6月，丹羽大使在接受英國《金融時報》採訪時，批評石原慎太郎的釣魚台「都有化」方案，「將給中日關係帶來極其重大的危機」。這明明是活躍在對華外交現場的「民間大使」的肺腑之言，且對牽制石原的盲動、拂拭北京的不爽不無助益，卻反而招致外務省的不快。結果，年逾古稀的丹羽大使被緊急召回東京，接受比自己年輕25歲的外相玄葉光一郎的訓誡。如此光景，或多或少挫傷了職業外交官的自尊心和積極性，使他們為避免動輒得咎，盡量少作為，甚至不作為。這也是在此番「國有化」騷動中，日外交口未能與中方充分溝通，進而起到「減震裝置」作用的原因之一。

當然，中方在釣魚台問題上的嚴正立場，是一貫反對任何旨在

使日方的「實效控制」合理化、合法化的法律操作。從這個意義上
說，無論「都有化」，還是「國有化」，結果都一樣──統統是「非
法、無效」的。可雖說如此，在持續半年之久的事態發展過程中，
仍存在可檢討的空間。譬如，既然中方對日方單方面所實施的任何
打破釣魚台「擱置」現狀的法律操作，都採取零容忍立場的話，為
何不在石原操作「都有化」的階段做出比較激烈的反應，以強烈的
信號敦促日方懸崖勒馬呢？如此，是不是可以避免後來從中止「都
有化」，到實施「國有化」，直到以極端暴力、反文明的反日運動
收場的連鎖反應呢？痛定思痛，我們不得不提出這樣的疑問，因為
反日運動的代價實在是太過慘痛了。

　　最後一點，必須承認，石原對中方的發難，其對時機的把握堪
稱精準。他料到中國政府在處理重慶事件及應對十八大的情況下，
難以對其挑釁採取極端的反制措施，遂試水「都有化」。對石原父
子來說，無論「都有化」本身成功與否，他們都不會是失敗者。野
田其人也有自己的如意算盤：以「國有化」取代「都有化」，既可
牽制石原挑釁中方的「暴走」，又不失為對中方的「惻隱之心」，
同時一舉實現日本幾代領導人苦心孤詣、念茲在茲的戰略夢想，自
己儼然可躋身戰後最偉大的首相之列……

　　然而，這幅看上去很美的構圖，其成立的前提條件是：中方的
承認，至少是默許。否則，一切白搭。而事實恰恰表明，事態正朝
著後者的方向轉化。


　　劉檸，作家、藝術評論家。擔任《南方週末》等媒體的社論、專
欄作者。關注日本問題、中日關係、朝鮮問題及前衛藝術。著有《穿
越想像的異邦：布衣日本散論》、《「下流」的日本》、《前衛之
癢》、《竹久夢二的世界》等。

# 智利的群眾、市場和民主

葉攀

智利的軍事政變發生在將近40年前，智利的「民主轉型」也過去了20多年。在這段時間內，智利的社會和政治狀況發生了怎樣的變化呢？ 波斯納[1]從國家和公民社會互動的角度探討了這個問題，但是，他的研究受制於研究視角和方法論，比較注重宏觀層面的制度分析，對於普通智利群眾的生活分析得較少。眾所周知，在皮諾切特時期建立的，並一直延續到智利民主化之後的新自由主義體制，從意識型態上公開敵視底層群眾，將一切改善底層群眾狀況的主張視為「通往奴役之路」，並且採取了一系列實際的舉措。那麼，在民主化之後，在這樣一種公開奉行敵視自己的意識型態的制度仍然完好無損，並且通過各種手段保證了自身支配地位的情況下，智利底層群眾的狀況如何呢？培利的著作《使民主市場化：後獨裁時期智利的權力和社會運動》[2]透過對一個智利貧民窟的分析，某種程

---

1  Paul W. Posner. *State, Market, and Democracy in Chile*（Palgrave-Macmillan, 2008）.

2  Julia Paley. *Marketing Democracy: Power and Social Movements in Post-Dictatorship Chile* (University of California Press, 2001)。（以下在本文中引述該書時，僅標明頁碼。）需要說明的是，marketing這個詞一般翻譯為「行銷」，但是正如作者在本書中指出的，她使用

度上回答了這個問題。

　　這本書分析的貧民窟名字叫班德拉（La Bandera）。作者首先簡要回顧了這個貧民窟的歷史。這個貧民窟的形成過程比較特別，並不是由貧困居民聚居而「自然」形成的，而是該社區部分居民通過集體行動建立的。事情的開端頗有幾分喜劇色彩。智利二戰後採取了類似歐洲「統合主義」（corporatism）和進口替代的發展戰略，使得城市化迅速發展。同時，出於冷戰的需要，美國政府組織了所謂「進步」聯盟，當時的智利弗雷政府採取了某些改良措施和發展策略。不過，與智利及美國上層人士的期望相反，這些改良措施不僅沒有使群眾滿足於現狀，反而激發了群眾提出更多要求。在智利當時的政治體制中，這是通過群眾與左翼政黨的聯繫而提出的，這些要求也是當時智利的經濟發展無法滿足的。群眾的要求上升，並在阿顏德政府時期達到了頂點（41-5）[3]。在這個過程中，智利首都聖地牙哥的部分底層無房民眾無法等待智利政府的漫長處理過程，在大學生、政治家、要人、以及激進運動MIR（智利左派革命運動）的支持下，於1970年1月採取直接行動佔領了聖地牙哥郊區的一塊農場，建立了本書討論的這個社區（45）。在阿顏德政府執政時期，這個社區得到了智利知識分子們的直接支援，成了政治活動的溫床，建構出了某種「窮人的公共領域」，甚至擁有了採取進一步措施的潛力

（續）────────────────────

　　　　的這個詞所指的對象，除了自由主義民主中政客們使用的行銷手段之外，還包括了市場對智利民主的根本性塑造，所以我不翻譯為「行銷」，而且這個詞已經包括了通常用 marketize 這個詞表達的「市場化」涵義。

　3　當然，這個問題並不是阿顏德政府特有的，而是所有這一類型的政權的共同問題。見 Adam Przeworski 的 *Capitalism and Social Democracy*（Cambridge University Press, 1985）一書中的相關分析。

（47-51）[4]。不足爲奇，這樣一個「那兒的所有人都是共產黨」（21）的社區，在1973年軍事政變後就成了智利軍政府的鎮壓對象。除了「常規」的鎮壓措施之外，智利軍政府還採取了「特別」措施，例如將居住在聖地牙哥其它貧民窟的貧民強行移居到該地區，使該地區居民原子化、碎片化，通過破壞該地區居民的信任而破壞該地區居民的政治組織和政治活動（69-75）。這首先從反面說明了政治組織對於底層群眾的重要性——否則智利軍政府也不必如此大費周章。其次，這同樣說明，底層群眾更需要來自外部的支援，以使他們能夠克服自身存在的一些缺點，達到更高的目標，至少擺脫純粹的維持生存狀態。但是，這種來自外部的支援恰恰是智利底層群眾——無論在皮諾切特統治時期還是民主化之後——最爲缺乏的。這是因爲智利各個政黨從智利軍事政變中得出的教訓，恰恰是「群眾的過分要求」導致了軍事政變，從而放棄了組織群眾的努力[5]。除了直接和間接鎮壓之外，智利軍政府還系統地抹殺這個貧民窟的底層群眾的歷史記憶，尤其是該社區居民對於阿顏德執政時期的記憶。當地一位居民回憶軍政府統治時期的時候說，「1970年到1973年的智利從地圖上消失了。這個時期不存在。這個時期死了……好像我們在1970年到1973年間不存在一樣」（31）。

　　智利終於翻過了皮諾切特這一頁，實現了民主化。但是這個社區的居民們發現，新生的民主制度並沒有使他們生活得更好。在經濟上，「饑餓、低收入、失業、住房不足，以及醫療設施匱乏自從軍政府統治時期以來持續存在」（89）。當這個社區的居民及代表他

4　直到現在，這個貧民窟裡還有轟魯達（Pablo Neruda，智利左派詩人）和哈拉（Victor Jara，阿顏德時期的左派歌手，政變時被殺害）的畫像（23）。
5　參見前述 Paul Posner的著作。

們的團體向民主政府提出改善他們狀況的要求的時候，也確實沒有
受到鎮壓，不過，「如果說民主政府對社區居民們的歡迎很熱烈，
這個政府的反應和軍政府相似：社區居民們拿不到任何東西」
（115）。簡言之，在被動員起來反對皮諾切特政權之後，他們被新的
民主制度拋棄了，他們在這個新的民主制度中仍然無法通過政治手
段改善自身的處境。在這種情況下，社區居民們及其要求沒有得到
承認，被「去政治化」了[6]。雪上加霜的是，智利的底層群眾不僅無
法通過政治手段改善自身的處境，他們甚至被剝奪了反抗這個體制
的權利。對於一個「民主」體制而言，這一點尤其諷刺。在一次事
件中，智利政府官員警告這個社區的居民，「如果社區居民繼續遊
行，他們可能會被認為對選舉出來的政府不忠，並冒使新生的民主
不穩定的危險」（116）。這並不是因為別的什麼，恰好是因為這種體
制的「民主」特徵：正是由於這個體制形式上代表了人民的意願，
所以即使被排斥在外，智利底層群眾也失去了反對這個體制的權
利。「這種邏輯是這樣的：因為政客們是被選出來的，他們實施的
政策根據定義就是民主的。支持政府及其採取的諸項措施是公民們
的義務，因為如若不然就將招致被認為惟一替代民主的制度：威權
統治」（116）。當然，這也不是失誤，而恰恰是這種民主的「保護性」
特徵[7]決定的：在智利，這種民主所「保護」的正是皮諾切特時期

---

6　當然，這並不是理論上的偶然失誤，而是新自由主義的本來目的。
　　實際上，這種思潮已經以生物學的形式蔓延到相當多的學科內，並
　　以「科學」的名義把人縮減為純粹的生物，從而遮蔽社會中的權力
　　關係，剝奪底層群眾在不改變現行體制的前提下改善自身狀況的可
　　能。

7　見 C.B. Macpherson 的 *The Life and Times of Liberal Democracy*
　　（Oxford University Press, 1977）。新自由主義對於一切「配套」制度
　　的要求見 Andrew Belsey的 "The New Right, Social Order and Civil

建立的新自由主義體制，以及在這個體制中佔據了支配地位的各個階級。同時，前述智利各政黨放棄群眾動員也嚴重惡化了這個狀況。這種狀況甚至惡化到了這樣的程度，以至於「他們還回憶起了軍政府執政的歲月，那時候政府和經濟模式之間的聯繫顯而易見，那時候政治目標──推翻獨裁──清楚明白。」（88）。也就是說，他們懷念的是他們能夠參與政治生活的時光。畢竟，對於完全被排斥在「主流」社會以外，甚至沒有被剝削者擁有的權力[8]的他們來說，政治手段是他們改善自身生活狀況的惟一手段。

　　底層群眾在完成民主化之後被排斥，也不是智利特有的，而是民粹主義（populism）與生俱來的缺點。民粹主義所建構的「人民」，始終只能是一個抽象的、異質的集合，各個組成部分之間缺乏具體的聯繫[9]。這樣一個「集體」也許的確可以達到一定的目的，但是不難想見，這個「集體」的生命力也是非常脆弱的，在目的達到之後，這個集體也將煙消雲散。這樣一種狀況很顯然對「人民」中那些掌握了「霸權」的群體有利。在智利的具體情況下，這個群體就是反皮諾切特聯盟中那些只反對皮諾切特的具體統治形式，而不反對、並且逐漸接受了皮諾切特統治時期建立的經濟模式的群體[10]。使這

（續）────────────────

　　　　Liberties"一文對哈耶克理論的分析，載於Ruth Levitas編，*The Ideology of the New Right*（Polity Press, 1986）.

　8　見Erik Olin Wright 的 *Classes*（Verso, 1985）.

　9　見Ernesto Laclau 的 *On Populist Reason*（Verso, 2005）。另外需要指出的是，這種狀況馬克思在《路易・波拿巴的霧月十八日》裡進行了精彩的分析。

　10　也就是智利的資本家和所謂中產階級。必須指出的是，智利中產階級排斥底層群眾並不是在政治轉型完成之後，就在智利中產階級反對皮諾切特政權的過程中，他們已經有意識地將智利軍事政變歸因於底層群眾的「過分要求」（124-5）。另外不難發現，這個問題就

種狀況惡化的是，智利從皮諾切特獨裁統治轉向民主化的過程，恰恰不是通過群眾動員推翻原有的體制達到的，而是通過上層政治精英與皮諾切特政權之前的談判完成的。這樣一種過程固然「和平」，但是由於智利的主要政黨已經和基層群眾失去了、甚至主動切斷了聯繫，這種路徑帶來的後果，就是智利的底層群眾完全被排斥在這個進程之外，不能在這個進程中表達他們的「特殊」利益。通過這樣的路徑建立的「民主」，就變成了對底層群眾的強制。

很顯然，上述這種狀況不會促進智利底層群眾參與政治活動。這就構成了另一個悖論。自從1980年代以來，公民社會理論在全球範圍內極為流行，智利也不能例外。公民社會理論的提倡者認為，公民社會是「保持社會行動者間的團結，這些社會行動者被視為自主的法律和道德行動者」[11]，同時公民社會通常與新社會運動相聯繫，「公民社會之公共領域的結構多元性保證了『按照參與和公開性的原則』塑造社會生活」[12]。但是，正如論述理論已經告訴我們的，「論述是由社會構成的和由社會制約的」。[13]也就是說，即使使用相同的詞彙，不同的人也會賦予這些詞彙不同的涵義——儘管這個過程並非主觀隨意。本書通過智利案例表明，「公民社會」也不能免受這個影響。1991年，智利爆發了一場霍亂。在這場霍亂中，雖然智利政府和社區居民的組織都強調居民的「參與」對防治霍亂的作用，但是雙方對於「參與」的理解大相逕庭。民主化了的智利

(續)————————————

　　　是葛蘭西論述的「霸權」問題。

11　見 Adam Seligman. *The Idea of Civil Society*（Princeton, Princeton University Press, 1992）, p. 145.

12　見上引書，p. 189.

13　見 Jan Bloomaert and Chris Bulcaen. "Critical Discourse Analysis," *Annual Review of Anthropology*, Vol. 29（2000）, p. 448.

政府首先將這場霍亂設定為「純粹」的生物學問題，即技術性問題，而非居民們享受公共醫療的權利問題（152）。這樣一來，「通過使個人及其家庭承擔預防霍亂爆發的實際行動負擔和財政負擔，智利政府發起的防治霍亂運動減輕了智利國家可能的財政負擔（亦即為聖地牙哥地區建設水處理系統的費用）」（152）。也就是說對於智利政府，亦即控制了智利政治活動的那些階級來說，「參與」變成了「甩包袱」的同義詞。智利政府支持的這一種「公民社會」，完全接受了資本主義市場的一切邏輯和規範，尤其是市場中的虛假主體[14]，這樣一來，這種「公民社會」就只能成為市場的補丁，或者更準確地說，在新自由主義的苦藥外面包上一層糖衣，使新自由主義的各項制度和政策的後果不那麼殘酷，更容易被群眾接受[15]。不言而喻，社區活動家們要求的就是通過政府的公共投資，改善該地區的環境狀況和公共衛生設施（153）。正如前面說過的，在智利的民主體制下，社區活動家們的觀點雖然不會被直接或間接地壓制，智利政府也表現出了對社區活動家觀點的興趣，但傾聽、對話過後、一切照舊。社區活動家們也沒有能力迫使智利政府接受他們的主張。從這一點來看，公民社會並不能取消政治權力或「霸權」的問題，否則，公民社會的作用是否如其提倡者認為的那麼大，不能說沒有疑問。或者更進一步地說，公民社會的提倡者們，尤其是強調公民社會的公共性的那些提倡者，如何保證自己的理念，在現實中得以貫

---

14 見上引C.B. Macpherson 書，以及前述 Adam Seligman 的分析，以及本書作者的分析。分析過這個問題的理論家還有很多，就不一一列舉了。有趣的是，雖然新自由主義一直標榜自己奉行「個人主義」，智利政府在這樣做的時候卻反覆使用民族認同進行動員。

15 不難發現，這也是所謂「第三條道路」的路數。

徹[16]，顯然不是輕而易舉的事情。

當然，這個貧民窟的居民們並非處於純粹的消極被動狀態，他們也的確在試圖爭取表達自身的處境，建構屬於他們自己的文化。例如，本書作者在這個社區進行調查期間，這個社區的居民們正在書寫他們自己版本的該社區歷史（34-37）。無疑地，社區居民們的努力值得尊重和敬佩，不過，失去了外部政治支援之後，他們的「文化」就只能始終停留在主觀表達的領域。的確，在民主化之後，這種主觀表達不會遭到直接暴力鎮壓，但是，這種主觀表達也永遠只能是主觀的表達，換言之，永遠停留在所謂「幻想世界」[17]裡，成為現實秩序萬花筒中的一個元素，以及妝點「主流」社會生活的飾品。同樣，完成民主化之後的「主流」社會也不會對這種「文化」進行公開的非暴力壓制，而會仁慈地允許這種「文化」作為「多元」中的一個組成部分存在，甚至會從這種「文化」中吸取某些元素，使之成為利潤的新來源，但毫無疑問的是，這樣的「文化」永遠只能存在於「主流」社會的邊緣，作為這個「主流」社會的點綴。當然，該社區的活動家們也努力地用學術語言，例如以統計數字和人類學研究表達該社區居民的處境（207-9），但問題在於，社區活動家在這樣做的時候，該社區（以及智利其它社區、乃至全球範圍內的類似社區）的狀況同樣被去政治化了，變成了「價值中立」的、並且與實際社會相隔離的學院知識。也就是說，社區活動家同樣無法達成目標，仍然無法將社區居民的處境在政治領域中表達出來，並通過政治手段至少改善社區居民的狀況。社區活動家們生產出來的知識，又變成了「主流」社會的點綴，仍然無法擺脫智利軍事政變之

---

16 正如智利案例表明的，這意味著與市場邏輯的直接衝突。

17 見 Alfred Schütz，《社會實在問題》（華夏出版社，2001）。

後乃至民主化之後知識職業化的邏輯(198-207)，而這種邏輯，正好
是智利學院知識分子和智利底層群眾互相分離、互相孤立的表現[18]。

　　在這裡，本書的缺點就暴露出來了。和其他同類型的民族誌、
質性研究一樣，本書十分強調權力，尤其是權力的主觀性、實踐性
面向。這樣做無疑是為了強調智利或其它國家的「主流」社會擁有
的權力的特殊性。但是，這種研究方法有幾個問題。第一，這種方
法在強調權力的主觀性、實踐性面向的時候，忽略了權力的客觀性、
結構性基礎。智利的具體情況說明，即使在民主化之後，智利的統
治階級和「主流」社會仍然在對底層群眾進行支配，但是無論是「論
述」或各種象徵形式和標誌，都只是權力的具體體現形式或者行使
形式，而不是權力的來源，更不能構成權力的基礎。也就是說，智
利「主流」社會和統治階級能夠對智利底層群眾進行上述各種形式
的支配，是因為智利「主流」社會和統治階級掌握了結構性的權力，
比如他們因擁有生產資料，而控制了整個社會的生產和再生產過
程，再比如智利的保守派集團控制了軍隊，而掌握了對智利政治的
最終裁判權[19]。第二，由於忽視了權力的客觀性、結構性基礎，這
樣的研究固然能夠對「主流」社會的權力進行道德批判，但是由於
沒有強有力的立足點，無法證明自身批判的有效性，甚至連批判本
身都變成被批判的現實的點綴。第三，「權力」這個範疇本身就有
一定模糊性，容易把不同性質的支配混為一談[20]。因此，這種思路
容易導致兩個偏差：要麼一切權力都不正當，要麼一切權力並列（都

---

18　見本書中作者和一位智利社會學家的對話(183-8)。

19　這也意味著智利保守派集團有能力阻止一切通過合法的政治手段
　　改變智利新自由主義體制的企圖。

20　見 Kate Soper 在《人道主義與反人道主義》（華夏出版社，1999)裡
　　對福柯的批評。

正當)。也就是說,這種思路由於忽略了權力的客觀性、結構性基礎
而無法使底層群眾為自身的權力主張提出正當性依據,無法將自身
的要求表述為強有力的普遍性主張。據此,本書固然能夠說明智利
底層群眾在1973年軍事政變以來的狀況,但是,如果要提出進一步
的主張(即這種狀況是不正當的、應該改變的),僅僅說明這種狀況
本身,顯然是不夠的,必須有其它理論的配合——無論使用什麼理
論,某種程度的普遍性訴求、客觀性訴求都是不可避免的[21]。

　　需要指出的是,雖然本書研究的只是智利的一個貧民窟,而且
本研究所使用的質性方法容易讓人對本書結論的普遍性產生懷疑,
但是其它研究已經證明,這種狀況絕非這個貧民窟的特別情況。事
實上,在智利,所謂「街頭兒童」就被智利「主流」社會系統地排
斥,並塑造為二等公民[22]。本書開頭介紹這個貧民窟狀況的時候,
也提到了智利「主流」社會對這個貧民窟的排斥態度,或者說妖魔
化手段。例如,在智利「主流」社會的眼中,這個貧民窟除了在政
治上特別活躍以外,與「危險、混亂、貧困、顛覆、反抗」以及「犯
罪、打劫、暴力、死亡」(Paley, 2001:21)是同義詞,也就是說,對
於智利「主流」社會來說,這個貧民窟,以及智利的所有底層群眾,
是一個所謂「智利奇蹟」的「他者」,讓他們可以居高臨下俯視、
展示智利「主流」社會的「慈善」、或證明自身的「文明」特性,
而不是一個有自己獨立的「利益」的客體。當然,在民主化以後,

---

21　雖然有人認為,提出進一步的訴求不是本書這樣的學術研究的目
　　的,但是,Julia Paley自己在本書中就反思過權力和知識之間的關
　　係,因此我認為提出這個批評是恰當的。

22　Guadalupe Salazar. "Second-Class Citizens in the Making: The Rights
　　of Street Children in Chile," *Latin America Perspectives*, Vol.
　　35(2008):30-44.

智利「主流」社會在多數情況下不會對這類貧民窟採取直接的、及
於人身的強制措施，但是對於智利群眾、尤其是底層群眾來說，這
種事實上的無期苦役——而且身處這種境況中的智利群眾事實上被
剝奪了一切改善的手段和理由——與比方說皮諾切特施行的直接
的、及於人身的強制之間有多大區別呢？

　　同樣需要指出的是，上述這種狀況並不是智利特有的，而是新
自由主義興起以來全球範圍內出現的普遍狀況。智利也隨著新自由
主義在全球的興起從1980年代皮諾切特統治時期的反面典型，搖身
一變成了不少國家，尤其是「轉型」中的蘇聯東歐諸國趨之若鶩的
「樣板」[23]。新自由主義興起以來，不僅出現了一個「新階級」[24]，
而且出現了與這個「新階級」相伴隨、相配套的新統治形式[25]。這
種新的統治形式，正如智利案例顯示的，在大多數情況下並不具有
直接的人身強制形式，而是通過經濟、政治等制度安排剝奪底層群
眾通過政治手段改善自身狀況的能力，並將自身與底層群眾隔離
[26]。這樣一來，正如前面已經說過的，新自由主義以自由的名義建
立並捍衛的現實，對底層群眾來說就變成了一個永遠無法擺脫的苦

23　見Mario Sznajder的 "Hayek in Chile"，載於Dan Avnôn and Avner
　　De-Shalit 編，*Liberalism and Its Practice*（Routledge, 1999），pp.
　　40-50。本書也提及了這個問題。
24　見 Guy Standing. *The Precariat: The New Dangerous Class*
　　（Bloomsbury Academic, 2011）。
25　關於這種新的統治形式，詳見 Loïc Wacquant. *Punishing the Poor:
　　The Neoliberal Government of Social Insecurity*（Duke University
　　Press, 2009）。
26　這種隔離不僅是象徵意義上的，而且是實際意義上的。十分諷刺
　　的，這種狀態就像舊南非的正式種族隔離制度。

役[27]。如何擺脫這個苦役，對世界各地的群眾而言都是一個必須進
行的，然而又漫長艱難的過程。

葉攀，北京清華大學社會學系博士候選人，主要研究興趣為社會
分層、性別、福利國家和社會政策、文化社會學。

---

27 不難發現，在這樣一種狀況中，被 Agnes Heller、Ferenc Fehér設定
　 為現代性之特徵的「偶然性」就變成了「命運」。見 Agnes Heller and
　 Ferenc Fehér. *The Postmodern Political Condition* (Polity Press,
　 1989)。

# 你為何不熱衷自由主義？

曾瑞明

一

　　在書店瞥到《為何知識分子不熱衷自由主義》的書名，生起幾種思緒。

　　「不熱衷」一詞也許太過客氣了，我能了解的某些國內反自由主義者何止是不熱衷，簡直是敵視、輕視、曲解、甚至討厭自由主義。雖然自由主義在英美等國家基本上是取得「勝利」的政治理論，但仍不斷受批評，不過這是健康的。比如在1980年代，社群主義者對自由主義便作了不少有意義的批判，然而彼此對一些基本價值的堅持還是大同小異，比如他們對人權、自由、民主和平等都相當重視，只不過詮釋上有一定差別。舉例說，對於自由的看法，社群主義者會問在缺乏社群生活的情況下，原子般的個體是否真的能夠充分展現自由，甚至那會不會只是一種幻覺。其後，在理論上以不放棄保護個人權利和方法上的個人主義的前提下，自由主義者逐漸放棄了極端的原子個體的看法，以去安立社群對個人的重要性。有些人甚至將社群主義者如泰勒、桑德爾、沃爾澤對羅爾斯《正義論》的批判，看成是自由主義的內部修正而已。在這意義下，社群主義

者也許不能真的說成不「熱衷」自由主義。然而如果我們將眼光放在中國，映照之下，新左派對自由主義的一些看法似乎有些奇怪。我們不容易清楚他們對一些自由主義基本價值的看法，比如對民主、自由的看法是贊成還是反對。他們往往喜歡用「超越」這個美麗但蒙混的字眼。好像我們真的曾經歷自由主義式的生活，現在卻要振翅高飛，擺脫束縛那樣子。

　　另一點是「為何知識分子不熱衷自由主義？」這問題，是否該理解成一個社會學的問題，而非問自由主義是否「最好」或者其學說是否為「真」的哲學問題？它所探詢的是：什麼原因或背景會導致一個人接受或者反對某種思想。雖然筆者的學術訓練是分析哲學，但愈來愈覺得這種經驗性考察或者觀察十分有用，因為思想始終是在一定的社會條件下發生，不理會特定環境構成，便不能充分了解或把捉住某種思想。雖然分析哲學家總是堅持要區分發生學上的「原因」和規範上的「理由」，不可混淆不清，但兩者是否真的這麼清晰可分，也是可以質疑的。至少，從佛家重視緣法的觀點，了解「原因」有助雙方的溝通和拆解心結。我不得不拿下這本書。

## 二

　　錯不了。本書作者雷蒙‧布東(Raymond Boudon)的確是法國社會學家，索邦大學榮譽教授。中譯版多一個亮點，就是徐賁先生的中譯版序〈自由主義與知識分子〉。徐賁的「中國閱讀」，對利用這本小書去解讀我上文提到的中國知識界一些人物對自由主義的敵視甚有幫助。布東討論的背景當然不是中國，僅僅是英美的脈絡，我們大概可以說那是一種個人的基本自由和權利都有所保障的自由主義社會。這種社會和任何其他可能的社會一樣，當然都不是完美

的(烏托邦因此是不存在的)。這可能是因為社會的組成原則有內在不一致甚至矛盾，又或者政府或者公民社會實際上並未依照該社會的組成原則去操作。任何社會都會出現以上這種情況。自由主義因此會受到各種思潮的批評，比如馬克思主義、後殖民主義和文化多元主義等等。布東特別指出了這些思想會較受學院的知識分子歡迎，那可能是他們對自由市場帶來的巨大不平等深感不滿；也可能是他們在哲學上根本不相信有所謂對一切社會都生效的普遍價值，包括自由和平等；也有可能是他們覺得自由主義社會下，某些宗教與文化，比如伊斯蘭教仍會處於邊緣位置，因為這類文化會受到自由主義的一些原則所限制，例如男女平等或者種族平等。但有一個原因，可以更簡單地便解釋了這些知識分子為何不熱衷自由主義：因為那才會更突出他們作為知識分子的批判位置，突顯他們學術明星的光環。這個原因便是：他們本身身處自由主義社會，因此要找一個批判的位置時，無可避免地就是要不那麼「熱衷」於自由主義。而且自由主義沒有什麼烏托邦的許諾，也沒有對人生有一套很完整的整全理論，它不像宗教那樣能令人神魂顛倒。它只是大家在社會中追求自己人生意義時要遵守的一些規則，比如宗教包容，比如國家要價值中立等等。簡單言之，似乎不夠有趣。

文評家伊格頓(Terry Eagleton)會稱這群知識分子為「文化左派」。但他們可以安全地作批判，正是因為他們本身已活在自由主義社會之中，言論自由得到憲法的保障。他們最多可以指出自由主義的不足之處，但似乎不足以推翻自由主義。而且他們也只是說說而已，對實際社會的影響不會很大。但如果本身尚未踏入自由主義社會、卻對自由主義作出批判的，那有兩個可能，一是他們現有的社會比自由主義更好，二是雖然他們現有的社會不比自由主義好，但他們捍衛現有的社會制度或安排更符合他們個人的利益。更重要

的是，他們對實際社會的影響可能不少，因爲「現在的社會」爲了
鞏固自身，恰恰會將這群知識分子的影響力放大。這就很可能是現
今「新左派」的情況。

# 三

　　徐賁在書中也指出了「學術市場」和「供求」問題。我們必須
知道需求是什麼，才能知道有什麼供應。我們知道中國有一群憤青
有很大的批判能量，但如果社會可批評的管道封閉，或者相對較窄，
那麼民族主義就是一個滿足這種批判或者熱情宣洩需求的上佳途
徑。我們由此理解《中國可以說不》、《中國不高興》等簡單理念
供應，爲什麼極受歡迎。我們也知道中國現在走「具有中國特色的
社會主義」的道路，馬克思理論並不能滿足現今社會的狀況，然而
意識型態上既不能不開展自由市場，但在情在理卻又不能只由自由
市場決定，更重要的是現在的思想環境不能與新中國的意識型態割
裂，於是難怪會有某位著名學者提出「通三統」之說了，即儒家、
毛澤東、鄧小平的傳統互相貫通。然而，這是不是有捍衛權力之嫌
呢？

　　觀念市場裡，人們也需要簡單、能解釋現況的東西，這才會加
強流通量，但自由主義的文獻理解起來曠日廢時，真心真意讀完再
批判自由主義的可謂少之又少，一些牽涉理性選擇理論的自由主義
學說更加具專技性，有心人也可能望門興嘆。這也解釋了自由主義
爲何不在中國受歡迎了。況且，中國事實上並未走上自由主義的道
路，如果談自由主義，即是對現況作批判，這似乎也非當權者或者
既得利益者樂見的。自由主義的需求和供應，都應該收窄到一個可
以控制的地步吧，如此不熱衷對某些人來說自然是好事。

# 四

還有一點值得一談的，就是我們對一個自由主義理論的批判，往往欠缺經驗的支持和客觀的比較。有人說自由主義社會會造成文化的墮落。的確，在自由主義社會會找到一些低俗的文化，但在其他社會，特別是極權社會，其文化就是值得稱道的嗎？當然不！我們只找到一式一樣的八股文章或者歌曲，人的創造性被徹底壓迫。又如果我們知道在做現實考慮時要「兩害取其輕」，那麼不歡迎自由主義到底有什麼實質意思呢？這好像我們常說人們因聰明累事，意思好像是聰明不好，但其實因為愚蠢累事的個案不是更多嗎？我們不會就說愚蠢比聰明更有價值吧？

又有人說，中國是因為採用了自由市場才導致貧富嚴重不均，然而我們沒有想過，如果中國有一個對不平等更敏感、對再分配更重視的政府，事情又是否不一樣呢？我們為何不把質疑的著眼點放在政府，而放在一個旨在保護個人權利和自由的學說？筆者並不是說自由主義不可批判，完全正確，但我們在「揚棄」、「超越」自由主義前，應先想想自己的位置，才能較公平地找尋「真理」，如果我們堅信真理不僅僅是權力建構的話。

讀者們，那你為何不熱衷自由主義？

曾瑞明，香港中文大學兼任講師。研究興趣為政治哲學、倫理學及中國政治思想等。

# 2012
## 第一屆韓國坡州亞洲出版獎（Paju Book Award）

### 策劃獎：王汎森

#### 中國史新論

《中國史新論》10冊。以每一種專史爲一冊的方式展開，在各歷史時期中選擇較重要約10個問題撰寫專文，重新詮釋中國史。爲近年來以新的議題重新探討中國史的最大學術工程，網羅近100位學者共同撰寫。

《中國史新論：法律史分冊》、《中國史新論：性別史分冊》
《中國史新論：基層社會分冊》、《中國史新論：科技與中國社會分冊》
《中國史新論：美術考古分冊》、《中國史新論：宗教史分冊》
《中國史新論：思想史分冊》、《中國史新論：古代文明的形成分冊》
《中國史新論：生活與文化分冊》、《中國史新論：醫療史分冊》

---

### 著作獎：錢理群

#### 毛澤東時代和後毛澤東時代（1949-2009）：
#### 另一種歷史書寫（上）（下）

《毛澤東時代和後毛澤東時代（1949-2009）：另一種歷史書寫》（上下冊）共八十萬字，醞釀了二十五年，反映了錢理群近期研究與思想的重要結晶，試圖通過本書建構一個底層（我—錢理群，民間思想者）、高層（毛澤東）、中間層（知識分子）互動的三維敘述空間、結構，此三層之間的互動、反抗、合作、背離形成一個複雜交錯的歷史過程，並構成中國今日思想狀況的藍圖。《毛澤東時代和後毛澤東時代（1949-2009）：另一種歷史書寫》（上下冊）完整呈現當代中國知識分子的思想和心路歷程，堪稱近年來華人世界最重要的思想回顧與自傳。

思想
人生

# 陳之藩：思想散步

李懷宇

## 一、一生總在寫信

2008年6月9日午夜，我在無錫的旅館中準備入睡，突然接到余英時先生打來的越洋電話，方知陳之藩先生在幾天前中風入院。此後的日子，我再也緣和陳先生暢談，只能不時通過金耀基先生和陳方正先生間接了解陳先生的情況。2012年2月25日，陳之藩先生在香港逝世，我打電話告知余英時先生，余先生說：「陳先生解脫了。」

我在初中時，無意間讀到一篇〈釣勝於魚〉的文章，即刻記住「陳之藩」的名字，從此格外留意這位作家的文字。2000年，浙江人民出版社出了陳之藩的散文集《劍河倒影》，這是我第一次比較系統地讀到陳之藩的文章，後來寫了一篇〈秋水文章不染塵〉的書評，刊發在《南方週末》上。

2003年，我第一次到香港拜訪陳之藩先生。當我到達香港中文大學火車站時，陳先生早就從山上到山下接我，使我感念不已。多年後，我收到陳先生寄來的文章〈儒者的氣象〉，才有所悟：「大概是1959年，我在美國，Bertram是 IBM 的大人物，而約克鎮研究所正在動工中。我到 IBM 面談時，是在辛辛(Sing Sing)那小鎮。從

火車上下來，還提個大箱子，來接我的正是 Bertram 本人。他不但
到車站來接，而且把我的大箱子搶過去為我提著。我那時還想，美
國原來也是禮義之邦啊，使我相當吃驚。」

我們一見如故，聊了一個下午，意猶未盡，共進晚餐時還談興
甚濃。臨別時，陳先生說，他在中文大學並不忙，希望我到香港就
找他聊天。以後我每到香港，必打電話給陳先生，他總說：「你趕
緊來，我喜歡聽你聊天。」每次，我們都聊大半天，陳先生必請我
吃晚餐。有一次，他說有一家上海菜館極好，竟帶我從中文大學坐
火車到尖沙咀大快朵頤。

陳先生喜歡聽我講到各地採訪人物的趣事，我則愛問他一些前
輩的逸聞。我聽得最多的是胡適和愛因斯坦的故事，不禁對普林斯
頓心嚮往之。陳先生多次提起在普林斯頓的余英時先生，對余先生
的舊詩讚賞不已。他1991年在〈香港觀感〉中說：「香港還有不少
會作律詩的人。比如余英時教授罷？就是香港出身的人；以他的年
紀，居然會作律詩。中國有十一億人罷，我想能找出十一個人會作
律詩就不容易了。而這十一個人中，大概有十個人在香港。」

陳先生不作詩，卻喜歡念詩和譯詩。他並不認同胡適關於白話
詩的主張，而對中國詩歌的傳統備加珍惜。他愛舉的例子是易實甫
的詩：「青天無一雲，青山無一塵，天上唯一月，山中唯一人。此
時聞鐘聲。此時聞松聲。此時聞澗聲。此時聞蟲聲。」他認為像這
類詩句，若無「五四」出現，而能由傳統自然發展開來，正是未可
限量。他對今人作的律詩也常脫口而出，楊憲益有一首打油詩：「無
端野鳥入金籠，終日棲棲斗室中。只好閉門裝隱士，何須下海耍英
雄。千年古國貧愚弱，一代新邦假大空。老子猶堪絕荒漠，京城亦
可化胡戎。」他對第五六句擊節不已。

陳先生喜歡講笑話。「我叫王浩，來貴校演講，還有半小時時

間，看到你這辦公室外的姓名，準是中國人，所以進來聊聊。」有一次，王浩到陳之藩所在的大學，敲門自我介紹，「你愛說中國話吧？看不看金庸的武俠？」陳之藩說：「金庸我看過一些，不太喜歡。」王浩說：「我們在海外，如無金庸的劍俠，豈不悶死了。」兩人爭了半天，王浩突然說：「唉呀！我兩點有個演講，現在什麼時候？唉呀！過了四十分鐘了。」

　　偏偏我愛看金庸的小說。以文學而言，金庸的小說集和陳之藩的散文集我收得最全，都不只看過一遍。陳之藩是劍橋大學博士，對金庸到劍橋讀博士，自有看法。後來陳先生果然寫了一篇文章談博士，就是那篇紀念邢慕寰教授的〈儒者的氣象〉。2008年12月，我與金庸談了兩個下午，第一個問題就是關於劍橋讀博士之事，金庸的回答是：「我到劍橋，目的不是拿學位。我喜歡跟有學問的教授討論問題。」

　　在我看來，金庸有沒有博士學位，一點也不影響我愛看他的小說。如同胡適的哥倫比亞大學博士學位是不是真的，也一點不影響我佩服他的思想。陳之藩給我的一封信裡說：「唐德剛用他自己所受的罪想胡適當年的情況；余英時是用他念書的經過，推想胡適的當年，你說這是怎麼回事？很有意思的。」

　　有一次，我走進陳先生的辦公室，他正在看一本夏志清的散文集，那種專注的神情讓我難忘。夏志清以《中國現代小說史》名世，也不大看金庸的小說，他和唐德剛都喜歡看《紅樓夢》，卻因此而爭了起來。「唐德剛認為《紅樓夢》裡頭所有女孩的腳是大腳還是小腳，大腳就是旗人，小腳就是漢人。」陳之藩說，「《紅樓夢》我也看過，我確實沒想過。他說人一睡覺不就得露腳嗎？怎麼曹雪芹就沒說過腳呢？唐德剛罵夏志清：我看《紅樓夢》都是在重慶防空洞裡面看的，你夏教授在哪看的《紅樓夢》？你在美國哥倫比亞

大學皮沙發上看的，我看了多少年了，你才看了幾年。這話損人了，倆人擺資格，無聊罵起來了。」

我和陳先生見面總是聊不完的天。有一次，我突然接到他的一封長信，從此，我們開始通信。記得2007年深秋我訪美歸來，隨手寫過一封十幾頁的信給陳先生，談的是訪問趣事，其中余英時、唐德剛、夏志清是以前我們常聊到的人物。2008年5月5日，陳先生寫的信開頭說：「今天是五月五日，因爲昨天爲五四。我今天收到你四月廿四日的信。走了十一天，從廣州到香港！我覆你的那封信，也差不多走了十天以上罷。這跟電郵如何比呢？可是又一想，根本無事，閒聊天。又著什麼急！同時，也維持郵局不遭淘汰！美國郵局快以只賣紙箱爲生了，也就是只傳無字的包裹！無信可郵！」

陳之藩一生，給我的印象是總在寫信。有時寫給朋友，有時寫給讀者，有時寫給自己。余光中的〈尺素寸心〉中說：「陳之藩年輕時，和胡適、沈從文等現代作家書信往還，名家手跡收藏甚富，梁（實秋）先生戲稱他爲 man of letters，到了今天，該輪他的自己的書信被人收藏了吧。」我有幸珍藏幾封陳先生的信，每次重讀，總在春風裡。

## 二、悲觀而又愛國

1947年，陳之藩在天津北洋大學電機系讀書，有一天在廣播裡聽到北京大學校長胡適〈眼前文化的動向〉的演講，覺得與他的意見有一些不同的地方，遂給他寫了一信。胡適很快回信，彼此的通信由此開始，陳之藩回憶：「他的誠懇與和藹，從每封信我都可以感覺到。所以我很愛給他寫信，總是有話可談。」

在一封給胡適的信中，陳之藩寫道：「當羅曼羅蘭讀了托翁的

信後，而決定了他畢生的路程；而甘地讀過了托翁的信因而發揚了曠古未有的道德力量。我這樣的比擬是太不自量的，這只是說明您的教訓對我影響的劇烈。」在陳之藩給胡適的信中，充滿對了時局的關注，許多見解現在看來真是先知先覺。後來，陳之藩將1947年前後給胡適的十三封信集成《大學時代給胡適的信》一書。

1959年4月29日，胡適對胡頌平說：

> 陳之藩用英文寫的《氫氣彈的歷史》一本書，是去年11月裡送來的，我一直沒有空看，這回總算看完了。陳之藩在這本書上寫了幾句話，說起這本書就不肯放手的，太精彩了，太緊張了。他是一個學工程的，但他的文字寫得很美。他本來是南開大學工學院（按：應為北洋大學）的學生，他的父親是在傅作義那邊做個小事情的。三十六年我在北大當校長時，曾要他到北平來看我一次，那時就認識的。在那個時候，一般青年都是思想「左」傾，而他已是反共的青年，他從俄國的小說裡把他的思想造成反共。他說，俄國革命以前的托爾斯泰、朵爾托夫斯基（陀思妥耶夫斯基）、柴霍夫等人的小說，他都看過，先是看看中文的譯本；後來英文程度高了，再看英文譯本。後來他又看看俄國革命以後的作家小說，覺得戰後的遠不如戰前的，完全變成兩個世界了。他於是認識俄國，釀成反共的思想。我是在那個時候認識他的。（《胡適之先生晚年談話錄》，胡頌平編著，聯經出版公司，1984年；新星出版社，2006年10月第一版，頁17-18）

1947年夏天，陳之藩應胡適之約，到北平東廠胡同一號拜訪。兩人只聊了一會，北京大學訓導長賀麟來了，要跟胡適商量學生鬧學潮的事，陳之藩就告辭了，和胡適實際上沒說多少話。對第一次

和胡適見面，陳之藩回憶：「我見過的教授多了，胡適就是跟別人不一樣，大派。」

1948年6月13日，陳之藩在雷海宗所編的《周論》上發表長文〈世紀的苦悶與自我的徬徨──青年眼中的世界與自己〉，見地獨到，爲胡適的朋友圈擊賞。陳之藩說：「現在讓我寫也寫不出來。就因爲那篇文章，他們都嚇壞了。他們是胡適、金岳霖、馮友蘭、沈從文。他們彼此講，問胡先生這人是誰？胡先生說：他常給我寫信啊。」

在胡適的朋友圈中，陳之藩也給金岳霖、沈從文寫過信。他在北洋大學電機系讀到一半時，對國家前途感到悲觀，想改讀哲學救國，就考入清華大學哲學系，這事在陳家掀起了軒然大波。爲了改專業的決定，陳之藩到清華大學跟金岳霖見過一面。

金岳霖問：「你爲什麼要入哲學系呢？」

陳之藩說：「我悲觀而又愛國。」

「什麼叫悲觀呢？」

「我不知道。」

「悲觀就是你認爲有一套價值觀念以後，比如你覺得金子很值錢，你當然設法要保存，把金子拿到家裡來，拿到兜裡來，但是保存之無法，金子被人搶走了，乃感悲觀。」

一席談之後，陳之藩打消了轉學的念頭，昏沉地回到北洋大學。後來陳之藩寫了〈哲學與困惑──六十年代憶及金岳霖〉一文。

金岳霖寫信的方式也給陳之藩留下深刻的印象。「寫信有好多種，中國式是從右到左豎著寫，也有跟外國一樣，橫著寫，現在大陸也橫著寫。金岳霖是從左到右豎著寫，他怕他手粘墨。」陳之藩笑著回憶，「金岳霖跟梁思成住在一塊。梁思成是林徽因的丈夫，他們的兒子梁從誡在美國說得最精彩的一句話是：前清政府真是腐敗，出了我爺爺梁啓超，中華民國真是不行，出了我爸爸梁思成，

我現在從偉大的祖國來，出了我！大家就一起鼓掌。就是這句話，我們聽得最舒服。」說這話時，陳之藩禁不住又鼓起掌來。

　　大概是在東廠胡同看了胡適的第二天，陳之藩到中老胡同看沈從文。兩人談興正濃時，沈從文的太太張兆和出來了，拿著一堆小孩衣服。他們的小孩小龍小虎，跑來跑去。沈從文就作了介紹。當時陳之藩的學校兩千人，只有三四個女同學，沒見過漂亮女人。張兆和的漂亮完全在陳之藩想像之外，她說：「沈先生對陳先生的文章很欣賞。」陳之藩傻傻地，連一句敷衍的話也不會說。「沈從文真是好，看到我覺得他太太很美，所以他就給我下台階，他就把話題引到另外的題目上去，我就鎮靜下來了，一會兒就好了。」

　　1948年，陳之藩在北洋大學畢業，由學校派到台灣南部高雄的台灣鹼業公司工作。那時找工作很難，陳之藩在北平也找不到事，當他坐船到台灣以後接到沈從文的信：「天津《益世報》裡有份工作，也就是寫些文化，跟電機完全不相干。」後來，沈從文寫信說：「你千萬不要回來，華北到處是血與火。」

## 三、永遠有利息在人間

　　陳之藩在台灣鹼業公司的主要工作是修馬達，實在無聊。他在北洋大學的老院長李書田在台北的國立編譯館主持自然科學組，便叫他過去工作。當時梁實秋在國立編譯館主持人文科學組，一看陳之藩寫的文章就說：「我們人文組也沒有這樣的人，這人怎麼跑到自然組了。」後來梁實秋成了館長，說要提拔天才，把陳之藩的薪水加了一倍。陳之藩領到工資時並不知情，便去找會計：「你是不是搞錯了？怎麼這麼多，扣了稅多了幾乎一倍。」會計說：「你們梁館長批的。你問他呀，你問我幹什麼。」會計以為陳之藩跟梁實

秋都是從北京來的同鄉。

胡適第二次回到台灣時，陳之藩去看他。胡適說：「你幾時回來的？」陳之藩說：「我從哪兒回來？」胡適說：「美國。」陳之藩因為經濟拮据，做夢也沒有想到能去美國留學。胡適回美後就寄了一張支票，用作美國要求留學生交的保證金。

陳之藩到領事館考試前，人家告訴他得看 *Time* 雜誌，結果筆試正好就考他預備好的那一段，一個生詞也沒有。口試時，主考的領事從美國來，剛學中文，客廳裡坐著一大堆人，領事從屋裡出來，練練自己的中文，一看「陳之藩」，就大聲說「陳—吃—飯」，大家都笑了。領事不好意思：「我說得不對嗎？」陳之藩說：「你說的全不對。」「應該怎麼說？」「陳之藩！」領事就跟著說了一遍，口試就這麼通過了。

這時陳之藩還沒有錢買去美國的單程飛機票，又不好意思向胡適借路費，便延遲了一年赴美，寫了一本物理教科書。他又遇見一位貴人——世界書局的老闆楊家駱。陳之藩回憶：「楊家駱對我真是好，其實這些人都對我好，我也不知道為什麼。人家跟我說：你編譯館做事的人，編的書賣給誰，你得找一個教授聯名，把他名字寫在前頭，把你名字寫在後頭，這才可能出書，就請一個師範大學的教授掛名。可笑這個書稿到楊家駱那兒，請求他考慮出版，他就這麼一看，他說好啊，不要師範大學教授掛名，就出我單個人的。我頭一本書就是他出的。出了書，我拿到去美國的路費，就這麼去了。」

1955年，陳之藩赴美國賓夕法尼亞大學攻讀科學碩士學位。讀書期間，陳之藩應《自由中國》編輯聶華苓之約，撰寫《旅美小簡》，一篇篇從美國寄到台北，發表在《自由中國》上。他回憶：「到美國以後的生活是這樣的：上半天到明朗的課室去上課，下半天到喧

囂的實驗室玩機器，晚上在寂靜的燈光下讀書。常到週末，心情上不自主的要鬆一口氣，遂靜靜的想半天，寫一篇小簡，寄回國去。」（《旅美小簡》前記）在這本書中，有〈失根的蘭花〉、〈釣勝於魚〉等名篇。

從陳之藩赴美到胡適回台，正是胡適在紐約最是冷清、最無聊賴的歲月，陳之藩有幸和胡適談天說地，說短道長。陳之藩回憶：「所談的天是天南地北，我所受之教常出我意外，零碎複雜得不易收拾。」（《在春風裡》序）

陳之藩獲得美國賓夕法尼亞大學科學碩士學位後，應聘到曼城一所教會學校任教。這時才有能力分期償還胡適當年的借款，當他還清最後一筆款時，胡適寫信說：「其實你不應該這樣急於還此四百元。我借出的錢，從來不盼望收回，因為我知道我借出的錢總是『一本萬利』，永遠有利息在人間的。」

1962年2月24日，胡適在台北逝世，陳之藩連寫了九篇紀念胡適的文章，後集成《在春風裡》。胡適的風度和胸襟，陳之藩寫得讓人想流淚：「生民塗炭的事，他看不得；蹂躪人權的事，他看不得；貧窮，他看不得；愚昧，他看不得；病苦，他看不得。而他卻又不信流血革命，不信急功近利，不信憑空掉下餡餅，不信地上忽現天堂。他只信一點一滴的，一尺一寸的進步與改造，這是他力竭聲嘶地提倡科學，提倡民主的根本原因。他心裡所想的科學與民主，翻成白話該是：假使沒有諸葛亮，最好大家的事大家商量著辦；這也就是民主的最低調子。而他所謂的科學，只是先要少出錯，然後再談立功。」

1962年3月11日，陳之藩給天上的胡適寫信：「適之先生，天上好玩嗎？希望您在那兒多演講，多解釋解釋，讓老天爺保佑我們這個可憐的國家，我們這群茫然的孤兒。大家雖然有些過錯，甚至罪

惡，但心眼兒都還挺好的。大家也決心日行一善，每人先學您一德，
希望您能保佑我們。」半個世紀之後，陳之藩和胡適在天堂相會，
相信不再寂寞了。

## 四、劍橋聊天錄

　　1969年，在美國任教授的陳之藩獲選到歐洲幾個著名大學去訪
問，於是接洽劍橋大學，可惜該年劍橋大學的唯一名額已選妥。陳
之藩不想到別的大學，索性到劍橋大學讀博士研究生。

　　一到劍橋大學，每個人都叫陳之藩為陳教授，並在他的屋子前
釘上大牌子：「陳教授」。在那裡，陳之藩寫下了《劍河倒影》。
他說：「劍橋之所以為劍橋，就在各人想各人的，各人幹各人的，
從無一人過問你的事。找你愛找的朋友，聊你愛聊的天。看看水，
看看雲，任何事不做也無所謂。」

　　以我對陳先生的了解，他在劍橋最愛做的事自然是聊天。重讀
《劍河倒影》，我彷彿是在旁聽一部「聊天錄」。陳先生說，劍橋
的傳統，一天三頓飯，兩次茶，大家正襟危坐穿著黑袍一塊吃。每
天同樓的人都可最少見三次，最多見五次面。「誰知哪一句閒談在
心天上映出燦爛的雲霞；又誰知哪一個故事在腦海中掀起滔天的濤
浪？我想劍橋的精神多半是靠這個共同吃飯與一塊喝茶的基礎上。
這個基礎是既博大又堅實的：因為一個聖人來了，也不會感覺委屈；
一個飯桶來了，正可以安然的大填其飯桶。」

　　陳之藩聊天的對象都是博學之士，正合劉禹錫所謂「談笑有鴻
儒，往來無白丁」。他和各門各類人物聊天的故事，也為「同聲相
應，同氣求」提供了活生生的例證。在〈風雨中談到深夜〉中，
他寫道：「很多有成就的劍橋人，對於在風雨中談到深夜的學院生

活，都有一種甜蜜的回憶。比如懷德海、羅素、吳爾夫、莫爾、凱因斯、富瑞，這些是在一室中聊過多少夜的一堆人。他們的行，全不相干，但他們卻有一種相同的味道。甚至那種味道影響到他們的名著的書名。懷德海與羅素的書叫《數學原理》，莫爾的書叫《倫理原理》，吳爾夫的書叫《政治原理》，凱因斯寫《貨幣原理》，富瑞寫的是《藝術原理》。不是一行，而味道如此相同，多半是因為晚上聊天彼此影響出來的。」

　　身在劍橋，陳之藩已然英國紳士的做派，骨子裡卻不時流露「中國情懷」。陳之藩去看邱吉爾的出生地和墓園，在一幅典型的英國風景畫中，忽然想起小時念的祖父論申包胥的文章：「四海鼎沸之日，中原板蕩之秋，不有人焉，屈身為將伯之呼，則宗社淪沉，萬劫不復。士不幸遇非其主，無由進徙薪曲突之謀。一旦四郊多變，風鶴頻驚。」他連一個字也不必改，就可以說成邱吉爾。「當然英國的君主沒有申包胥的君主有權。這裡的「主」可以解釋成英國人民。我們看只要是英國岌岌可危時，邱吉爾一定是事先再三提出警告，而人民也一定不聽他的。但等到草木皆兵時，邱吉爾卻總是從容受命，拜閣登台，扶大廈於將傾，挽狂瀾於既倒。」這樣的奇思妙想也許只有陳之藩才想得出來。

　　同樣妙的是，陳之藩整天東喝茶、西喝茶的，一位朋友勸他去打一下防肺病的針。他從未去打針。有一天，另一位朋友談起凱因斯小時的家就在打防肺病針的那座樓的斜對面，他立時就去打針了。陳之藩顯然對凱因斯十分心折，在其故居發懷古之幽思時，陳之藩更生懷鄉之歎：「我常常想：我們中國如果有個劍橋，如果出個凱因斯，也許生靈塗炭不至於到今天這步田地。因為沒有真正陶鑄人才的地方，所以沒有真正人才出現；因為沒有澄明清晰的見解，所以沒有剛毅果敢的決策與作為。」

　　有一回，陳之藩和朋友彼得在路上偶遇正在鎖自行車的查理王子。陳之藩便同彼得講了中國末代皇帝宣統在紫禁城裡學騎腳踏車的故事，又繼續講了另一個故事：「那時候，電話剛發明，當然皇帝的皇宮裡也裝上了電話。皇帝想試試電話靈不靈罷，拿起電話筒來，卻感到茫然；不知打給誰。他忽然想起他惟一認識的人是曾聽過一個楊武生的戲的楊武生。於是只有向楊武生家搖通電話，大喊：『來者可是楊小樓嗎？』」每次看到這一段，我總忍不住放聲大笑，彷彿看見陳之藩講故事時天真的笑容。不想就在咱們中國人大笑之時，洋朋友彼得另有一番見解：「你覺得一個社會這樣對待一個人，公平嗎？」彼得舉的例子是這位查理王子在每個學生都邀女孩子開舞會時，還未用腿走半步，剛用眼一掃第二天即上了報。有汽車時，人家說查理王子招搖過市；騎腳踏車，卻總跟來一群人，在旁指手畫腳。「好像命運注定了該受寂寞的包圍，寂寞像濕了的衣服一樣，穿著難過已極，而脫又脫不下來，你說這不是社會在虐待一個人嗎？」可見中英文化差別的微妙，並不是任何一方想當然便能體會。

　　在聊天、演講、讀書之間，陳之藩提出的論文頗有創見，被推薦到學位會，作為哲學博士論文。畢業時，陳之藩想起生平敬重的胡適：「適之先生逝世近十年，1971年的11月，我在英國劍橋大學拿到哲學博士學位。老童生的淚，流了一個下午。我想：適之先生如仍活著，才81歲啊。我若告訴他，『碩士念了兩年半，博士只念了一年半。』他是會比我自己還高興的。」（《在春風裡》序）

　　在陳之藩拿到博士學位的四年後，金耀基去了劍橋大學，寫下了《劍橋語絲》。以我的觀感，中國人寫劍橋大學最妙的兩本書是《劍河倒影》與《劍橋語絲》，可為「雙璧」。陳之藩是電機工程教授，金耀基是社會學教授，寫起散文都是獨具一格的「文體家」。多年後，兩人在香港中文大學成了朋友。

## 五、文藝復興人

1977年，陳之藩在麻省理工學院擔任客座科學家，當時他研究的是「人工智慧」。有一次，他偶然在大學圖書館看到香港中文大學招請電子工程系教授的廣告，決定回到東方。香港中文大學電子工程系的創系主任是「光纖之父」高錕，陳之藩後來也擔任了系主任。

陳之藩左手研究科學，右手撰寫散文。他常對朋友說：「我現在不大愛看的，恐怕是幾年後電腦在半秒鐘即可解決的問題；而我愛看的，是一百年以後電腦依然無法下手的。回溯起來，羅素上千頁的《數學原理》的成百定理不是由六十年代的電腦五分鐘就解決了好多嗎？可是羅素的散文，還是清澈如水，在人類迷惑的叢林的一角，閃著幽光。」

家國多難，斯文掃地。陳之藩不甘心地提起筆來：「我們當然對不起錦繡的萬里河山，也對不起祖宗的千年魂魄；但我總覺得更對不起的是經千錘，歷百煉，有金石聲的中國文字。」

晚年定居香港，惜墨如金的陳之藩出了兩本散文集：《散步》和《思與花開》。以文風而論，我不禁想起蘇東坡的名言：「大凡為文，當使氣象崢嶸，五色絢爛，漸老漸熟，乃造平淡。」從思想而言，我很意外陳之藩竟有多篇文章在講政治，而且講得讓人茅塞頓開。2009年夏天，我到高雄訪問余光中先生，提起同代散文家，余光中說：「陳之藩先生的散文不是要追求散文的藝術，而是用散文來表達他的思想，他有思想的高度，要言不煩。」以此言來論陳之藩的晚期文章，更是恰如其分。讀《散步》和《思與花開》，我往往忘了文采之妙，而感佩思想之深，彷彿隨著陳之藩的思想在散

步和聊天。

陳之藩不僅寫散文，還譯詩。他翻譯布萊克的不朽名句：

> 一粒沙裡有一個世界
> 一朵花裡有一個天堂
> 把無窮無盡握於手掌
> 永恆甯非是剎那時光

他在《時空之海》中說：「如果說只許用詩來說明愛因斯坦的時空觀，也很難找出比布萊克這幾句再神似的了。」後來楊振寧談「美與物理學」時引了布萊克的原詩，注解就用了陳之藩的翻譯。楊振寧與陳之藩是熟人。陳之藩有多篇文章寫到楊，我印象深刻的是〈雕不出來〉，寫的是熊秉明要為楊雕一個像，最終無法完功，沒想到陳之藩的結論是「有些像，雕不出來，也許不是壞事」。有一次吃飯時，陳先生解釋「雕不出來」的理由，竟讓我許久忘了舉箸。後來陳先生應楊之求寫了一篇〈〈雕不出來〉後記〉，結論之奇令我差點噴飯。

熊秉明和吳冠中是留法的同學。我不只一次聽陳先生讚賞吳冠中的藝術。後來我訪問了吳冠中先生，等我將〈訪問歷史〉寄給陳先生，沒想到陳先生的來信中有一段說：「有吳冠中在書內，我就高興。吳是大畫家呀！散文也寫的漂亮！此人正直，誠懇。」

回想我們的聊天，竟有不少關於藝術的話題。有一次，我提到黃永玉很會講故事，陳先生便從書堆裡找出一本《比我老的老頭》。我也問過陳先生如何看沈從文、台靜農的「文人字」，他的品評很出乎我的意料。陳先生寫得一手好字，我曾問他在香港有沒有寫毛筆字，沒想到他說：「沒有筆和紙。」頓了一頓，他又說：「以前

我喜歡寫對子。」脫口而出的對子，記得有「萬里山河唐土地，千年魂魄晉英雄。」「不論海角與天涯，大抵心安即是家。」後一個對子，我曾引在《世界知識公民》的自序裡。

有一次，我們不知怎麼提到「文藝復興人」一詞，便不約而同地聊到達・芬奇，這位天縱之才懂的學科實在太多了，可謂典型的「文藝復興人」。我隨口說，中國舊文人精通琴棋書畫是常事，蘇東坡也可看成「文藝復興人」。這種比附只是一老一少的閒聊天，相對一笑也就罷了。

陳之藩的多篇文章讓我產生了一種印象：在文藝復興時代，科學與人文緊緊結合，而種種學科的界線乃是日後漸漸劃成的。陳之藩不斷講述愛因斯坦的故事，讓我感覺愛因斯坦就是20世紀的「文藝復興人」。當年愛因斯坦對一群小孩子說：

> 記住：你們在學校中所學得的那些了不得的東西是世世代代所積起來的工作，是世界上每一個國家經過熱心的努力和無窮的勞苦而產生出來的。現在這些東西都放在你們的手中，成為你們的遺產了。你們要好好地接受這份遺產，要懂得去珍惜它，並增加它，有一天你們可以忠實地把它交給你們的孩子。我們共同創造出永恆的東西，這便是我們這些會死亡的個人所以成就不朽的唯一方式。如果你們能記住這番話，你們便在生命和工作中找到了意義，並且你們也獲得了怎樣看待其他國家和其他時代的正確的態度。

如今重讀這段話，我不禁想起陳先生聊天時的笑容。

在「專才」成群而「通才」寥寥的時代，陳之藩是東方的「文藝復興人」。

陳之藩：1925-2012年，河北霸縣人。天津北洋大學電機系學士，美國賓夕法尼亞大學科學碩士，英國劍橋大學哲學博士。曾任美國普林斯頓大學副研究員，休士頓大學教授，波士頓大學研究教授，香港中文大學電子工程系榮譽教授。著有電機工程論文百篇，《系統導論》及《人工智慧語言》專書二冊；散文有《大學時代給胡適的信》、《蔚藍的天》、《旅美小簡》、《在春風裡》、《劍河倒影》、《一星如月》、《時空之海》、《散步》、《思與花開》等。

## 本文參考書目

《大學時代給胡適的信》，陳之藩著，牛津大學出版社，2005。
《蔚藍的天》，陳之藩著，牛津大學出版社，2003。
《旅美小簡》，陳之藩著，牛津大學出版社，2003。
《在春風裡》，陳之藩著，牛津大學出版社，2005。
《劍河倒影》，陳之藩著，牛津大學出版社，2003。
《一星如月》，陳之藩著，牛津大學出版社，2004。
《時空之海》，陳之藩著，牛津大學出版社，2004。
《散步》，陳之藩著，牛津大學出版社，2003。
《思與花開》，陳之藩著，牛津大學出版社，2008。
《胡適之先生晚年談話錄》，胡頌平編著，聯經出版公司，1984；
　　新星出版社，2006。

李懷宇：傳媒人，作品有《訪問歷史》、《世界知識公民》、《知人論世》、《訪問時代》等。

# 致讀者

六十餘年來,海峽兩岸的紀年時間彼此相通,可是雙方的歷史時間卻很難相提並論。兩岸同齡人見面往往語塞:說來是生活在同一個年代,所經歷的歷史情境卻截然不同。在台灣,八十年代是黨外民主運動與各種社會力陸續覺醒的年代。受益於七十年代的思想醞釀與經濟發展,八十年代的台灣在頻繁的鎮壓與反抗後,終於成立反對黨,解除了戒嚴,掃除了黨禁、報禁等等威權的殘餘,為日後的民主化積累了充沛的社會能量,並且觸發了體制本土化的先聲。

在大陸,八十年代則是文革之後痛定思痛、著手於改革與開放的年代。三十年來社會主義的激情實驗已經不堪收拾,從生產與分配方式、黨國體制、人們的生活形態、到個體的精神面貌與社會的價值觀,都在尋覓、嘗試之間發生了巨大的變化。這場前後十幾年的摸索與追尋,到1989年陡然中止;不過這個時期另尋出路的思考與希望已經積累出龐大的能量,至今仍然影響著中國知識分子。

同一個八十年代歷史階段在兩岸結局的巨大差異,已經提醒我們不要在其間太作比附。然而,拋開差異不論,兩岸在這前後十餘年間發生的事情仍帶有一些奇特的契合之處,那便是都具有擺脫過去、開啟未來的意義,深刻地改變了兩個社會的體質與走向。

本期《思想》「走過八十年代」專輯邀集到的台灣作者,多數親歷過當年的反叛、興奮、衝撞的歷史;他們的經歷無需一一介紹。那段歷史影響了台灣社會,也塑造了這些人的個人生命軌跡。這幾篇文章,當然不足以涵蓋整個八十年代;但是這些文章的「個人」

特質，多少傳達了當年的社會氛圍與年輕一代的掙扎、追尋。

　　本期專輯原本僅以台灣爲著眼點，絲毫無意議論彼岸的同一時代。幸運的是，陳宜中先生對朱嘉明先生的專訪適時成篇，在本期發表。讀者或許知道，朱先生正是1980年代大陸改革開放過程最重要的參與者之一，列名「改革四君子」；他也因爲1989年的悲劇而流亡海外多年，面對昔日的成敗種種而不斷苦思讀寫。他的命運具體而微地反映著大陸八十年代的來路、過程與結束；他的視野灰黯，卻堅持著不怠不熄的希望，似乎也正說明了環境與時間對一整代人的沖刷考驗，如何淬煉著強者而敗壞了弱者。

　　八十年代已經在二十餘年前結束，它的歷史位置有待史家分析與確認，但是它對於今天、今人意味著什麼，已經顯得曖昧模糊。在訪談中，朱嘉明重申八十年代的「共識」可以成爲今天中國再出發的張本；但是當年的共識，連1989年的矛盾之撕裂都經受不起，遑論面對今天分化嚴重的中國？極端的權力壟斷與財富差距，豈能容得下當年在一窮二白之中求出路時所形成的「共識」？但無論如何，朱先生以及他的同輩人，不改其志地指出八十年代對今天中國改革的具體意義，多少說明了他們仍然承擔著未竟之業。這些人念茲在茲的是，讓中國不要墜入硬化或者潰散這兩條死路。

　　對比之下，讀著台灣作者們的回憶、感慨、以及反思，我們似乎察覺出文字之間搖曳著某種垂眉低頭的身影，寧可多談自己與友人的「私」經歷，而不想再把過去聯繫到今天，再高論時代任務的轉移與承接，再思考歷史變化更迭中的進步與前景。台灣的八十年代記憶，爲什麼竟像是停格的膠片，在無聲的時光中逐漸泛黃呢？

編　者
2012年深秋

思想22
# 走過八十年代

2012年11月初版　　　　　　　　　　　　　　　　定價：新臺幣360元
有著作權・翻印必究
Printed in Taiwan.

| | | | | |
|---|---|---|---|---|
| 編　　著 | 思 | 想 | 編委 | 會 |
| 發 行 人 | 林 | | 載 | 爵 |

| | | | | | |
|---|---|---|---|---|---|
| 出　版　者 | 聯經出版事業股份有限公司 | 叢書主編 | 沙 | 淑 | 芬 |
| 地　　　址 | 台北市基隆路一段180號4樓 | 校　　對 | 劉 | 佳 | 奇 |
| 編輯部地址 | 台北市基隆路一段180號4樓 | 封面設計 | 蔡 | 婕 | 岑 |
| 叢書主編電話 | （02）87876242轉212 | | | | |
| 台北聯經書房 | 台北市新生南路三段94號 | | | | |
| 電　　　話 | （02）23620308 | | | | |
| 台中分公司 | 台中市健行路321號1樓 | | | | |
| 暨門市電話 | （04）22371234ext.5 | | | | |
| 郵政劃撥帳戶 | 第0100559-3號 | | | | |
| 郵撥電話 | （02）23620308 | | | | |
| 印　刷　者 | 世和印製企業有限公司 | | | | |
| 總　經　銷 | 聯合發行股份有限公司 | | | | |
| 發　行　所 | 新北市新店區寶橋路235巷6弄6號2樓 | | | | |
| 電　　　話 | （02）29178022 | | | | |

行政院新聞局出版事業登記證局版臺業字第0130號

本書如有缺頁，破損，倒裝請寄回台北聯經書房更換。　　ISBN　978-957-08-4096-4 (平裝)
聯經網址：www.linkingbooks.com.tw
電子信箱：linking@udngroup.com

國家圖書館出版品預行編目資料

走過八十年代/思想編委會編 . 初版 . 臺北市 .
聯經 . 2012年11月（民101年）. 336面 . 14.8×21
公分（思想：22）
ISBN　978-957-08-4096-4（平裝）

1.臺灣史　2.文集

733.29407　　　　　　　　　　　　101022531